师范类专业认证
国际比较研究

杨捷 / 主编

中国社会科学出版社

图书在版编目（CIP）数据

师范类专业认证国际比较研究/杨捷主编.—北京：中国社会科学出版社，2021.10
ISBN 978-7-5203-3747-2

Ⅰ.①师… Ⅱ.①杨… Ⅲ.①高等师范教育—专业—认证—对比研究—世界 Ⅳ.①G64

中国版本图书馆 CIP 数据核字（2021）第 201283 号

出 版 人	赵剑英
责任编辑	赵 丽
责任校对	夏慧萍
责任印制	王 超
出　　版	中国社会科学出版社
社　　址	北京鼓楼西大街甲 158 号
邮　　编	100720
网　　址	http://www.csspw.cn
发 行 部	010-84083685
门 市 部	010-84029450
经　　销	新华书店及其他书店
印　　刷	北京明恒达印务有限公司
装　　订	廊坊市广阳区广增装订厂
版　　次	2021 年 10 月第 1 版
印　　次	2021 年 10 月第 1 次印刷
开　　本	710×1000　1/16
印　　张	21.25
插　　页	2
字　　数	338 千字
定　　价	118.00 元

凡购买中国社会科学出版社图书，如有质量问题请与本社营销中心联系调换
电话：010-84083683
版权所有　侵权必究

目　　录

绪　言 ……………………………………………………………（1）

第一章　美国马萨诸塞州教师教育项目认证 ………………（16）
　第一节　麻省教师教育项目认证的背景 ……………………（16）
　第二节　麻省教师教育项目认证内容 ………………………（21）
　第三节　麻省教师教育项目认证主体 ………………………（28）
　第四节　麻省教师教育项目认证程序 ………………………（33）
　第五节　麻省教师教育项目认证解析 ………………………（45）

第二章　美国加利福尼亚州教师教育项目认证 ……………（53）
　第一节　加州教师教育项目认证的历程 ……………………（53）
　第二节　加州教师教育项目认证机构 ………………………（61）
　第三节　加州教师教育项目认证标准与程序 ………………（68）
　第四节　加州教师教育项目认证的成效与问题 ……………（92）

第三章　英国职前教师教育认证 ……………………………（103）
　第一节　英国职前教师教育认证的背景 ……………………（103）
　第二节　英国职前教师教育认证标准 ………………………（114）
　第三节　英国职前教师教育认证办法 ………………………（128）
　第四节　英国职前教师教育认证比较 ………………………（142）

第四章　德国师范类专业认证 ………………………………（152）
　第一节　德国师范类专业认证的背景 ………………………（152）

第二节　德国师范类专业认证体系 …………………………（158）
　　第三节　德国师范类专业认证标准 …………………………（166）
　　第四节　德国师范类专业认证报告及案例 …………………（184）
　　第五节　德国师范类专业认证探析 …………………………（194）

第五章　日本教师教育认证 …………………………………（198）
　　第一节　日本教师教育认证的背景 …………………………（198）
　　第二节　日本教师教育认证的课程标准 ……………………（214）
　　第三节　日本教师教育认证主体 ……………………………（221）
　　第四节　日本教师教育认证的特征及启示 …………………（230）

第六章　澳大利亚师范类专业认证 …………………………（233）
　　第一节　澳大利亚师范类专业认证的变革 …………………（233）
　　第二节　澳大利亚师范类专业认证机构 ……………………（238）
　　第三节　澳大利亚师范类专业认证标准 ……………………（247）
　　第四节　澳大利亚师范类专业认证程序 ……………………（257）
　　第五节　澳大利亚师范类专业认证探析 ……………………（264）

第七章　新西兰教师教育项目认证 …………………………（272）
　　第一节　新西兰教师教育项目认证的发展历程 ……………（272）
　　第二节　新西兰教师教育项目认证标准 ……………………（283）
　　第三节　新西兰教师教育项目认证办法 ……………………（296）
　　第四节　对新西兰教师教育项目认证的思考 ………………（306）

参考文献 ………………………………………………………（312）

主题词索引 ……………………………………………………（326）

外文缩写索引 …………………………………………………（328）

后　记 …………………………………………………………（330）

Contents

Preface ·· (1)

**Chapter I Teacher Education Program Approval in
             Massachusetts** ··· (16)

   Section 1 The Development of Teacher Education Program
            Approval in Massachu-setts ································ (16)

   Section 2 The Contents of Teacher Education Program Approval
            in Massachusetts ·· (21)

   Section 3 The Institutions of Teacher Education Program Approval
            in Massachuset-ts ·· (28)

   Section 4 The Procedures of Teacher Education Program Approval
            in Massachuset-ts ·· (33)

   Section 5 The Analyses of Teacher Education Program Approval in
            Massachusetts ··· (45)

**Chapter II Teacher Education Program Accreditation in
              California** ··· (53)

   Section 1 The Development of Teacher Education Program
            Accreditation in California ···································· (53)

   Section 2 The Institutions of Teacher Education Program
            Accreditation in California ···································· (61)

Section 3　The Standards and Procedures of Teacher Education
　　　　　　Program Accreditation in California ················(68)
Section 4　The Effects and Problems of Teacher Education
　　　　　　Program Accreditation in California ················(92)

Chapter III　Initial Teacher Education Accreditation in UK ······(103)
Section 1　The Background of Initial Teacher Education
　　　　　　Accreditation in UK ·····························(103)
Section 2　The Standards of Initial Teacher Education
　　　　　　Accreditation in UK ·····························(114)
Section 3　The Implementation of Initial Teacher Education
　　　　　　Accreditation in UK ·····························(128)
Section 4　The Comparison of Initial Teacher Education
　　　　　　Accreditation in UK ·····························(142)

**Chapter IV　Teacher Education Professional Accreditation
　　　　　　in Germany** ····································(152)
Section 1　The Background of Teacher Education Professional
　　　　　　Accreditation in Germany ·······················(152)
Section 2　The System of Teacher Education Professional
　　　　　　Accreditation in Germany ·······················(158)
Section 3　The Stardards of Teacher Education Professional
　　　　　　Accreditation in Germany ·······················(166)
Section 4　The Reports and Cases of Teacher Education Professional
　　　　　　Accreditation in Germany ·······················(184)
Section 5　The Analysis of Teachers Education Professional
　　　　　　Accreditation in Germany ·······················(194)

Chapter V Teacher Education Accreditation in Japan .... (198)

Section 1 The Background of Teacher Education Accreditation in Japan .... (198)

Section 2 Curriculum Standards of Teacher Education Accreditation in Japan .... (214)

Section 3 The Subjects of Teacher Education Accreditation in Japan .... (221)

Section 4 The Characteristics and Enlightenments of Teacher Education Accreditation in Japan .... (230)

Chapter VI Accreditation of Initial Teacher Education Programs in Australia .... (233)

Section 1 The Development of Initial Teacher Education Programs Accreditation in Australia .... (233)

Section 2 The Institutions of Initial Teacher Education Programs Accreditation in Australia .... (238)

Section 3 The Standards of Initial Teacher Education Programs Accreditation in Australia .... (247)

Section 4 The Procedures of Initial Teacher Education Programs Accreditation in Australia .... (257)

Section 5 The Study on the Accreditation of Initial Teacher Education Programs in Australia .... (264)

Chapter VII Teacher Education Programmes Approval in New Zealand .... (272)

Section 1 The Development of Teacher Education Programmes Approval in New Zealand .... (272)

Section 2 The Standards of Teacher Education Programmes Approval in New Zea-land .... (283)

Section 3　The Measures of Teacher Education Programmes Approval in New Zea-land ……………………………（296）
Section 4　The Reflections on Teacher Education Programmes Approval in New Z-ealand ……………………………（306）

References ………………………………………………………（312）

Indexes …………………………………………………………（326）

Abbreviation Indexes …………………………………………（328）

Adscript …………………………………………………………（330）

绪　　言

随着新时代中国特色社会主义教育已进入内涵式发展阶段，教师教育聚焦专业标准和教师素养的提升，完善专业认证体系成为世界各国衡量专业水准和追求专业质量卓越的必经之路。师范类专业认证作为专业认证体系中的重要组成部分，不仅是造就高素质专业化创新型师资队伍的根本保证，更是推动人才培养模式创新、促进教师教育质量标准化的重要保障。纵览世界，尽管国际师范类专业认证的发展态势有所不同，但其认证理念、认证体系、认证机构、认证标准等呈现出数据绩效本位、整体性与合作性、多样性与专业性以及科学性的特征，并朝着多元化、证据化、规范化和动态化的方向发展。

一　何谓"师范类专业认证"

2017年10月26日，教育部颁布了《普通高等学校师范类专业认证实施办法（暂行）》（以下简称《办法》），这标志着中国师范类专业认证正式全面开启。相较于国际师范类专业认证的发展而言，中国师范类专业认证虽起步较晚、成效有待观察，但借力师范类专业认证属于国家行为的制度优势，目前正在有序展开。因此，有必要厘清国际师范类专业认证的思路、经验与特征，以期对中国实施师范类专业认证提供参考。

"认证"（Accreditation）一词来源于拉丁文credito，意为"表示信赖"（trust）；按照国际标准化组织（ISO）的定义，认证是一种信用保证形式，指由国家认可的认证机构证明一个组织或机构的产品、服务、管理体系符合相关标准、技术规范或其强制性要求的合格评定活动；《国际高等教育百科全书》从教育学科的视角将其具体界定为：由一个合法负责的机构或者协会对学校、学院、大学或者专业学习项目课程是否达到某既定资质和教育标准的公共性认定。对于高等学校而言,认证一般通过初始的和阶段性的评估进行,认证过程的目标是提供一个公认的、对教育机构或者教育项目质量的专业评估,并促进这些机构和方案不断改进和提升质量。[①] 可见,认证的含义主要是"认可"或"认定"是否达到或符合某项标准。

1936年,时任美国教育委员会主席佐科(George F. Zook)在与他人合著的著作中针对"认证"的基本含义作了界定,被欧美教育界看作是比较权威的解释,即"Accreditation"是指有关组织对机构或课程计划是否达到所制定的准则或标准进行认定的过程;此后,澳大利亚教育研究委员会又针对认证的具体标准进一步补充,将其界定为:"经外部的独立机构认可该专业培养课程能够达到专业目标,课程计划培养出的毕业生符合专业准入标准,并有能力开始实践"[②];目前,欧美国家高等学校更重视认证的目的,通常将认证理解为是学术和专业教育界内部一种直接的和自我管理性质的活动,通过认证对达到或超过既定教育质量标准的高校或专业给予认可,并协助院校和专业进一步提高教育质量。在高等教育领域,对教育机构或体系采用的系统性管理和程序评估,是以监控绩效、确保质量改进、保证履行其责任为目的的。因此,认证实质上是审查和确保质量机制程序、评估有效执行策略是否实现既定目标的过程。所以,认证有两个主要目的:质量保证,即为公众利益确定最低可接受性的质量和性能标准;质量改进,通过外部审查程序提供旨在改进机构和计划的服务。[③]

在中国,英文"Accreditation"一词通常被译作"认证""认可"和"信用",虽然"认可"有接受评价机构符合标准之意,"信用"有彼此相互信任之意,但如果以"认证"来诠释则可以强化"保证""质量",以向社会宣告的意义与功能。本研究采用将其理解为"认证",即学术或

[①] 张民选:《关于高等教育认证机制的研究》,《教育研究》2005年第2期。

[②] Lawrence Ingvarson, Alison Elliott, Elizabeth Kleinhenz, et al., *Teacher Education Accreditation: A Review of National and International Trends and Practices*, Melbourne: Australian Council for Educational Research, 2006, p. 1.

[③] Niradhar Dey, "Quality Assurance and Accreditation in Higher Education in India", *European Journal of Higher Education*, Vol. 1, Issue1, July 2011, pp. 274 – 287.

政府机构根据评估标准，审查受评机构、专业符合标准的程度，并将其结果向社会公开，以保证专业质量的过程。

专业认证（specialized/professional programmatic accreditation）是一种目前国际上比较普遍且运行规范、被广泛采用的质量保证与改进的手段和措施，旨在提高各类专业培养与教育质量，从而确保专业人才培养达到一定水平和满足社会质量要求。专业认证历史悠久，早在1905年美国医学协会的医学教育和学校委员会（Council of Medical Education and Hospitals）就开发出一套医学学院等级评价系统，作为培养医生的质量标准。但是该委员提交的评价结果引起很大争议。于是，卡内基基金会资助以美国教育家亚伯拉罕·弗莱克斯纳（Abraham Flexner）为首的团队，对美国和加拿大医学学院人才培养问题进行专项研究，并于1910年发表了《美国和加拿大的医学教育：致卡内基基金会关于教学改革的报告》（简称"弗莱克斯纳报告"）。美国医学教育委员会（Council on Medical Education）依据这项报告强化了医学教育标准，使得大量的低质量医学院被迫关门。[①] 这虽然并不是当代意义上的专业认证，但可以看作是专业认证的雏形，特别是推动了其他专业采用这种模式评价专业水准。截至20世纪40年代，牙科教育、法律教育、工程教育、药学教育先后实施了专业认证。到50代末，大多数专业都建立了类似的专业认证制度。

专业认证也是高等教育认证的类型之一。专业认证通常是指由专业性的认证机构对专业教学计划实施专门性认证的过程，属于高等教育质量保障体系和评价体系的组成部分，侧重动态论证，主要鉴定高等学校所设专业是否符合规定的合格标准。专业认证的对象为专业而非高校，尤其是针对专门领域设立的专业，如医学、法学、工程等；认证实施主体是相关行业领域的协会组织；认证合格标准比一般性认证标准高，重在体现其专业性显著。专业认证也不同于院校认证。院校认证目的在于证明整个学校的教育质量的差异与不同，专业认证强调认证的对象是专业性的教学项目，由专业性认证机构对高校的专业教育项目进行认证，

---

① Mark D. Hiatt and Christopher G. Stockton, "The Impact of the Flexner Report on the Fate of Medical Schools in North America after 1909", *Journal of American Physicians and Surgeons*, Vol. 8, No. 2, 2003, pp. 37–40.

包括对师资队伍、课程设置、实验设备、教学管理、各种教学文件及原始资料（如教学计划、教学大纲、试卷、作业、实习报告、毕业论文）等方面的质量评估，是一项评估高等院校所开设的专业教学计划是否符合预先制定的培养目标和标准的活动。①

中国所提出的"师范类专业认证"在欧美国家并没有直接对应的专门用语。通常国际上多用英文"National Initial Teacher Education Accreditation Program""Accreditation of Pre-service Teacher Education Programs""Accreditation of Teacher Education Programs""Programme Accreditation in Higher Education"表示相近的内容，可分别称之为"初任教师教育认证""职前教师教育计划认证""教育培养项目认证""教师教育项目认证"或"教师培养认证"等。为便于研究和表述，参照中国教育部的正式表述，我们权且称之为"师范类专业认证"，同时相对应将接受职前教师教育的学习者称为"师范生"，将实施职前教师教育的项目、计划、培养或专业称为"师范类专业"。具体到研究对象国会根据各国专业认证的内涵和习惯性表述采用不同的称谓。需要说明的是，这样的做法并不回避它们之间的差异，也无意将这些教师教育项目认证全部涵盖于"师范类专业认证"之内。

在欧美主要国家，师范类专业认证主要是通过一些官方或非官方的高等教育协会和专业协会来进行的，由这些团体确定认证标准、安排现场考查、对申请认证的学校及专业作出评估，并对达到标准者予以公布。为此，还对师范类专业认证机构及所属职权作了详细规定：认证机构应为国家或地区范围内的（非）政府或私营教育协会，负责制定评估标准、安排同行评审和专家访问，评估师范类专业是否符合这些标准。在成功审查各教育机构的申请和评估后，认证机构有权给予高等教育机构相应专业正式的地位或认证许可证。认证许可证的有效期由认证机构确定，认证机构还有权力在确定问题得到解决后决定暂停或更新许可证的级别。②

---

① 王建成：《美国高等教育认证制度研究》，教育科学出版社2007年版，第12页。
② Lazar Vlasceanu, Laura Grunberg, Dan Parlea, "Quality Assurance and Accreditation: A Glossary of Basic Terms and Definitions", (2005-01), http://www.vestnik.vsu.ru/pdf/educ/2005/01/lazar.pdf. (2020-11-15).

中国教育部颁布的《办法》中明确规定：师范类专业认证是专门性教育评估认证机构依照认证标准对师范类专业人才培养质量状况实施的一种外部评价，旨在证明当前和可预见的一段时间内，专业能否达到既定的人才培养质量标准。① 认证的核心是保证师范生毕业时的知识能力素质达到标准要求，目的是推动师范类专业的内涵建设，聚焦师范生能力培养；期望通过改革教师培养体制，建立基于产出为导向和持续改进的质量保障机制和质量文化，不断提高专业人才培养能力和培养质量。师范类专业认证是构建具有中国特色和世界水平的教师教育质量监测认证体系的关键载体，将对提升中国高等教育质量、办好一流本科专业、培养高水平的职前教师产生里程碑式的影响。

二 中国师范类专业认证的发展

随着中国教师教育专业化发展的逐步推进，关注教师队伍质量、提升师资水平成为亟须解决的关键问题。2017 年教育部发布的《办法》标志着中国开始正式实施师范类专业认证。

中国师范类专业认证工作首先始于理论研究。早在20 世纪90 年代，国内关于师范类专业认证的研究就已经出现。基于借鉴发达国家经验的思路，当时主要焦距美国教师教育认证制度。进入21 世纪后，国际教师教育认证制度研究成果陆续增加，但主要仍侧重于对全美教师教育认证委员会和教师教育认证委员会的介绍与分析，② 以及美国教师教育标准的比较及阐释等内容；之后，对美国师资培养认证委员会的介绍与分析也受到关注。简而言之，21 世纪初中国对师范类专业认证的研究主要表现为：第一，运用比较历史法梳理全美教师教育认证委员会、教师教育认证委员会、美国师资培养认证委员会等认证机构的发展历程。侧重从产生背景、人员构成变化、认证标准变化、评价方式变化、实践与成效等若干方面，探讨美国职前教师专业认证机构的发展与演变。第二，分析

---

① 中华人民共和国教育部：《教育部关于印发〈普通高等学校师范类专业认证实施办法（暂行）〉的通知》，2017 年 10 月 26 日，http://www.moe.gov.cn/srcsite/A10/s7011/201711/t20171106_318535.html，2020 年 11 月 20 日。

② 教师教育认证委员会成立于1997 年，属于美国全国性教师教育认证机构，它的成立打破了全美教师教育认证委员会对教师教育认证的垄断地位，对美国教师教育产生了深远的影响。

各种教师教育认证及其机构、高等教育认证体制的主要特征。如对美国师资培养认证委员会的认证标准、认证过程、认证特点进行了解析。第三，借鉴国际经验提出中国师范类专业认证的设想。主要包括师范类专业认证模式，认证数据的收集，引入同行审核程序，关注师范生实习培训，以及借鉴国际教师教育认证应该怎样符合国情等。

进入21世纪第二个十年，有关国际教师教育认证标准及实施过程的研究逐渐丰富起来，其主要表现是国别研究的多样性。除了对美国教师教育认证委员会、师资培养认证委员会和教育工作者培养质量提升委员会等认证标准的关注外，英国的《职前教师教育标准和支持意见：教师教育提供者的认证》，澳大利亚教学与学校领导协会发布的认证标准，加拿大安大略省教师教育认证标准等也进入了研究者的视野，其他一些国家的教师教育认证标准研究则散见于教师教育改革、教师教育项目研究的文献中。

自中国教育部发布师范类专业认证文件以来，国内师范类专业认证的研究发文量呈直线快速上升趋势，有关专业认证制度及其实践的研究开始增加；主要侧重从新的理论视角对师范类专业认证制度改革中面临的问题及困境进行分析，提出了相应的完善措施和多元主体共同治理主张；结合地方高校师范类专业认证实际提出"新师范"背景下师范类专业认证实施策略，提出从认证文化创建、高校机制完善、政府加强管理等方面着手。[①] 可以说，目前关于师范类专业认证的研究方兴未艾，其理论与实践均正处于厚积薄发之际。

政策支撑是中国师范类专业认证的显著特点。早在2012年中国教育行政管理部门就提出制定师范类专业认证标准、实施专业认证与评估，规范师范类专业发展。2014年教育部提出启动师范类专业认证试点工作，发布了《关于开展师范类专业认证试点工作的通知》，率先在江苏、河南、广西三省进行试点。2015年，江苏省颁布《师范类专业认证标准（试行）》的通知，发布学前教育、小学教育、中学教育三个师范类专业认证标准。2016年11月，江苏省教育评估院组织了对淮阴师范学院小学

---

① 郑文、王玉：《"新师范"背景下广东高校师范类专业认证：关系与策略》，《华南师范大学学报》（社会科学版）2018年第6期。

教育专业现场考查活动,拉开中国师范类专业认证的序幕。

2017年教育部发布了专业认证的实施办法,正式启动了师范类专业认证工作,并具体规定了实施细则。《办法》的主要内容包括:(1)认证的指导思想,即"落实立德树人根本任务,构建中国特色、世界级水平的教师教育质量监测认证体系,分级分类开展师范类专业认证,以评促建,以评促改,以评促强";(2)认证以"学生中心、产出导向、持续改进"为基本理念;(3)以"建立统一认证体系""注重省部协同推进""强化高校主体责任""运用多种认证方法"为原则;(4)设立"定位于师范类专业办学基本要求监测""定位于师范类专业教学质量合格标准认证""定位于师范类专业教学质量卓越标准认证"的三级监测认证体系;(5)分类制定中学教育、小学教育、学前教育、职业教育、特殊教育等专业认证标准,作为开展师范类专业认证工作的基本依据;(6)设置部省两级组织实施管理认证程序,教育部负责中央部门所属高校相关认证工作,省级教育行政部门负责本地区师范类专业认证工作;教育部高等教育教学评估中心具体组织实施认证工作,各省建立专家认证委员会,组织和认证结论审议;(7)认证程序,包括申请与受理、专业自评、材料审核、现场考查、结论审议、结论审定、整改提高7个阶段;(8)认证结果使用,认证结果为政策制定、资源配置、经费投入、用人单位招聘、高考志愿填报等提供服务和决策参考。[①]

2018年1月,教育部发布了《关于成立普通高等学校师范类专业认证专家委员会的通知》,成立了师范类专业认证的专家委员会,实施对师范类专业的评估。专家委员会成员包括政府高级官员、高校管理人员、专家学者等多个主体,使评估更具专业性和权威性。同年,教育部又出台了《普通高等学校师范类专业认证标准》(以下简称《标准》),这意味着师范类专业认证制度的进一步完善。《标准》规定将认证结果作为师范类专业准入、质量评价和教师资格认定的重要依据,并向社会公布。全国各省市地区结合当地实际,纷纷开始分级分类分步推进师范类专业

---

① 中华人民共和国教育部:《教育部关于印发〈普通高等学校师范类专业认证实施办法(暂行)〉的通知》,2017年10月26日,http://www.moe.gov.cn/srcsite/A10/s7011/201711/t20171106_318535.html,2020年11月20日。

认证工作的开展。广东省出台了"新师范"建设实施方案，启动了"新师范"建设，开展广东省师范类专业认证建设，将认证结果与教师资格考试挂钩。江西省制定了《江西省师范类专业认证实施办法（试行）》，组建本省专家库遴选教育评估机构，有序开展了师范类专业认证。此外，浙江、安徽、上海、河南等省市地区也出台了相关政策。

2019年教育部印发了《职业技术职前教师教育专业认证标准》，与特殊教育专业认证标准一并发布，这标志着三级五类师范类专业认证标准体系的正式建立。三级主要标准相互衔接、逐级递进，分别定位于办学基本监测要求、教学质量合格要求和教学质量卓越要求；五类主要指学前教育、小学教育、中学教育、职业技术教育、特殊教育五类师范类专业。三级五类师范类专业认证体系的建立，对于规范师资培养，提升大学或者学院办师范专业的门槛，提高职前教师教育质量具有重要意义。

2019年8月，首批高等学校专业通过师范类专业认证，教育部印发了《关于公布2019年通过普通高校师范类专业认证的专业名单的通知》，全国共有60个师范类专业通过第二级专业认证，北京师范大学和华东师范大学的汉语言文学师范专业通过第三级专业认证，认证结论有效期为6年。其中，通过第二级认证的专业，在认证结论有效期内入学的师范生，可参加由高校自行组织的中小学教师资格考试面试；通过第三级认证的专业，在认证结论有效期内入学的师范生，可参加由高校自行组织的中小学教师资格考试笔试和面试工作。2020年7月，第二批师范类专业认证结果公布，经高校申请、教育评估机构组织专家现场考查、普通高等学校师范类专业认证专家委员会审定，东北师范大学生物科学专业等4个专业通过第三级专业认证，北京师范大学历史学专业等155个专业通过第二级专业认证。截至2020年7月，全国共有82所普通高等学校221个专业通过师范类专业认证，包括学前教育、小学教育、中学教育3类，涵盖基础教育领域各学段的师资培养。此外，中国还建立了全国普通高等学校师范类专业认证管理信息系统，通过数据库的建立，为师范类专业认证工作提供了技术支持。

相较世界其他主要国家而言，中国师范类专业认证的发展正处于起步阶段。经过前期的理论研究，在充分借鉴国际经验的基础上，中国建立了具有中国特色的、由国家主导的师范类专业认证体系。其主要思路就是以评估为手段对师范类专业的人才培养提供外部质量保障；在提高师范类专业入门门槛的同时，强化师范专业的专业属性，保障职前教师教育质量，促进高水平、专业化教师队伍的建设与发展。

三　国际师范类专业认证的主要特征

纵观世界主要国家，其师范类专业认证体系虽各有千秋，但其认证发展及实施却有着共同之处。概括而言，主要包括以下几个方面：

首先，认证理念的数据取向和绩效本位。在技术理性盛行的时代，重视客观事实和数据的价值，根据数据结果来评判教师教育的质量，已成为国际师范类专业认证的共识。其主要表现为采取多指标体系与多种监控手段，使监测方式和方法科学化、可测量和可操作化，要求办学机构确保收集到的数据有效、可用。绩效本位体现在根据增值评价体系、循证等方法合成数据结果，依据数据结果对师范类专业认证的实施、改进、资源分配等提供外部基准。

美国、英国、澳大利亚等国的认证体系皆提倡塑造认证的"证据文化"或"实证文化"，要求在认证过程和认证标准中加强数据证据的地位，注重各类反映师范类专业质量的证据收集，并利用直观的数据证据进行专业评估。例如，美国马萨诸塞州要求对教师教育项目实施绩效评价，设置教师有效性、留职率、资格证书、聘用者满意度四个方面的数据收集要求；英格兰强调认证机构的证明材料均须包括详尽的数据与图表，并要求师资培训工作细化以便于数据的采集和量化处理；澳大利亚教学与学校领导协会要求参与认证的机构必须提供有效证据说明达到绩效目标。

其次，认证体系的整体性和合作性。国际师范类专业认证不断强化通过多种途径促进过程整体有机衔接，有效开展多方合作，从而共同保障教师教育质量。具体而言，一方面，整体性体现在师范类专业认证与教师资格认证的衔接、外部和内部保障的良性互动上。教师资格认证是职前教师教育的最后"验收环节"，各国的基本做法是在培养、认证和资格考试间建立起一种协调关系，使三者共同成为教师质量保障的基石；外部保障与内部保障的良性互动，可以给教育机构的自主办学留有更大的空间，鼓励它们建立自我评估系统。另一方面，合作性体现在多方参与、合作共赢。各国普遍意识到大学与中小学的合作是提高师范生培养质量，满足社会对高水平教师需求的重要举措；加强政府部门与在其他机构之间的合作，促使行政权威与专业权威双管齐下，共同形成认证合力。

美国马萨诸塞州将州级认证视为全国性认证的基础，教师教育机构只有通过州级认证才有资格申请全国性认证，州中小学教育部和全国教师培养认证委员会共同对教育机构开展认证，同时教师教育机构、社区、学区、专业协会等形成利益共同体，在数据信息共享、回应多元主体要求、落实责任办法等方面形成一个良性互动的循环圈。新西兰形成了由教学委员会、大学学术委员会和资格管理局共同构成的多元主体，实施以社会为主导的多重认证。德国则形成了由自我评估与外部评估、同行评审相结合的模式。

再次，认证机构的多样性和专业性。认证机构是指除个体和教师教育培养机构之外的第三方机构，如政府部门、各种第三方专业协会等。综观欧美国家，主要有两类代表性的认证机构：一是中介保障质量机构，即以非官方、自愿为主的第三方认证机构，如美国师资培养认证委员会、澳大利亚教学与学校领导协会等；二是国家质量保障机构，即以国家政府部门为主导的认证机构，如英国（英格兰地区）国家教学和领导学院、德国认证委员会基金会等。无论是中介认证机构还是政府认证机构，其成员和利益相关者都包含有大学教师、中小学教师、专业教学成员和教学组织等，体现了认证机构以保障专业权威为主，兼顾其他利益团体需求的特点。美国加州教师资格认证委员会和认证委员会十分重视专业教育人员在制定认证政策和实施认证程序中的专业性和权威性，要求认证专业人员需在 K-12 教育机构或高等学校就职，并对教育教学作出过杰出贡献。

最后，认证标准的实践性和科学性。目前，国际教师教育质量保障体系基本上都是"标准本位"，在认证标准制定的过程中，许多国家越来越注重教师的实践能力，认为教师现场实践的发挥直接关系到教师候选人的素质。例如，加拿大 2015 年认证标准中将教师培养的实践时间从 40 天上调至 80 天；美国师资培养认证委员会的第二项认证标准提出教师教育机构要为教师候选人提供高质量的实践经验；新西兰教学委员会不仅对高质量实习作了清晰的界定，更对教师教育机构对实习工作的重视和支持力度、实习课程的最短期限、实习课程的考核次数等细节提出了严格要求，为整个新西兰教师教育认证确立了统一的、高水平的教学实践标准。

认证标准的科学性首先表现在重视师范生掌握从事教师职业必须具备的基本知识和技能。欧美国家教师教育领域普遍认为认证标准发挥着"守门员"的作用，要求教师候选人具有一定的职业知识技能，美国和英国的认证标准都包括了"准师范生的准入门槛"要求，包含了师范生必须具备的知识技能。其次认证标准的科学性表现在"多样性"和"适应性"方面，即"多样性"是指需要均衡性别、年龄、种族等方面的比例；"适应性"则是指要求不同地区、不同高等教育机构的认证标准也要有所区别，致力于将认证标准具体化和可操作化。美国、新西兰在认证标准的内容和实践中都极为重视标准的"因地制宜"。

显而易见，世界主要国家师范类专业认证已取得一些显著的成效：对于认证标准的描述更加清晰，明确提出大学或教师教育机构与中小学合作培养教师；实现了认证标准的科学化，不仅关注到教师候选人的学习结果，还提供了大量的、多样的证据来证明候选人学习过程中发生的变化；加强了国家与地方、政府与组织的合作，为认证工作的顺利开展营造了良好的内外部制度环境；注重多样性，确保了具有多元文化背景的教师的需求，实现了教师的跨地区流动。最为关键的是，许多国家的实践表明，师范类专业认证提高了教师的质量，解决了提升师资质量的问题。

毋庸置疑，目前国际师范类专业认证也存在着一些亟待解决的问题。问题之一是认证主体的协调性。一方面，无论是以中介机构为主导或以政府为主导的认证体系，都存在着国家和地区之间协调的问题。受到新自由主义的影响，西方资本主义国家对于个体需要的照顾明显高于国家，将国家的利益置于个体利益之下。另一方面，政治层面的过多参与，会导致公共利益的抵触，所以国家政策的制定也会陷于停滞。此外，鉴于欧美各国地方教育发展情况的迥异，国家在认证实施中也面临着统一认证标准的适切性问题。

问题之二是认证标准的可操作性。在许多欧美国家的认证标准中都存在着诸如"教师素质"与"学生成长"的评价指标和描述。但是在认证过程中，这些概念的界定和评估往往难以把握，因此，将无形的知识技能、学生身心发展等因素纳入到可测量的认证标准中，极易造成理论探讨与实践操作层面出现错位的现象。

问题之三是绩效评价的准确性。其一，在专业认证过程中收集到的数据是有限的，例如，教师道德水平的证据是无法准确测量的；其二，从证据本身来说，教师培养机构提供的数据可信性有待斟酌，证据的强制性和选择性也需要平衡，这些问题都增加了以证据为本的绩效评价的实施难度。

问题之四是认证结果的权威性。许多欧美国家对于没有通过申请的院校，专业认证并未采取有效的惩罚和改进措施，权威性和可靠性受到公众质疑。此外，还存在着初次认证与继续认证时间持续过长，容易造成认证"疲乏"现象的发生。

尽管如此，国际师范类专业认证正在如火如荼地开展，各国对认证趋之若鹜也恰恰反映了其对高质量教师和教师教育的期望。师范类专业认证的发展蕴含着教育工作者的实践理念和现实诉求，因而，对于国际师范类专业认证的发展，我们不仅需要准确定位教师教育机构的性质和使命，以动态的眼光看待师范类专业认证的发展和完善，还要充分认识到国际师范类专业认证活动的现状、特征及其进一步修正之处，从而为中国师范类专业认证汲取更具实效的养分。

四 国际师范类专业认证的发展趋势

当前世界主要国家都不同程度上实施了师范类专业认证。由于存在着政治、经济、文化等领域的国情差异，各国所制定的师范类专业认证体系具备鲜明的国别特色。但是，通过洞察国际师范类专业认证的发展、实施与现状，可以发现其中的一些共同发展趋势。

第一，师范类专业认证主体的多元化。以美国为例，因受联邦制政治体制的影响，美国师范类专业认证主体数量众多、类型多样。其中师资培养认证委员会是具有全国性影响力的第三方师范类专业认证机构，负责美国大部分教育机构的师范类专业认证工作。但与此同时，美国各州政府也积极参与承担师范类专业认证工作，成立由政府管理的师范类专业认证机构，如加州的教师资格认证委员会。具有社会背景的第三方师范类专业认证机构和具有国家背景的政府师范类专业认证机构共同合作实施认证已然成为美国教师教育的显著趋势，双方的未来合作关系将得到进一步深化。

新西兰师范类专业认证主体主要包括代表师范类专业利益的新西兰教学委员会、代表大学利益的大学学术项目委员会和代表国家意志的新西兰资格管理局，它们彼此互相监督、互为补充，共同保障新西兰师范类专业教育质量。日本教师教育认证历来重视第三方机构的作用，一直力图将第三方打造成专业认证的主力军，充分发挥现有主要认证机构公益财团法人大学基准协会、独立行政法人大学改革支援与学位授予机构、公益财团法人高等教育评价机构的独立性、权威性和公正性。德国正在形成教育机构选择多样化的模式，为教师专业认证提供10个认证机构供学校选择。

第二，师范类专业认证标准的证据化。认证标准是师范类专业认证的价值尺度和界限，反映了专业发展的目标和方向，折射出认证工作的理念。近年来，世界各国在教育评估过程中呈现突出问责、注重绩效、依赖数据的态势，这使得基于证据的师范类专业认证模式成为主流方向，突出强调认证标准的具体性、可操作性及符合标准的证据支撑。[①] 这就导致师范类专业认证标准不可避免地朝着证据化、可测量化的方向发展。

美国的第三方认证机构和各州认证机构均要求接受师范类专业认证的教育机构按照相应的认证标准提供证据材料，全美教师培训认证委员会认证标准的制定严格遵循"证据为本"的原则，其中多项规定都明确指向证据的类型和使用规范。例如，在美国师资培养认证委员会的认证标准"学科和教育知识"中，培养机构可提供的证据类型包括各类评估数据、档案袋、教师课堂记录、课堂观察样本等。加州教师资格认证委员会制定认证标准的原则之一就是要凸显证据在认证过程中的地位和作用，鼓励培养机构建立完善的数据系统，提供能够充分反映师范类专业质量的有效性证据。

---

① 王松丽、李琼：《国际教师教育专业认证评估的证据趋向》，《教师教育研究》2019年第6期。

澳大利亚教师教育部长咨询小组针对师范类专业认证各类问题发布了《立即行动：课堂为教师准备就绪》咨询报告，其中多次使用"绩效""结果""证据本位"等关键词描述未来澳大利亚师范类专业认证标准制定应当坚持的原则。虽然自2018年后，澳大利亚教学与学校领导协会对师范类专业认证标准进行了适应性的调整，但总体上仍保留了证据化的内容和倾向。目前，澳大利亚政府正在实施面向师范类专业发展的2019年至2022年战略规划，其中特别强调师范类专业认证过程中要以数据为重要证据并驱动决策，以证据为基础促进师范类专业发展。

第三，师范类专业认证程序的规范化。认证程序规定着师范类专业认证的流程、步骤、环节和相关注意事项，是认证工作的行动指南。通过规范认证程序，能够使师范类专业认证工作摆脱随意、混乱的无序状态，提升认证工作的规范性、有序性，进而保障专业认证结果的公平性和合理性。

美国加利福尼亚州政府主导的师范类专业认证程序包括培养机构审批、师范类专业审批、师范类专业认证、师范类专业持续认证4个环节，其中师范类专业认证是认证程序的核心，具体又包括年度数据分析、师范类专业审查、现场考查、认证决定及第七年后续认证等步骤。英格兰地区和苏格兰地区的师范类专业认证模式各具特色、有所侧重，但都对认证程序作了严格的规范要求：具体而言，英格兰地区的认证程序包括认证简介、提交申请、申请审核、材料收集、材料审核等环节；苏格兰地区的认证程序则包括认证资格审核、实地考查、结果审定等环节。德国师范类专业认证程序细分成专业认证程序和体系认证程序，但二者在程序规划上保持着高度的一致性，都包括准备、评审、决定、反馈调整4个阶段。

第四，师范类专业认证结果的动态化。主要表现为对认证结果管理的动态化。随着师范类专业认证理论的发展和实践经验的积累，世界各国对师范类专业认证结果的态度和管理模式发生了显著的变化。最初人们普遍认为认证结果是师范类专业认证的终极目的，是对培养机构整体办学条件和所实施的师范类专业质量的最终"判决书"。这种"一评定终生"的认证理念片面强调了认证的评判作用，而忽视了认证的激励作用和促改作用，使得认证结果沦为只能简单反映质量好坏的数据，这实际上损害了师范类专业认证的效用，违背了师范类专业认证的初衷。近年来，世界主要国家师范类专业认证政策制定者意识到问题所在，开始逐渐摒弃一次性认证的理念和做法，对认证结果实施动态化的管理模式，充分挖掘认证结果的促教、促改、促优价值，使其成为培养机构持续改进、追求卓越的基础和依据。

美国加利福尼亚州将师范类专业认证结果划分成"认证""有规定的认证""有重大规定的认证""有试用规定的认证"和"拒绝认证"五种情况，在任一情况之下，培养机构都须按照认证机构在认证结果报告中提出的问题和建议进行整改，并定期向认证机构说明具体的整改情况。此外，加利福尼亚州实施"持续认证政策"，即对所有通过认证且时间满七年的师范类专业进行再次认证，检验这些专业是否仍符合认证标准，督促培养机构持续改进专业质量。日本向培养机构提供的认证结果书由认证结果、总体评价和改进建议三个部分构成。认证机构要求培养机构依据认证结果书的内容进行整改，即使是通过认证的培养机构也须定期向认证机构反馈专业建设状况，杜绝部分培养机构在通过认证后的松懈现象。德国培养机构在通过专业认证之后也须依照认证专家提供的认证意见进行限期的完善工作，并向认证机构反馈能够证明专业已经得到相应完善的证据，认证机构将根据证据决定培养机构是否仍能通过认证，这意味着已经通过认证的师范类专业存在被撤销认证资格的风险。

中国颁布的《办法》明确提出"持续改进"的认证理念，体现了认证结果的使用方式，要求师范类专业确立可持续建设、动态发展的观念。总之，在世界范围内，大部分国家都倾向于将师范类专业认证理解成对培养机构专业建设阶段性的成绩考核，它不应是终结性的，而应是过程性的。具有建设意义的认证结果，动态化的认证结果管理模式才是未来国际师范类专业认证的必由之路。

第 一 章

美国马萨诸塞州教师教育项目认证

美国长期重视教师在保障和提高基础教育质量中发挥的不可替代的作用。诸如《不让一个孩子掉队法案》(No Child Left behind Act)、《力争上游计划》(Race to the Top) 和《让每个学生都能成功法案》(Every Student Succeeds Act) 都提到高水平教师的重要性。目前，美国主要采取两个方面的措施来提升基础教育阶段教师的素养：一是实施严格的教师资格证书制度；二是制度化地对教师教育项目进行认证，从源头入手保障教师培养质量。

马萨诸塞州（以下简称"麻省"）是美国教育资源最丰富、教育实力最强的地区之一，[①] 拥有全美最优秀的教师教育机构。近年来，在麻省中小学教育委员会（Board of Elementary and Secondary Education，BESE）和中小学教育部（Department of Elementary and Secondary Education，DESE）的组织和领导下，该州实施了一系列提升教师质量的综合改革计划，其中主要包括修订教师专业标准、开展教师教育项目认证、对教师的教学表现进行评估等。

第一节 麻省教师教育项目认证的背景

麻省教师教育项目认证的变革是一系列复杂原因推动的，具体表现在民众对基础教育质量的日益关注引发的对高质量教师的诉求、开放化

---

① 根据《美国新闻与世界报道》(U. S. News & World Report) 2019 年对各州教育实力的排名，麻省毫无悬念地继续领跑，该州学生在"国家教育进展评估"（National Assessment of Educational Progress）、"国际数学和科学教育成就趋势调查"（Trends in International Mathematics and Science Study）的考试中，数学和阅读的成绩在全美分别排名第一和第二。

教师培养模式对制度化的教师教育项目认证的迫切需求、注重教师教育项目绩效趋势的兴起。此外，州政府对州域内教育的重视传统也为改革打下良好的管理基础。

一　基础教育对高质量师资的诉求

第二次世界大战后，美国社会各阶层对优质教育资源的追求和高水平教师队伍的诉求成为教师教育项目认证制度变革的重要社会原因。第二次世界大战后的婴儿潮和移民潮导致学龄人口激增，美国的基础教育规模随之扩展，在职教师数量远滞后于呈几何式增长的学生数量。为了填补教师数量的需求缺口，教育管理部门通过颁发"紧急教师资格证书"（Emergency Teaching Credential）① 来扩大教师资格申请范围。"紧急教师资格证书"的颁发在一定程度上缓解了国内对教师需要的压力，但导致新入职教师素质良莠不齐，影响了基础教育阶段的教学质量。因此，对教师教育领域的改革势在必行。然而，受美国分权制政治体制的影响，联邦政府对各州教育并无直接管辖权，只能通过法案和资助来对各州教师教育领域施加影响。1958年颁布的《国防教育法》明确提出了通过经费资助来加强教师培养，并提出了促进教师质量提升的措施；《高等教育法》也专门列出了提升教师质量的条款。

进入20世纪80年代，美国社会对教师专业素养的关注热情更加高涨。其中美国优质教育委员会1983年的报告《国家处在危机之中：教育改革势在必行》强调教育与国家安全同等重要。报告将美国教育的危机归因于教师素质的低下，指出新聘任的数学、科学和英语教师中有将近一半是不合格的。1987年全美专业教学标准委员会成立，制定了一套完整的国家教师资格评价体系。随后联邦政府又出台《1994年改进美国学校法》要求各州为初任教师提供指导，使教师获得持续的专业发展。

美国对教师质量把控的主要措施是提高教师资格证书的获取门槛。截至1964年，在42个州管辖范围内，要求小学教师必须具有学士学位，48个州要求中学教师必须具有学士学位。到70年代，学士学位已经成为

---

① 紧急教师资格证书的颁发适用于那些有特殊需要的个体或学校，主要适用于一些教师紧缺的科目和偏远的乡村地区，证书有效期一般不会超过一年。

全美获取教师资格证书的必要条件。与此同时，部分地区对教师资格申请人员所修师范课程时长、接受培训的年限等也有一定的要求。进入90年代，对教师资格申请者的学历要求又有了新的改变，部分州已经开始将初任教师资格申请者的学历标准由之前的学士学位上升到了硕士学位，要求申请者至少取得教育硕士学位才有资格提出申请。[①] 而只有在那些被政府和社会认可的教师教育机构接受培养的人员才有资格申请教师资格证。随着民众对高质量教育诉求的声音日渐强烈，美国社会开始将教师质量改革的重点投向教师培养的源头环节——教师教育，希冀通过严格办学机制，提高教师候选人的素质。

二 开放式教师教育对认证制度的呼唤

20世纪60年代以后，美国教师培养体制发生了重要变革，教师教育从最初的封闭定向的培养模式开始转向开放非定向，承担教师培养任务的机构开始从传统的师范学院扩展至师范大学、州立教师学院、州立综合学院或大学、文理学院、综合大学教育系或教育学院（本科层次）、综合大学教育研究生院。多样化的办学机构丰富了教师培养模式，但良莠不齐的办学质量也为教师的培养水平蒙上了一层阴影。

随着教师教育机构的日益多元化，教师培养目标的实现与否需要外在质量保障体系予以监督。20世纪中期，师范学院向师范大学和综合大学的转变预示着教师教育机构开始呈现出扩大和多元的趋向，这一发展带来的改变不仅是院系的多样化，也把大学的办学重心从注重实用性知识转向更多地追求学术性知识，结果造成师范类专业边缘化、教师职业吸引力不足、教师社会地位过低等问题，培养未来教师不再是教育学院的唯一工作和最终目标。在这种环境中，未来教师的实际教学能力并没有得到重视。因此，建立完整的教师教育项目认证体系，成为20世纪末各州教育委员会重点思考的问题。

三 各州对认证制度的推动作用

分权制的教育管理体制下，各州政府逐渐成为教师职业准入的重要

---

① 冯增俊：《当代国际教育发展》，华东师范大学出版社2002年版，第15页。

参与者。一方面，各州教育行政部门逐渐加强对教师教育项目的管理与控制，提高了教师教育项目的开设标准；另一方面，各州教育行政部门根据联邦和州政府的原则性规定，制定了具体的教师教育项目认证执行方案和管理细节，使教师教育项目认证的各项程序进入制度化、规范化和法治化的轨道。

各州参与教师职业准入和教师教育项目认证由来已久。1922 年，全美教师教育认证委员会（National Council for Accreditation of Teacher Education，NCATE）成立，标志着美国开始希望通过建立一个全国性的专业认证组织对各州的教师教育项目认证进行指导，以达到提高教师候选人培养质量的目的。随着各州开办教育事业的热情愈加热烈，政府对教师教育质量的管控也逐渐强化。截至 1955 年，全美各州出于保护本州民众教育权益的目的，都已施行了对教师教育的直接管理，主要体现在实施教师的资格认定和发布教师的培养要求等方面。

麻省对教师培养环节的管控取得了突出成绩。据国家教师质量委员会（National Council on Teacher Quality，NCTQ）2014 年统计数据显示，麻省大约有 70 个教师教育机构。[①] 截至目前，中小学教育部已经把提高新入职教师素质作为其战略计划的一个关键组成部分，这项计划与多年的研究表明教师是影响学生成绩的最重要因素之一。美国教育统计中心与麻省中小学教育部合作，研究了麻省教师教育质量与该州学生学习成就的关系，并于 2017 年发布《马萨诸塞州教育者培养与许可证第一年报告》（*Massachusetts Educator Preparation and Licensure, Year 1 Report*），详细分析了影响学生成绩的因素，指出教师教育质量与学生成就存在正相关的关系，强调麻省需要通过提高教师培养质量来促进学生的发展。

四　教师教育项目的绩效倾向

当前，教师教育项目评价由"重投入"向"重产出"转变。以往的教师教育项目评价体系侧重对教师教育机构的师资力量、基础设施等投

[①] National Council on Teacher Quality, *National Summary. Are New Teachers Being Prepared for College and Career-Readiness Standards? 2014 State Teacher Policy Yearbook*, Washington: National Council on Teacher Quality, 2015.

入型指标的关注。但投入型评价体系只是一种预设性的评价方式，缺乏对教师质量跟踪性评价，所以向教师教育绩效倾斜成为教师教育项目认证变革的重要原因。

在州政府逐渐重视教师质量的背景下，对教师数量需求的扩大为州政府介入教师教育领域提供了充分的理由。根据"领导者教育伙伴"（Bellwether Education Partners）的调查报告，"上一代对于模范教师的定义是至少有15年的从教经验，如今这一数字已被缩短至5年，并且，新教师的比例只会随着婴儿潮一代教师的退休而增加，未来十年全国范围内会有一半的教师退休"[1]。对新教师的需求为教师教育领域带来了明显挑战，但也意味着各州拥有绝佳的机会去利用他们对教师教育项目认证的权力来提高教师质量。

改革之初，麻省州政府侧重于关注教师教育项目的投入，认为这种方式可以预测教师教育项目的培养质量，但在21世纪初，政策制定者开始尝试根据接受教师教育项目培养人员的学习成果来对项目进行评估。教育行政部门不再预测什么样的教师教育项目可以培养出高质量教师，而是直接衡量教师教育项目所培养教师的质量，并据此制定相应的政策。2009年，《力争上游计划》促使包括麻省在内的数个州开始将教师教育项目质量与培养结果相联系，但只有麻省在内的个别州承诺进行教师教育项目认证的改革。2011年，美国教育部又采取新措施，通过修订《高等教育法》第二章和第四章来为教师教育项目问责和报告机制提供法律依据，鼓励各州将教师教育项目与培养结果相联系。其中第二章要求州政府制定教师教育项目质量发展报告，筛查出低绩效的教师教育项目。第四章规定向参加"高质量"教师教育项目的人员提供贷款支持。自2019年4月起，法规要求各州从三项绩效结果来评估教师教育项目：学生发展（教师教育项目完成者入职后对学生的影响）、就业（教师教育项目完成者的入职率与留职率）和调查结果（跟踪调查教师教育项目完成者、对其雇主进行访谈），切实做到培养结果与项目目标有机结合。项目绩效数据的发布可以促进项目的持续改进，使研究人员对已有信息有更深入

---

[1] Ashley LiBetti Mitchel and Chad Aldeman, *Peering around the Corner: Analyzing State Efforts to Link Teachers to the Programs That Prepared Them*, Bellwether Education Partners, 2016, p. 27.

的了解，为其研究教师教育项目政策并评估其长期有效性提供数据支持。在缺乏严格的州问责制度的情况下，结果数据也为基础教育阶段的学校选择优秀的教师提供了参考信息。

第二节 麻省教师教育项目认证内容

经过多年的探索，麻省业已形成比较成熟的教师教育项目认证体系。该体系秉承内部协调性、持续发展性、产出导向性的原则，将整个认证内容共分为七大领域，涵盖了从项目投入到项目产出所要被认证的各个方面。把握麻省教师教育项目认证的总体要求和标准，有助于从整体了解该州认证的目的和意义。

一 教师教育项目的认证条件

2012年6月，在国家和州层面对高质量教师候选人越来越重视的情况下，中小学教育委员会通过《教师许可证与培养项目认证准则》（以下简称《认证准则》），并将其作为支持教师候选人职业生涯发展规划的重要依据。《认证准则》与《马萨诸塞州教育者评价框架》（*Massachusetts' Educator Evaluation Framework*）、《教师候选人表现性评价》（*Candidate Assessment of Performance*）、《马萨诸塞州课程框架》（*Massachusetts Curriculum Frameworks*）和《马萨诸塞州教师专业标准》（*Guidelines for Professional Standards for Teachers*）等其他教师质量保障政策保持了高度统一，从而形成了一套以专业标准为导向的教师专业培养保障与质量监控体系。其中，《认证准则》的修订版是该州多年来与教师教育项目和其他利益相关者合作的结果。该版本旨在创建、使用和实施基于证据与项目持续改进的审批流程。[①]

麻省中小学教育委员会征求了美国发展中心、教育部、教育基金会、国家教师质量委员会等组织的反馈意见，研究并吸取其他州的实践经验教训，听取了学校及学区行政人员等利益相关者的意见，举行了关于教

[①] 黄建辉：《基于专业标准导向的教师质量保障体系构建——美国马萨诸塞州教师专业标准解析》，《当代教育科学》2017年第8期。

师教育项目未来发展的论坛，集思广益地更新了《认证准则》。随着《认证准则》的出台，麻省中小学教育委员会已经改变了以往数据收集的方式与项目认证的流程。新的流程除了对项目的初期投入进行审查之外，还包括对项目以往培养结果的审查。该州通过对教师教育项目完成者就业率和学习评估等相关数据的收集，并以此为参考对项目是否达到开办标准进行评估，最终确定高绩效教师教育项目，筛选出表现不佳的项目并提供针对性的技术援助，取缔未能及时改善的项目，并向公众发布调查的结果。

麻省的每一个教师教育项目的开办均要经过中小学教育部行政长官的审核批准，旨在向纳税人保证该州每一个教师教育项目均须接受中小学教育部的监管。根据《认证准则》，每个教师教育项目都应具备以下条件[①]：

第一，持续改进（Continuous Improvement），通过使用基于证据的系统对项目的合规性、有效性和影响进行年度评估，以确保该项目在运作的同时能够持续改进；

第二，合作与项目影响（Collaboration and Program Impact），与学区合作以确保自身对满足学区需求方面产生积极影响；

第三，职责（Capacity），需要创建、实施和维持有效的培养方案；

第四，学科知识（Subject Matter Knowledge），项目申请者获取不同层次的许可证需要有能力向学习者提供相应的学科知识，"初始许可证"的申请者应确保项目能够最终使学习者精通学科内容知识，"专业许可证"的申请者应确保项目能够使学习者更加精通学科内容知识；

第五，教师专业标准（Professional Standards for Teachers），"初始许可证"的申请者应确保项目学习完成者被评估并且达到初始教师资格证[②]要求的标准；"专业许可证"的申请者应确保项目学习完成者被评估并且达到专业教师资格证[③]要求的标准；

[①] Massachusetts Department of Elementary and Secondary Education, "Guidelines for Program Approval", (2016-11), https://www.doe.mass.edu/edprep/review/program-approval.docx. (2020-12-09).

[②] 初始教师资格证（Initial License），有效期5年，有一次延长机会，可再延长5年，亦可升级为专业教师资格证。

[③] 专业教师资格证（Professional License），有效期5年，每5年更新一次。

第六，行政领导的专业标准（Professional Standards for Administrative Leadership），证明项目完成者已经被评估并达到行政领导的专业标准；

第七，教育工作者效能（Educator Effectiveness），分析和使用项目完成者综合评价数据，包括完成者在麻省就业的数据、调查结果的数据以及其他提高项目有效性的数据。

二 教师教育项目的认证领域

为了保证认证标准的有效落实，对教师教育项目的要求在实施过程中又具体分为六大领域，分别为教师教育机构、合作关系、持续提升、教师候选人、现场实习与教学。为了方便教师教育机构把握和理解，上述六个领域又详细分为数个具体细则。这些具体细则涵盖了教师专业发展和教师教育的各个方面，同时还保证了教师教育机构有充足的时间进行准备，无须重复认证。表1-1为六个领域认证的具体细则[①]：

表1-1　　　　马萨诸塞州教师教育项目认证领域与细则

领域	细则
教师教育机构	1. 具备维持项目有效运转的雄厚实力与能力； 2. 具备更好培养教师的组织和协调力； 3. 具备项目持续发展的预算和资源分配； 4. 具备使所有师范生公平和公正获得资源的保证； 5. 具备通过招聘选拔等方式雇用工作人员的机制； 6. 具备对教师培养质量产生积极影响的教师专业发展工作者
合作关系	1. 教师教育机构能回应K-12学校的需求； 2. K-12学校能为机构持续完善提供信息与帮助； 3. 合作关系能增加师范生的实际教学经验； 4. 合作关系能对K-12学生学习产生积极影响； 5. 教师教育机构能采取措施与K-12学校维持有效的合作关系

---

① Massachusetts Department of Elementary and Secondary Education, "Guidelines for Program Approval", (2016-11), https://www.doe.mass.edu/edprep/review/program-approval.docx. (2020-12-09).

续表

领域	细则
持续提升	1. 能对学习效果负责，保证为师范生获取教师资格证做好准备； 2. 能使用 DESE 提供的数据为参与项目相关主体的决策提供参考； 3. 能根据参与项目相关主体的反馈意见进行持续改进； 4. 能根据州年度报告中的目标对自身进行改进
教师候选人	1. 能够促进教师队伍的种族与族裔多样性； 2. 经历过严格的入学与培养过程，在培训和获取资格证时表现卓越； 3. 能够在培养过程中获得有效的建议； 4. 在培养过程中如不达标可得到必要的指导与改进或被勒令退出
现场实习	1. 实习时长应符合 603CMR 7.04 项的第四条要求①； 2. 合作伙伴参与实习的设计、实施和评估； 3. 嵌入培养项目课程且理论与实践结合明确； 4. 使师范生做好履行实习期间责任的准备； 5. 满足师范生对高质量实习场所的期望； 6. 师范生的现场实习时间应包括整个学年； 7. 应满足未来面临不同学习者（不同种族、民族、性别、经济背景、特殊群体的学生）的预设； 8. 监督者的从业资格满足 603CMR 7.02② 和项目认证指南的相关要求； 9. 监督者和监管者需接受教师教育机构的培训； 10. 师范生能接受高质量和针对性的反馈从而提升教学水平； 11. 监督者能有效地评估并明显提高师范生的培养质量； 12. 通过不定期表现评估确保具备基础教育潜质的师范生完成培养

---

① 该条文设定了不同年级、不同学科、不同岗位教工的最低实习时长，详见：Massachusetts Department of Elementary and Secondary Education, "Guidelines for Program Approval", https：//www. doe. mass. edu/edprep/review/program-approval. docx。

② 该条文规定，监督者应拥有初始或专业许的同时，有至少三年教学经验，并且获得了熟练或更高的评估等级，详见：Massachusetts Department of Elementary and Secondary Education, "Guidelines for Program Approval", https：//www. doe. mass. edu/edprep/review/program-approval. docx。

续表

领域	细则
教学	1. 产出标准： ①项目完成者应具备学科内容知识； ②项目完成者应具备教学技能； ③项目完成者应能对 K-12 学生产生积极影响。 2. 投入标准： ①课程安排顺序能逐渐增加技巧与知识的深度； ②课程设计连贯确保课程之间明确而具体的联系； ③所授内容根据科目与许可证类型的不同进行区分； ④内容的教授与项目保持一致； ⑤教师/指导者是实施有效教学的模范； ⑥教师/指导者运用形成性和终结性评价明确师范生所需知识； ⑦师范生在课程作业中得到教师/指导者有针对性的反馈

资料来源：Massachusetts Department of Elementary and Secondary Education, "Guidelines for the Professional Standards for Teachers"，（2015-01），https：//www.doe.mass.edu/edprep/resources/guidelines-advisories/teachers-guide.docx.（2020-12-09）。

三 制定认证标准的准则

麻省教师教育项目认证标准与本州同期出台的其他教师教育质量保障政策相辅相成，构成了一套相对完善的质量保障体系。在标准的制定中突出"循证"原则，且标准的制定以教师候选人的培养为中心，立足当地学区和学校的需求，服务于教育实际。

（一）与教育现实密切相关

包含《认证准则》在内的一系列认证规定在教育理念、内容规定与实施过程等方面相互依存和交叉，形成了一套以教师专业标准为导向的培养与质量监控体系。[①] 其中，《马萨诸塞州课程框架》的出台为所有项目学习者升学和就业提供了有效的知识与技能支持。麻省《教师许可证与培养项目认证准则》指出教师教育机构在选拔教师候选人时应满足新

---

① 黄建辉：《基于专业标准导向的教师质量保障体系构建——美国马萨诸塞州教师专业标准解析》，《当代教育科学》2017 年第 8 期。

时期多样化学生群体的学习需求，要求教师候选人的实习教学对象应该是具有多元身份的学生群体，同时要求候选人能够尊重和包容学生多样化的文化背景与学习风格。由此可见，教师教育项目开设课程所依据的标准与评价项目教学效果标准的期望是统一的。《教师候选人表现性评价》则为教师教育项目教学效果的评价提供了更详细的参考，将教师候选人的培养标准、过程与质量密切统一。此外，中小学教育部启动认证程序后会参考《马萨诸塞州教师专业标准》，融入教师专业标准内容与指示任务。除此之外，《马萨诸塞州教育者评价框架》与教师候选人有效教学的评估是内在统一的，双方均强调教师所有教学活动要以学生学习为中心，对入职之后教师候选人评估要以所教学生学习结果为依据。

就制度设计与实施计划而言，麻省长期重视教师职前培养、入职培训和职后发展之间的连贯性和系统性。新的《认证准则》作为麻省教师质量保障体系中的重要一环，必然与其他教师质量保障政策有千丝万缕的关系，它们相辅相成、相互依存，以满足 K-12 学生需求为导向，以培养高质量教师为目标，为教师的职前培养、资格认证、职后培训、课堂教学表现评估等提供支持。

（二）凸显"循证"的绩效评价理念

新的认证体系开始将证据引入到绩效评价中，要求教师教育机构对项目的合规性、有效性和影响进行年度评估，以确保该项目能够提交有关未来教师教学能力的证据。"循证"系统通过收集和分析教师候选人就业率、留职率、学生学习成就的增长量、教师许可证考试通过率和领导者绩效评估通过率等考试数据，使绩效评价有了坚实的证据基础，弱化了项目质量评价的主观性。以数据为评价基础，麻省中小学教育委员会能够更好地确认那些值得推广的优秀项目，淘汰那些未能满足学校要求的不良项目。

与此同时，麻省要求教师教育机构在获得认证通过之前完成教师候选人的表现性评价。[①] 通过教师候选人表现性评价得到的数据证据，州政

---

① Massachusetts Department of Elementary and Secondary Education, "Guidelines for the Professional Standards for Teachers", (2015-01), https：//www.doe.mass.edu/edprep/resources/guidelines-advisories/teachers-guide.docx. (2020-12-09).

府可以明晰项目候选人是否已经具备该州所要求的高质量教师所具备的知识和技能，进而搭建从职前培训到职后发展的桥梁。"循证"绩效评估使州政府更加客观地了解教师教育项目完成者的质量，帮助中小学教育部筛选出优秀可供借鉴的项目，促进该州项目评价体系的完善。

（三）以教师培养为工作中心

为了培养在复杂文化背景下对本地区发展有责任心的教师，麻省的认证标准共分为六个模块，每一项都与教师候选人的发展密切相关。标准要求教师教育机构应能确保自身有足够的能力为教师候选人的发展提供师资与技术支持，确保教师候选人对未来的实际教学做好准备。

认证标准要求教师教育项目的利益相关者之间建立合作关系，为培养优质教师候选人积累经验，相关主体为教师候选人提供合适的实习场所和连贯一致的课程。与此同时，认证标准始终以教师候选人的培养为中心，它严格规定候选人培养的质量标准，对不符合相关标准的候选人提供必要的指导或帮助，以期令其改进或退出培养项目。整个认证体系涉及教师候选人的录取、实习、考试、入职，最终目的是保证教师候选人的质量。

（四）立足于K-12学生发展需求

认证标准要求教师教育机构在对教师候选人进行录取时应充分考虑学区内学生身份构成的多元性，力图使未来教师群体的民族、性别等构成比例与学生的民族、性别等比例保持一致。同时还特别指出要满足学区内特殊学生的学习需要。这一系列做法都体现了认证标准充分考虑了基础教育阶段学生的需求。

在现场实习环节，要求为教师候选人提供的实习场所尽可能具有美国学校的一般特点，使教师候选人提前感受面对多样化身份学生时所遇到的问题，为未来课堂上可能出现的突发情况做好准备。此外，教师教育项目应切实满足学区对教师的需求，并与学区内的学校建立良好合作关系。值得注意的是，在对教师教育项目培养质量进行评价时，K-12阶段学生的学习成绩就是一项重要的考核依据。只有教师教育项目所培养的教师对K-12阶段的学生产生了积极的影响，该项目才会被认定为一个成功的项目。

认证标准体现了麻省对基础教育发展需求的重视，但归根结底还是对该州学生发展的重视，它要求该州的教师候选人不仅要具备相应的学科知识和教学技能，还要求其在教学中根据学生身份的多样性作出相应的准备，最终目标是培养有充足教学准备的教师。

第三节　麻省教师教育项目认证主体

规范化教师教育项目认证的实施是建立在专业的认证团队与严谨的认证工具基础上的，二者的有机结合是认证理念在认证过程中稳固落实的重要保障。一方面麻省在建立专业认证团队时注重听取各方意见，形成了由中小学教育部职员、社会评审员构成的认证团队。另一方面，认证工具旨在保证高效的评估过程，并与其他相关的评估流程的目标要求保持一致，弥补评估与审查过程中的不足之处。

一　教师教育项目认证机构与成员

麻省中小学教育部是教师教育项目认证审查的核心机构，下设多个部门用于日常管理。中小学教育委员会是中小学教育部的上级领导机构，它由包括学生代表、家长代表在内的 11 名成员构成，有权任命该州教育行政长官。在具体的项目认证执行过程中，中小学教育委员会主要职责是综合各方意见修订《认证准则》。其任命的教育行政长官对教师教育项目是否通过认证拥有最终的批准权。中小学教育部通过动员社会力量，鼓励教育专业人员进入评审团，这些人员被称为社会评审员。通过严格地筛选与培训，这些拥有高学历背景的社会评审员将与中小学教育部职员合作对教师教育项目进行审查。总而言之，中小学教育委员会作为领导部门，负责对该州教师教育项目认证的整体工作进行统领与规划，它委托中小学教育部职员与社会评审员负责项目认证的具体实施。

（一）中小学教育部

中小学教育部作为负责教师教育项目认证的核心行政部门，是项目认证的具体实施者。中小学教育部的工作包括对教师教育项目认证、为教育工作者发放许可证、分配州和联邦的教育经费、帮助各地区落实学习标准、监督州范围内的标准化考试、监督学校。当教师教育项目接受正式审查时，中小学教育部将会在审查过程中为决策机构提供技术支持，包括对认证团队审查的过程提出明确期望与要求、为审查对象提供文件模板、向公众解释相关要求。此外，它通过会议、电话和邮件等方式进一步向接受审查的教师教育机构提供服务。为了维护整个流程的完整性与一致性，中小学教育部将不会逐个对所有项目提交的内容提供反馈。

（二）社会评审员

除了工作人员，中小学教育部还会招募教育专业人员作为社会评审员参与教师教育项目的正式审查，这些社会评审员与中小学教育部一起负责评审、分析和评价教师教育项目提供的支撑性材料。社会评审员从所有与教育相关机构（包括高等教育机构、K-12教育工作者、学区的管理人员、教育专业协会等）中招募，最终筛选出具有良好教育背景、出色的证据筛查能力、高超的沟通技巧的人员。该教育部会根据每个社会评审员的专业特长进行任务分配，每位评审员负责1—2个领域。评审员的工作对教师教育质量有直接的影响，他们承担着保证教师候选人获得高质量教育的重要责任。评审员的数量由每年参与教师教育项目认证的申报数决定。2017—2018年度，麻省共招聘76名评审员；而2018—2019年度，评审员的数量便与前一年不同。

中小学教育部对评审员也有一些具体的要求：（1）拥有中小学教学、管理经验或高等教育学习背景；（2）拥有与不同观点同事合作的能力；（3）拥有开放包容的态度；（4）拥有较强的沟通与分析能力；（5）拥有熟练的计算机操作技能和在麻省教育者评级中获得"专家"（Proficient）及以上。中小学教育部对评审员高标准的选拔要求是高水平审核团队的重要保障。评审员每年有三个月的评审期，此期间的任务主要包括培训、场外评审与现场评审。评审员的培训时间包括8小时学习与3—5小时的练习；评审员的场外评审包括依据认证标准对评审材料进行审查，并与中小学教育部工作人员进行讨论，商拟参与评审材料的等级；评审员的现场评审包括两到三天的实地考查与随后考查报告的撰写。

二　教师教育项目认证工具的运用

认证工具是麻省教师教育项目认证体系的核心部分，它明确了项目认证的详细标准，评审员依据这些标准对所有教师教育项目进行审查。该认证工具实质上是认证信息的分类记录表，它帮助教师教育项目申请者明确所要提交的信息，辅助评审员对收集的信息进行分类整理。

（一）认证工具的目标

认证工具有五大基本目标：一是提供明确的标准，明确项目认证标准中的各项具体指标；二是对数据进行收集，为决策建立证据库；三是综合考查教师教育项目的投入与结果产出；四是建立一个支持复杂判断的评估结构；五是简化资料提交流程。认证工具主要涵盖三个主要模块：场外审查、现场审查与项目结果评估。评估工具的内容和结构都反映了该州所提出的注重证据与结果的新趋势，最终目的是建立一个有效评估麻省教师教育项目质量的"循证"评估系统。与此同时，评估工具也阐明了认证相关工作的具体实施要求，包括：评审员的职能、提交材料的准备工作、各项参考指标等。

在审查开始之前，中小学教育部会召集一个审查小组，对教师教育机构提供的支撑材料进行评估，此时的评估工具用于统计相关标准对应的支持性证据。在整个项目认证审查的过程中，中小学教育部会依托认证工具确立检查点，以确保认证审查的所有决定均以证据为基础。简言之，评估工具本身并不产生认证结果，它只是证据资料的记录者和传达者。

（二）认证工具的运用者

在整个评估过程中，项目认证工具的运用者是三方机构人员，分别是评审员、中小学教育部、教师教育机构。评审员是工具的主要运用者，通过收集和整理评估证据，评审员最终确定每个标准的总结性评级，这些总结性评级和相关的证据将被记录在认证工具中。认证工具的运用方法是中小学教育部对评审员进行培训的主要内容，中小学教育部也会及时更新认证工具的内容以便更好地收集证据，支持评估工作。认证工具的内容是教师教育机构的重要参考，它帮助机构更好地理解与准备相关材料，完善自己的培养过程。[①] 除了足够透明的评估过程以外，教师教育机构必须对评估标准足够熟悉，并进一步明确其提交的内容。

---

① Ashley LiBetti Mitchel and Chad Aldeman, *Peering around the Corner: Analyzing State Efforts to Link Teachers to the Programs That Prepared Them*, Bellwether Education Partners, 2016, p.27.

（三）认证工具的使用方法

整个认证工具依据认证标准划分为六大领域。标准与若干个领域内的主题都具有相关性，每个标准也只会出现一次，这种设置的目的是确保评审员在不重复工作与不遗漏任何认证内容的情况下高效地准备、审查和评估教师教育机构所提交的文件。除了教学领域外，其余领域均是对每个项目所在机构的整体评级，因此机构须针对每一个领域内的每一项细则提交一套证据。而在教学领域，机构需要对其开设的每一个项目提交一套准备材料。认证工具的最终目的是关注到每一个认证细则，使机构提交的证据材料与各个认证细则一一对应。这些细则直接来源于项目认证标准，且它们都会详细描述对机构所提交证据的期望，旨在将高度凝练的标准概念转化为一套具体的、可操作的参考。这些细则是对未来证据的预期描述，而不是强制执行的要求。

该工具将证据划分为三个来源：场外审查、现场审查和项目输出。在审查过程中，校外审查提供初步和基础性的证据；现场审查确保场外审查所提供证据的真实性；项目输出能够证实项目是否对未来教师的培养产生积极影响。

（四）认证工具的表征

麻省教师教育项目认证的工具是该州认证工作的核心构成，其表征主要是开发的严谨性、内容的循证性、更新的实时性。

1. 认证工具开发的严谨性

中小学教育部每年都会发布新的评估标准，只有经过中小学教育部先期调研与试验之后，评估工具才会被正式投入使用。评估工具的发展更新共经历了四个阶段。

第一个阶段为试验。早在 2009—2011 年，在对教师教育项目的正式审查中，中小学教育部在现场审查阶段就已经开始使用该评估工具，对其标准的设置进行试验与改进，该评估工具更新完善后于 2012 年被正式投入使用。在改进过程中，教师教育机构与评审员就该认证工具的使用感受提供大量的后期反馈，这些反馈为工具的改进与循证型审查方式的推行奠定了重要基础。本阶段评估工具的改进更注重三个方面：一是推动机构更加系统、清晰地展现自身在教师培养方面的能力；二是更加注重机构在行动层面的反馈；三是致力于推动以证据为基础的评审，使审查的权责划分更加清晰。

第二个阶段为初期开发。在中小学教育委员会通过新的项目认证标准后，中小学教育部聘请了美国研究院的专家对该评估工具进行了评价，以期为麻省评估工具的开发提供更加专业和权威的建议。初期开发阶段更注重四个方面的改进：一是摒弃传统标准细则的格式，对教师教育机构"符合标准"的描述更加具体细致；二是对于项目标准与指标进行重新组织，按照主题进行划分；三是将评级重点放在支持证据是否充分上；四是将项目的投入与产出的数据一起纳入证据库中。

第三个阶段为反馈。2014年初，中小学教育部向利益相关者代表发布评估工具草案，除了教师教育机构派出的代表外，也邀请了若干国内专家参与早期版本的讨论。与此同时，中小学教育部与部分评审员会选择几个教师教育项目作为评审工具的试点。本阶段对评估工具的改进更注重：一是依据各方反馈，对标准进行大范围的改进与修订，扩大标准能够涵盖的范围；二是改进工具的结构，更加清晰准确地链接到对应的证据；三是明确评审员与后期项目评估结果间的关系。

第四个阶段为第一次正式实施。自2014—2015年度开始，该评估工具被首次使用，超过50名评审员在审查12个项目时使用该认证工具。实施的结果显示，该工具是一种高效的循证型评估工具，能够有效支持评审员的判断。本阶段对评估工具的改进更注重：一是正式确定该工具的基本结构和格式；二是将工具的统计格式由水平布局改为垂直布局；三是认证标准的更新应及时反馈在评审工具中。

经过前三个阶段的反复调整，认证工具拥有了充足的专业理论与实践经验作为支撑，该认证工具才正式在全州范围内投入使用，整个过程体现了该认证工具开发的严谨性。

2. 认证工具内容的循证性

纵观认证工具的整个内容，每一个标准评级之下均要求有足够证据支撑。在对每个项目进行评价时，不是简单地定义为"好"与"坏"，而是给予更加明确的评价。相较于以往的认证工具，这是一个重要的转变，它意味着麻省对教师教育项目培养结果的重视。

作为标准化认证工具，它有绝对的公开性和透明性。根据相关要求，该工具所收集的数据将会与教师教育机构共享，并在项目认证结果公布时与中小学教育部共享，它的透明性也在一定程度上要求证据收集过程的客观公正。中小学教育部认识到评价的本质是人的主观判断，所以专门建立了一个既有价值判断又有数据支撑的评估系统，将评审员的判断引向理性与客观。

3. 认证工具更新的实时性

认证工具所依据的标准与模板不是一成不变的，而是根据麻省每年制定的教育目标而进行实时更新。认证工具在制定之前，中小学教育部会仔细衡量认证标准是否符合对教师教育质量的考核要求。与此同时，中小学教育部还会根据教育现实对工具进行不间断地修改。这种方式不仅可以促成认证工具的与时俱进，也能增强整个认证体系的合时代性。

第四节 麻省教师教育项目认证程序

教师教育项目需由中小学教育部认证通过才有资格为教师候选人发放结业证。完成教师教育项目培养的教师候选人也可以根据国家教师教育与认证协会州级协议授权后获得教师许可证。具体而言，寻求认证的项目应根据要求提供证明其符合规定的书面证据，通过中小学教育部与评审员的审查，最终由中小学教育部行政长官向项目授予发放结业证的权利。

一 项目审查（The Review Process）

麻省教师教育项目认证程序包含审查、评级、建议、决定、最终认定和改进六个模块。中小学教育部根据项目类型的不同将项目的审查分为非正式审查、正式审查和中期审查，其中非正式审查和中期审查是正式审查的补充。正式审查是教师教育项目认证的核心环节，通常历时两年，经过对教师教育项目的充分评估后，对项目下发最后的认证决定。

（一）非正式审查（Informal Review）

该审查是对开发新教师教育项目的机构或寻求初次认证的教师教育机构进行的审查。中小学教育部在每年的2月1日至5月31日接受非正式审查申请，但不会接受正式审查结束前后两年内的项目提出的申请。另外，获得"出色认证"的机构可以随时在非正式审查期内推出新的教师教育项目。新项目的提交与批准主要包含如下步骤：

1. 需求评估（Needs Assessment）

教师教育机构需向中小学教育部表达参与非正式审查的意向，便于中小学教育部提供指导和审查安排。中小学教育部将会从多个渠道、多个方面调查申请非正式审查项目所具备的条件：是否针对麻省的需求进行课程安排、教师候选人的兴趣、类似项目完成的效果等。若中小学教育部确定该项目具备了上述条件，则该项目所在机构可提出非正式审查要求。若没有满足，该机构需要重新考虑该项目，并在下个周期内提交更多证据。

2. 非正式提交（Informal Submission）

完成需求评估后，一旦确定其具有开设价值，中小学教育部将为每个教师教育机构提供所需文件的清单。提交要求根据审查情况而异，通常中小学教育部要求机构依据具体情况对相关标准进行回复。完成非正式审查的机构有资格在麻省获得教师培养许可，但无法在与麻省签署州际教师资格协议的其他州享有相同待遇，只有在项目获得正式认证过后才能享有完全互惠。

3. 批准决议通知（Notification of Approval Determination）

非正式审查的结果由中小学教育部通知教师教育机构，申请机构将会在非正式审查结束后的三至六个月之内收到有关审批决议的通知。对于首次开办项目的机构，在成功完成正式审核之后获得批准，完成一年期的运营后，才能获得正式批准。在运营后的第一年，这些机构必须按照 603 CMR 7.03（4）① 向中小学教育部提交年度报告。

（二）正式审查（Formal Review）

定期的项目审查有助于保持教师教育机构的高效运作。已获批准但处于七年审批周期末尾并希望继续运营这些项目的机构，需要进行项目审查。已经通过认证且已提交审查材料的机构，即使运作超过七年周期，

---

① 该条文规定，教师教育项目的开办者需要向审批机构提供教师候选人数据、教职员工数据、年度目标和成就、完成者数量为零的项目、地区伙伴关系和合作的类型等证据，详见：Massachusetts Department of Elementary and Secondary Education, "Guidelines for Program Approval", https://www.doe.mass.edu/edprep/review/program-approval.docx。

在中小学教育部启动正式认证流程之前都可以继续运营。如果机构未能在截至日期前满足认证的相关要求，项目将会在预定日期被要求停止运营。在设计审查过程时，中小学教育部所设定的目标是实施高效评审，为决策提供坚实的证据基础。

对项目的正式审查包含多个步骤，且主要集中于正式的现场审查上。正式审查的总框架包含四个主要阶段：启动、场外审查、现场审查和决定。

表 1-2　　　　　　　　　　　正式审查总流程

现场审查时间	阶段	活动描述
12 个月前	启动：项目发起（Initiation：Launch）	DESE 在第 6 年初通知即将实施 7 年项目的机构需要正式现场评审
10 个月前	启动：需求评估（Initiation：Needs Assessment）	DESE 要求机构评估项目的深度与广度
6 个月前	场外：初次提交（Offsite：Initial Submission）	机构准备和上传证明符合正式审查标准的文件
5 个月前	场外：完整性校验（Offsite：Completeness Check）	DESE 审查提交材料是否齐全，确保完整性，但不对内容的质量进行评估；若材料不足则应补充；可在截至日期前修改并重新提交材料
4 个月前	场外：最终提交和审查（Offsite：Final Submission & Offsite Review）	机构根据初审意见补充资料并提交给 DESE 和场外审查人员；DESE 将调查 K-12 学校与机构的合作情况
2 个月前	现场：访前电话（Onsite：Pre-Visit Call）	在正式现场审查两个月前进行，DESE 与机构进行协调为正式审查做好保障
2 个月前	现场：实地审查（Onsite：Site Visit）	正式现场审查通常持续 3 天，成员由至少一位 DESE 工作人员和一个社会审查小组组成，差旅费由机构承担。结束后举行总结会议，最终结果不在会上公布
现场考查 90 天后	决定：事实准确性报告（Determination：Factual Accuracy Report）	DESE 将在实地审查 90 天后发布报告通知机构评审结果，并为项目改进提出建议

续表

现场审查时间	阶段	活动描述
收到报告起10个工作日	决定：事实准确性回应（Determination: Factual Accuracy Response）	收到最终报告后，机构将会对审查文件的真实性进行确认，并与DESE就报告中的错误或遗漏进行沟通协商或提出申诉，但不能反驳审查小组的决定
现场审查4个月后	决定：批准决定的通知（Determination: Notification of Approval Determination）	DESE将获批结果以书面形式通知机构
自收到最终报告和批准决定起30天内	决定：答复回应与听证（Determination: Rejoinder Response and Hearing Requests）	无论是"批准""试用批准""未批准"等结果，机构可在30天内使用DESE提供的模板，提交对DESE决定的回应
8月31日	决定：更新批准决定（Determination: Approval Determinations updates on Profiles）	DESE以公共文件的形式发布对每个机构的审查结果

资料来源：Massachusetts Department of Elementary and Secondary Education, "Formal Review Overview", (2019-09), https://www.doe.mass.edu/edprep/review/toolkit/2021/formal-review-overview.docx. (2020-12-09)。

（三）中期审查（Interim Review）

若项目没有满足认证要求，需要以七年为认证周期，在周期结束前申请审查。若项目不符合要求，即被认定为执行不力，或被中小学教育部认为符合标准的证据不足，中小学教育部将在周期内的任何时段对该项目进行中期审查。

二 标准评级（Criteria Rating）

在中小学教育部评级专家的领导下，评估委员会会对评审员作出的评级决议进行审核，当委员会就报告的结果达成一致时，将会生成最终的评级决定。评级共分为三类：推荐决定，指真正卓越、创新、优秀的教学实践；符合决定，指所提交证据符合预期标准；改进决定，指审查结果显示教师教育机构需提供额外证据以证明自身符合标准相关要求。

三 领域建议（Domain Recommendations）

当审核团队依据评审标准对项目进行评级后，它会向需要整改项目的特定领域提出改进的意见和建议。

一是模范（Exemplary）：是最高表现级别，属于精通层级的高标准。模范评级被用于授予优秀教师教育机构，作为州乃至国家的模范；

二是精通（Proficient）：是对机构较高预期表现的级别。这一要求较高但处于可以达到的水平；

三是需改进（Needs Improvement）：表明机构在实施层面存在不协调或关键领域表现不佳，还没有开发一个成熟完善的培养系统。

四是不满意（Unsatisfactory）：与预期相比，表现明显不佳。

四 认证决定（Approval Determinations）

认证决定意味着告知项目机构与利益相关者该项目认证的结果与机构的准备情况。该决定可以向教师教育机构或者项目公布，机构的认证决定与项目的认证决定相关但不同。① 无论批准决定如何，中小学教育部都将对项目和机构改进的执行情况持续关注，并保留进行中期审查的权力。

认证产生五种不同结果：出色通过认证（Approval with Distinction）、认证通过（Approved）、有条件通过认证（Approved with Conditions）、预备通过认证（Probationary Approval）、未通过认证（Not Approved）（见表1-3）。

---

① 例如机构的认证结果可能是通过，但该机构主持的数学项目可能是出色。

表 1-3 认证决定

决定	定义	指标	影响
出色通过认证	最高级别认证，表明已超越一般"认证"水平	□提供符合标准的出色证据	□获得执教许可的师范生享受州际互惠 □享受7年批准期限 □被赋予重大改变的自主权 □获得 DESE 优先考虑的资助机会 □DESE 不对机构推出新项目进行评估 □项目状态认定可能为高绩效
认证通过	表明已满足州认证的所有标准，表明有能力为师范生提供高质量的培养项目	□符合正式审查各项标准 □调查结果不影响教师教育培养工作	□获得执照的师范生享受州际互惠 □享受7年批准期限
有条件通过认证	表明基本符合相关标准并承诺改进存在问题	□有正式评审的领域与标准评级 □提供符合标准的充足证据	□有权向师范生发放许可证 □师范生不能在州外享受州际互惠 □享受7年批准期限 □DESE 将会提出特定条件并要求按期完成
预备通过认证	未达到州相关标准，表明某些重要领域存在缺陷，师范生培养质量得不到有效保证	□有正式评审的领域与标准评级 □符合标准的证据不够充足	□向师范生发放许可证和招生权力受限 □师范生不能在州外享受州际互惠 □DESE 将会对机构提出专门要求并要求按期完成 □享受3年批准期限 □项目状态认定为"处于风险/表现不佳"

续表

决定	定义	指标	影响
未通过认证	表明未达到标准且存在重大缺陷，不能有效培养师范生，可能因师资质量不佳导致 K-12 学生面临风险	□领域与标准评级存在严重问题 □大量证据指向所存在问题	□不允许招收、培养或发放师范生许可证 □DESE 与机构合作为项目制定教学计划，降低对师范生的不利影响 □可在 DESE 规定的时间范围内选择重新申请审查 □项目状态认定为"表现不佳"

资料来源：Massachusetts Department of Elementary and Secondary Education, "Guidelines for Program Approval", (2016-11), https://www.doe.mass.edu/edprep/review/program-approval.docx. (2020-12-09)。

五 项目状态认定（Status Designations）

根据《高等教育法》第二章的要求，每个州必须确定教师教育项目的评估标准，并确定表现不佳或处于风险中的项目。认定的状态与正式审查所产生的结果相互独立但密切相关。除了教育部要求的"表现不佳"和"有风险"之外，麻省中小学教育部还扩展了项目认定的状态，如"高绩效"。项目状态可能由某一特定的审查结果决定，但也可能是州每年相关数据衡量的结果。"表现不佳""有风险"或"高绩效"的标准主要基于如下数据：审查后的整体认证决定、项目完成率、教师许可证考试、领导者绩效评估数据、州调查结果、是否遵守州报告要求、是否满足州/地区需求、是否培养高需求学科和多元化身份的教师、项目完成者就业数据、对学生影响力数据。

经过正式或中期审查的教师教育项目若不符合认证标准中的基本要求，它将收到"表现不佳"或"有风险"的评价。收到此评价后，教师教育机构应为其每一个表现不佳的项目提交一份改进计划，而中小学教育部也将继续监测其改进计划的实施情况。若在审查结束一年后，该项目仍未取得令人满意的进展，则可根据规定撤销认证决定，剩余的改进任务完全由机构承担。状态认定为"表现不佳"或"有风险"的机构可以在收到通知15天内提交结果质疑书来质疑认定结果（必须使用中小学教育部规定的模板）。鉴于项目收到"表现不佳"状态认定时会带来较大影响，因此在传达认定状态和对教师候选人带来的潜在影响时需注意以下几个方面：

（一）利益相关者的沟通

教师教育机构必须向所有利益相关者传达项目"表现不佳"的结果。在传达时应注意：（1）在认证状态授予的10个工作日内发出。需要向该项目所有注册人员提供书面文件、为本机构培养对象更新网站/营销材料、向所有教职工提供书面文件；（2）机构必须向中小学教育部提供发放给利益相关方的沟通证明以及相关网站信息，沟通证明应与改进计划一起提交；（3）机构应使用认证通知函、最终报告、认证指南与法规中的语言来传达认定状态，其中"表现不佳"一词必须在沟通中出现，并且必须清楚地说明项目机构签发执教许可的权力处于危险中；（4）机构应该表明，中小学教育部在新学年对项目监测时，培养对象、教职工和项目主管的努力也会被考量；（5）机构应将"表现不佳"状态的结果传达给任何利益相关者或可能受此影响的实体。

根据联邦和州政府的要求，麻省中小学教育部将向评审对象传达"表现不佳"的结果，在沟通中中小学教育部必须做到：

第一，应在通知机构认定状态三天后将"表现不佳"状态公开在"机构公共文件夹"里；

第二，应不公开发布正式评审报告，但因被认定为公开文件，需将依据有关规定向感兴趣方发布正式评审报告；

第三，应同中小学教育委员会一起与高等教育管理部门共享项目信息；

第四，项目认定状态应同正式审查的其他结果一起在年度正式审查总结报告中发布；

第五，如有必要，将有权直接同受"表现不佳"项目影响的地区、学校直接沟通；

第六，根据《高等教育法》第二章要求，最迟于每年10月30日撰写州年度报告时列出"表现不佳"的项目名单，并于12月或1月发布州报告；

第七，与各个教师候选人、潜在的教师候选人、教职工或机构的合作伙伴联系时，应使用规定性语言来传达项目认定状态。

（二）当前或未来项目申请者的沟通

教师教育项目的使命是培养对中小学生学习生活产生良好影响的教育者；低质量的教育者可能会降低学校的教学水平，使学生的学习面临风险。正因如此，在收到"表现不佳"状态认定时，项目应立即制定改进计划并付诸行动。

项目"表现不佳"的状态反映了机构的准备质量，而不能证明评审之前教师候选人的能力。从实际结果来看，中小学教育部希望通过对项目贴上"表现不佳"的标签来对现在或未来教师候选人产生积极的影响。此外，机构的受资助资格只有在州要求裁撤培养项目时才会受到影响，所以中小学教育部不会限制"表现不佳"的项目在招录学生或签发许可方面的权力。目前没有州或联邦的政府条例要求限制"表现不佳"的项目获取资助与颁发执教许可。

若项目的认证状态最终被撤销，中小学教育部将与机构合作执行项目关闭程序，尽可能减少对参加项目的教师候选人的伤害。在之前情况中，若项目存在的问题较少或受影响的教师候选人数量少，中小学教育部将勒令教师教育机构提供"外地教学"（teach-out），将剩余的教师候选人委托给有资质的其他项目进行培养。此外，若认证状态被撤销，机构将不能向教师候选人提供签发执教许可的保证；若教师候选人想转到州的其他教师教育机构，其他机构将自行决定是否接受这些"表现不佳"项目提供给教师候选人的学分/课程。

六　持续改进循环（Continues Improvement Cycle）

联邦和州政府对教师培养项目的审查目的是强化对教师教育机构的问责，但这些措施的最终目的是促进教师教育项目的不断改进。《教育者执照条例》《准备项目认证条例》均要求教师教育机构建立持续改进体系（见表1-4），通过汇编和分析数据来检查项目的有效性。该体系使每个机构都能反思和评估教师教育项目的设计、开发和实施，并确保他们反映了机构的使命、远景和目标。对项目数据的持续收集与分析推动了改进的过程，这种循环会产生更有效的项目。

表1-4 持续改进循环步骤

循环步骤	描述	未来行动
建立改善基础设施	收集、整理、分配、获取或创造支持持续改进循环所需的资源；最佳途径是提高机构支持持续改进的能力，并优化组织结构	□召开会议研究改进过程 □争取合作者和相关方提供设施支持 □使用 Data Wise K-12 学生数据查询系统
进行年度评估	应基于证据进行年度评估	□从 Edwin 系统中收集数据① □评估数据趋势 □比较项目影响数据与项目愿景、使命 □确定目标较上一年的进展
确定改进领域	基于分析定位需要关注与改进的领域	□持续改进现行项目 □考虑停止低入学/低完成率项目的运作 □进行机构重组 □根据外部师资需求和师范生兴趣建立新项目
设定年度目标	年度目标在州年度报告和公共文件中展示；围绕正式审查标准确立改进和指导制定战略计划的目标	□利益相关者合作起草目标 □拓展视野、使命 □持续监测目标进展 □定期向教职工报告进度，必要时进行调整
制订行动计划	详细阐述实现目标的步骤和策略，分配任务并设置清晰的进程表	□在全国/州寻找榜样作为学习对象 □争取利益相关者的支持 □制订计划检查节点以测量项目进展
执行行动计划	实施上述计划	
收集数据	收集计划执行过程中的数据元素	

资料来源：Massachusetts Department of Elementary and Secondary Education,"Guidelines for Program Approval", (2016-11), https://www.doe.mass.edu/edprep/review/program-approval.docx. (2020-12-09)。

---

① Edwin 系统即马萨诸塞州教育信息系统。

七　认证程序的特性

麻省教师教育项目认证的过程中兼顾各方利益，并十分注重不同利益主体间的沟通。认证程序公开公正、严谨科学，注重项目的持续提升，以培养高质量教师为根本目的。

（一）注重不同利益主体间的协调

在麻省教师教育项目认证流程中，中小学教育部始终致力于协调各方利益，交流认证信息，充分考虑各利益主体的意见，尽量满足各方的教育需求。在标准制定初期，将吸收各主要利益相关者作为评审主体，促使各方共同承担教师教育工作，这种做法有助于教师教育项目培养出符合社会期望的优秀教师。

与此同时，鉴于"表现不佳"状态带来的较大影响，当教师教育机构收到该认定结果时，中小学教育部要求机构应及时将项目认定结果告知利益相关者。为了防止机构对"表现不佳"状态认定有所隐瞒，中小学教育部还要求机构在向利益相关方发送的资料、相关网站上必须注明"表现不佳"一词，明确告知本项目出现的严重质量问题；如有必要，还会直接同受"表现不佳"影响的学区、学校进行沟通，使他们能够及时掌握合作伙伴的考评表现，作出适时调整，降低因项目认证未通过而带来的不良影响。

（二）以提升教师教育质量为目的

纵观麻省教师教育项目认证程序的总流程，不论是从前期的资格申请阶段到非正式、正式审查，还是到最后的决策与年度报告撰写阶段，都体现了州政府提高教师培养质量的目的。在整个认证流程中，中小学教育部每一步都会给教师教育机构及时反馈，机构根据意见对所提交材料进行补充与改进。而对于已经通过认证的项目，再申请认证时，需要提交年度报告以供中小学教育部持续监督。此外，对于需要改进的项目，麻省还建立了持续改进循环系统，通过定量与定性地分析数据来检验项目的质量。该系统使每个机构都能反思项目的设计、开发和实施。此外，对项目数据的持续收集与分析推动了持续改进的过程，这种循环会产生更有成效的项目。

在整个认证过程中，无论是机构的早期材料提交，还是后期考察团的考查报告,机构都能得到中小学教育部及时且有针对性的反馈意见。这一做法有利于机构在运行过程中及时发现自己的不足,并进行有针对性的调整与修订。此外,在收到"表现不佳"状态认定时,机构应为其每一个"表现不佳"的项目提交改进计划,而中小学教育部也会继续监测其改进计划的实施情况。其目的不在于否定或取消机构办学的权利,而是希望机构能够作出切实有效的改变来提高教师的培养质量。

(三)认证程序的公开性与公正性

麻省的教师教育项目认证流程始终坚持认证过程的公正性,并强调通过改善内部政策、多方利益主体的共同参与、认证结果与数据的对外发布等方式实现认证的公开与透明。中小学教育部始终坚持平等地对待每个教师教育机构,而各机构通过遵循严格的认证程序,积极配合中小学教育部的认证要求,在满足认证标准的前提下获得教师培养资格。此外,若机构对获得认证结果不满意,它们有权提出复议与上诉。高标准筛选评审员,以及多方利益主体的共同参与,也体现了麻省教师教育项目认证的结果并非由单一政府主导。

为了让多方利益主体能更好地了解项目的培养质量,中小学教育部要求教师教育机构必须提交年度报告,将项目的重大改变、教师候选人相关数据、年度目标和目标完成度、审查结果等信息予以说明。此外,它还会在其官方网站公布项目的相关信息,并公布州年度报告收集的所有数据,致力于提高数据的透明度。不仅如此,对于没有通过认证的项目,中小学教育部会责令其向相关利益主体明确说明自身存在的不足,并就该项目没有达到认证标准的缘由作出具体解释和改进计划。通过这种程序,教师教育项目最终受到多个主体的监督,促使自身培养能力和培养水平的不断提高。而社会力量的广泛参与,使得认证结果能够更加真实可靠地被民众接受。

(四)认证程序的科学性与严谨性

麻省的教师教育项目认证程序的科学性具体表现在认证主体的来源广泛、认证流程的科学、认证结论的循证。

首先,认证主体中既有中小学教育部的教育专家,也包括经过高标准筛选并培训的评审员。这些专家不但有较高的教育理论素养,还拥有一定的教学实践经验,更重要的是对教师教育项目认证有深入的了解;

其次，该州认证体系中的每个标准、每道程序中的具体规则和认证步骤的制定，都参考了全美教师质量委员会等专业组织的意见，同时对学校及学区行政人员、一线教学人员进行了访谈，提高了整个认证体系的严谨性；最后，整个认证过程始终以证据为导向，坚持循证原则，在一定程度上保障了认证结果的公平公正。

总之，在对麻省认证程序特点的分析中，可以明显感受到中小学教育部在整个认证体系中发挥着重要作用。它作为教育行政机构，并不是教师教育项目认证的权威决定者，而是综合各方意见的沟通者、认证程序的策划者。中小学教育部在确保科学、严谨的前提下，严格监督认证流程，促使认证结果的公平公正。

第五节　麻省教师教育项目认证解析

麻省的教师教育项目认证制度从产生到现在，已经形成了比较完善的体系，在该认证体系的监督下，获批的教师教育项目不仅成为全美教师教育领域的典范，而且为新英格兰地区基础教育的发展提供了大量的优秀教师。但与此同时，在具体的执行过程中，日益细化的评价指标不仅增加了参与人员的工作量，也给认证工作的进行增加了难度。

一　麻省教师教育项目认证的实施效果

教师教育项目认证的成效决定着教师培养的质量，卓有成效的教师教育项目认证有利于提高教师的专业素养。麻省教师教育项目认证标准，不仅面向教师教育机构的培养资质，也面向教师教育项目培养目标的实现程度。经过数十年的发展，在各利益主体的努力下，麻省教师教育领域的战略目标基本实现。麻省教师教育项目认证体系的优势具体而言主要包括如下几点：首先，联邦与州级认证建立的良好合作关系有利于麻省更好地接受联邦层面指导的同时，提高麻省教师教育项目的全国认可度；其次，在麻省教师教育项目认证体系下，教师教育机构与基础教育阶段的学校建立了良好合作关系，使这些机构更有针对性地设置教师教育项目；最后，设置高标准的认定门槛，提高新入职教师的专业素质。

(一) 联邦与州构成良好合作关系

就教师教育项目认证体系的整体管理体制而言，联邦和州都有一套认证标准，州级认证制度与联邦认证制度有所差异。州级认证所进行的是某一教师教育机构内的某一培养项目的认证，要求该项目必须达到认证要求的最低标准，具有强制性。而以全美教师教育认证委员会为代表的全国性专业组织的联邦认证，要求项目有更强的实力。州级认证虽不会对联邦认证结果产生直接的影响，但它却是联邦认证结果产生的参考之一，教师教育机构只有通过了州级项目认证才有资格申请联邦认证。截至目前，麻省与联邦政府在教师教育项目认证上已经建立了良好的合作关系。

首先，双方的合作在实现了部分信息共享的同时，减少了各自的工作量。为了提高教师教育项目的质量，中小学教育部曾于2016年与美国师资培养认证委员会（Council for the Accreditation of Educator Preparation，CAEP）合作对麻省教师教育项目进行联合认证。在实际认证的操作过程中，两个机构根据各自制定的认证标准对教师教育项目机构的具体表现展开评审。例如，审查流程的现场审查环节，师资培养认证委员会的审查小组按照与麻省签订的协议提前照会麻省中小学教育部，与其一起参与实地考察。虽然双方在认证人员的培训和现场审查时间安排上不同，但在审查正式开始前会联合讨论审查需要明晰的关键领域与问题。麻省中小学教育部会将掌握的数据信息、证据以及前期审查的文件报告和具体认证项目的品质信息与师资培养认证委员会共享。二者良好的合作减少了麻省中小学教育部与美国师资培养认证委员会两次不同认证给教师教育机构所带来的经费与时间的浪费。

其次，合作关系的建立为教师的跨区域流通提供了便利。由于教师教育项目认证的标准是由各州中小学教育委员会或教师教育认证委员会领导下制定的，因此不同州对教师教育项目认证的标准与程序必然存在差异。获得麻省执教许可的教师候选人只能在该州或合作州寻找工作机会，教师候选人若想跨州和地区教学，除了获得本州的执教许可外，还要获得其他州的执教许可，这种状况对教师的跨地区流动造成了极大的不便。与全国性专业认证组织的合作使得参与合作的州能够在同一框架内实现对教师教育项目的认证，这种管理模式不仅使州级认证结果的互相认可成为可能，而且满足了不同层次的教师教育项目和教师资格申请者的发展需求，最终促进教师教育资源的合理配置。

（二）多方利益主体参与项目认证

美国教师教育项目认证在所有标准的开发和应用阶段，都体现多方参与的原则，并突出一线教师的广泛参与，使标准开发在教师中建立强烈的责任感和荣誉感。[1] 而麻省在这方面也有不俗的成就，中小学教育部通过吸收多方利益主体参与教师教育项目认证，试图构建合作型教师培养模式，促进教师教育项目与学区、学校需求相结合。

如何打破师资培养的传统模式，改变教师教育与社会需求之间的脱节问题是各国教师教育发展的重点。麻省在建立教师教育项目认证体系时，秉持教师理论素养与实践能力相结合、教师培养与社会需求相结合的理念，时刻注重教师培养相关利益主体的需求，尤其重视学区、学校、专业协会的意见和建议，实现教师教育质量提升和教师专业切实发展等目的。多方利益主体的参与带来的是信息共享和多样化合作方式：首先，实现了数据信息的公开与共享。如地区就业机会、教师教育项目完成者的数量、教师教育项目对教师候选人成就影响的数据、未来学区空缺职位等信息的分享，为学校的教师招聘、教师候选人的择业提供了可靠的数据参考；其次，回应了相关各方的需求，认证标准对实习环节的要求是满足未来面临多样学习者（来自不同种族/民族/性别/社会经济/特殊群体的学生）的设定，实际上是回应学区内学生身份背景的复杂性；最后，共同商议责任落实办法，项目实施成效的责任由参与项目的所有人共同承担。[2] 办法包括设定培养的共同目标、为教师候选人设定可测量的成果标准，这种办法的实施使教师候选人的职前培养与入职、在职培训保持一致。

利益主体的紧密合作为各自观点的交流、实践经验的分享提供了机

---

[1] 陈德云、周南照：《教师专业标准及其认证体系的开发——以美国优秀教师专业标准及认证为例》，《教育研究》2013 年第 7 期。

[2] Sandra Stotsky, Lisa Haverty, Margaret Raymond and John T. Wenders, "Can a State Department of Education Increase Teacher Quality? Lessons Learned in Massachusetts", *Brookings Papers on Education Policy*, No. 2, March 2004, p. 165.

会。① 通过合作，教师教育项目可以即时改进培养内容，在更大的范围内使项目满足专业、学区和学校的需要，形成共同的质量保障体系的同时，提高教师专业的社会认可度。在认证标准和程序的引导下，教师培养机构与其他利益相关者实现交流合作，共同致力于培养未来的优质教师，最终对学生及其学业成就产生积极的影响。

（三）培养高素质师资成为核心目标

教师素质的提升并最终惠及基础教育是麻省教师教育项目认证的出发点和落脚点。麻省成为全美教育水平最高地区之一的重要原因在于该州长期致力于提高中小学的办学水平。为了实现加速学校教育质量发展的目标，麻省制定了五大核心战略，提高未来教师的质量就是其中最为重要的一个环节。

通过认证筛选并剔除不合格的教师教育项目，使其办学目标与教学计划符合该州整体的培养目标，确保每个教师教育项目都能实现高效地运转。与此同时，麻省中小学教育部通过将教师培养质量列为项目认证的重要指标，逐渐转变教师教育项目认证"重投入、轻产出"的模式，更加重视教师教育项目的培养质量。认证标准中强调通过教师所服务的学区及学校的意见反馈，推动教师教育项目的持续改善。整个认证体系虽然赋予了教师教育机构更多的自主权，但根本目的是要求教师教育机构达到通过认证的合格标准。教师教育项目认证虽然增加了教师教育机构的压力，但同时也促进了自身的反思和持续改进。

此外，中小学教育部依据认证标准，要求培养机构重视新教师正式入职之前的准备状态，针对不同科目、年级的教师，设置最低实习年限。与此同时，它还积极转变机构职能，成为教师培养项目和学区、学校之间的沟通者。环环相扣、互相呼应的标准与认证程序保障了教师教育项目的培养质量，推动了该州培养高质量教师目标的实现。

二 麻州教师教育项目认证的困惑

麻省教师教育项目认证在取得巨大成效的同时，个别认证标准存在

---

① Peske, Heather Losee, Liz Comb, Meagan, "Massachusetts Changes Its Approach to Educator Preparation Programs", *State Education Standard*, Vol. 15, No. 3, Sep. 2015, pp. 17–18.

的不足之处也逐渐显现：一方面，"循证"评价方式的实施面临巨大的挑战；另一方面，缺乏专业的监督机构对认证工作的各个环节进行有效监管。

（一）"循证"评价制度的实施难度

以数据作为认证评价的重要基础，可以更加直观地了解教师教育项目的整体实力和产出质量，但过分细化的评价指标与复杂的分数设置也给认证的实施增加了工作量，使得以数据为基础的"循证"评价制度实施难度大。

在对教师教育项目进行评价时，各州会根据其教育总目标选择合适的评价指标，然而总体而言，各州倾向于将教师有效性、就业（入职和留职率）、教师证书与执照、雇主与项目完成者的满意度作为评价指标。[1]但在认证程序启动后，认证工具中的各项指标数据的收集是审查团最为繁重的工作。此外，标准中要求对项目完成者的跟踪调查，不仅实施难度大，而且需要投入大量的预算，复杂的后续程序造成的人力、物力、财力压力无疑给教师教育机构和教育行政机构造成较大的挑战。所以，如何在维持现有的认证标准的同时，简化认证程序成为麻省下阶段应该重视的难题。

与此同时，以客观性为主要特点的"循证"评价制度也并非完美，例如，若教师候选人在完成教师教育项目后进入教学岗位，那么他们的教学效果与其所参与的培养项目之间的联系是有意义的；但如果完成培养的教师候选人没有选择教师岗位，那么如何去衡量他们所参加的教师培养项目对教学效果影响值得反思。此外，若是将项目的培养质量、教师候选人的实习效果、雇主对入职教师的满意度等转化为考核数据，一方面，存在转换难度大的问题；另一方面，这些数据是否会掩盖这些指标的实际效果也需要重新考量。

（二）监督机构游离于认证体系

麻省教师教育项目认证体系中存在的另一个不足是缺乏强有力的监

---

[1] Frank B. Murray, "An Accreditation Dilemma, The Tension Between Program Accountability and Program Improvement in Programmatic Accreditation", *New Direction For Higher Education*, No. 145, March 2009, p. 60.

督机构。纵观麻省教师教育项目认证体系，教育行政部门担心权力的集中给认证的公平公正带来负面影响，所以通过多项举措提高相关利益主体对于认证的影响力，但结果造成自己在审查和审批过程中权威地位的弱化。这种思维模式造成该州并未设立专门的监督机构。虽然中小学教育部会定期发布年度报告，接受社会公众的监督，但这种依靠民间力量开展的外部监督模式在随后的执行中缺乏强制性，且民众的反馈意见往往具有特殊性和个别性，反馈意见的科学性和整体性得不到保障。

这种缺乏强有力监督机构的认证体系极有可能削弱政府在教师教育项目认证程序中的主导作用，最终影响整个教师教育质量。鉴于教育行政部门与教师培养机构的利益诉求存在偏差，因此设立专门的第三方监督机构是必要举措。

三 对麻省教师教育项目认证的思考

无论是教师教育项目认证，抑或是教师教育机构认证，都是专业认证的重要组成部分。认证的目的不仅在于为教师教育项目贴上"优劣"标签，还在于对教师教育项目的质量诊断与提高。教师教育项目认证作为麻省教师质量保障体系中的重要一环，其认证理念、标准与程序，为保障麻省教师质量作出了重要贡献。通过对麻省教师教育项目认证的整体把握，结合中国当前教师教育项目认证的现状，可以总结出一些可借鉴之经验。

（一）突出"产出"在评价中的比重

教师培养质量是教师教育项目评价的标准之一，教师培养质量的优劣在一定程度上反映了教师教育项目申请机构的培养能力和培养水平。麻省教师教育项目认证从过去注重项目的师资力量、资金投入、硬件设施等投入型要素到现在注重对教师候选人参与教师许可证考试的通过率、入职后所教学生学习成就等相关数据，实际上是将教师培养项目的已有能力和水平纳入评价体系中，提高评价结果的准确性。在此过程中，麻省致力于将证据引入评价，要求教师教育机构提供有关教师候选人的表现、学习结果和对学生产生的影响等数据，对教师教育项目质量的评价不再是单纯的主观视角，而是将综合数据视为评价的依据，至此，中小学教育部能够更好地确认那些值得推广的项目，淘汰那些未能满足认证标准的项目。

麻省在平衡"投入"和"产出"上的经验值得借鉴，对中国进一步优化师范类专业认证具有重要的意义。中国师范类专业认证应该由注重培养机构的外部"投入"，到"投入"和"产出"的平衡，真正让师范教育以培养教师为出发点。

（二）建立专业认证监督审查机构

目前，教师教育在中国主要由政府主办的综合性大学、学院或师范类教育机构承担，教育行政部门的审批仍是主要的认证方式。师范类专业认证主要采取学校举证与教育行政部门聘请的专家组成认证委员会验收查证的工作模式，这种工作模式有利于提高认证工作的实施效率，而且"自上而下"的认证模式有利于强化认证结果对教师培养机构改进培养质量的指导。但同时，在行政理念指导下所聘请的专家多是以教师教育理论工作者为代表的单一性团体，他们是否能成为教师教育领域各方沟通的桥梁需要进一步考量。麻省教师教育项目的认证体系，无论是标准的制定者，还是项目的审查者均是由长期开展教师教育项目认证研究的专家、长期从事认证工作的行政人员以及长期从事一线教学工作的优秀教师担任。认证主体的多元身份使各个利益主体都能表达各自的诉求，有利于认证结论全面完整地反映该州教师教育项目的培养质量。

建立独立的监督机构也是推进公平公正的重要举措。麻省并没有设立专门的监督机构，对认证程序和结果的监督主要依靠民众。这种主要依靠舆论压力的监督方式是否具有强制性值得怀疑，因此，中国应结合本国国情建立专门的监督与审查机构。监督机构应由政府组织建立，具有独立法人的资格。监督和审查机构可以由教育专业团体、政府教育部门人员、优秀一线教师组成。在设置监督机构的同时，国家应完善法律和制度建设，为整个认证体系的顺利实施提供法律和制度保障，确保中国的师范类专业认证与监督工作能够合理合法地开展。

（三）构建主体间良好的合作关系

从标准的制定到认证的实施，麻省十分注重与各利益主体的交流与合作。政府、教师教育机构、学校、教师候选人、学生等都是认证流程从制定到实施再到后期改进的利益主体。学校作为未来教师的雇主，对未来雇员的期望与要求应作为标准制定的参考依据。同时，学校也是教师教育的实践基地，是教师候选人与学生深入交流磨合、不断反思改进自身教学方法的主要场所。

在对培养项目认证审查的过程中，评审人员包含麻省中小学教育部内部人员、专业教育人员。虽然这些评审员有不同的教育背景，但他们都具备中小学或高等教育背景的知识，拥有良好的评审经验。多元主体参与的项目评审流程加深了各个主体对政府认证工作的理解，有利于增强自身对未来教育工作的洞察力与理解力。而在项目认证结果公布后，麻省中小学教育部也会要求项目机构与合作学区、在读或未来的教师候选人进行沟通，尽最大努力增强各利益主体对认证结果的认可度。

国之兴衰在教育，教育之进步取决于教师质量，而教师教育项目认证就是从教师培养角度保障教师质量和教育质量的一种制度。麻省教师教育项目的标准化认证体系是在美国基础教育变革与社会对高水平教师队伍需求背景下逐渐形成的，经过多年的发展，麻省的教师教育项目认证已经形成了比较完善的体系。2012年以来麻省的教师教育项目认证标准主要包括六个单元：项目组织机构的实力与培养能力；项目组织机构与基础教育阶段学校的合作关系；项目及其组织机构改进自身培养方式的能力；参与项目培训的教师候选人的知识、技能和专业素养；现场教育实习活动的质量；教师教育项目的工作绩效。在此基础上，对每个标准都设定了四个认证等级，以强化认证体系的问责功能。

整体而言，该认证体系秉持促进教师教育项目持续改进的理念，通过详细的认证流程、各方民主式的参与、复杂的数据展示，尽量实现教师培养项目与认证标准要求间的协调、教师需求与供给间的协调、教师要求与培养内容间的协调、教师培养与社会现实间的协调。在认证结果公布后，麻省教育行政部门以教师候选人的利益为中心，通过与相关责任主体的沟通，试图降低"表现不佳"和"有风险"项目的不良影响。在上述理念和措施的引导下，通过规范化、制度化、民主化的教师教育项目认证，麻省最终改善了教师培养方式，提高了教师教育质量，增强了教师教育项目的社会认可度。当然，在学习麻省教师教育项目认证的经验时，也应注意到该州认证体系中存在的诸如缺乏强力监督机制、认证流程烦琐等问题。

第二章

美国加利福尼亚州教师教育项目认证

在国际上，美国较早地建立了相对完善的教师教育项目认证体系，形成了比较成熟的认证流程。1970年，加利福尼亚州（以下简称"加州"）政府创立了全美首个州标准委员会——加州教师资格认证委员会（California Commission on Teacher Credentialing，CTC）[①]，负责该州的教师教育项目认证。本章通过对加州教师教育项目认证的历史发展、认证机构、认证标准、认证程序及其特点和存在的问题进行研究分析，以期为中国师范类专业认证的开展提供相应的经验。

第一节 加州教师教育项目认证的历程

随着加州政府对基础教育质量的关注日益增加，学校和社会对高质量教师提出了更多的诉求，由此加州政府发布了一系列教育政策来推动教师教育项目认证的发展。这些历史、社会和教育的发展趋势造就了如今的加州教师教育项目认证。本节从历史发展的角度来梳理美国加州教师教育项目认证的发展脉络，对理解加州教师教育项目认证的内在逻辑有所助益。

一 教师教育项目认证的探索：州责任的确立

在19世纪七八十年代，教师改革的兴趣和重点侧重于对教师许可证

[①] 原称为"加州教师教育和许可委员会"（Commission on Teacher Preparation and Licensure，CTPL），1983年更名为"加州教师资格认证委员会"。

的个人评估上，而不是教师教育项目的评估上。19世纪末到20世纪上半叶，各州政府开始承担教师培养和资格认证的责任。随着州政府的责任和权威不断增强，教师教育项目认证的重要性得到了政府的关注。

（一）州政府责任和权威的加强

在美国教师教育项目发展的历史中，项目认证一直没有受到高度重视。较少的州教学许可证或学区的聘用决定会要求教师完成一个经认证的教师教育项目。究其原因，政策决策者和公众似乎并未将教师看作是一种真正的职业，这种职业需要与时俱进的教师教育培养才能有效。在19世纪60—80年代，加州还没有解决这一难题，甚至还没有就成功教学所需的有效条件达成一致，在规定教师获得任职许可证之前必须要参加为期至少一年的教师教育项目课程上也持着含混的态度。此外，在如何提高教师质量这一问题上存在着"学科知识与教育学知识"孰轻孰重的争论。有的学者指出其解决办法是敦促各大学和学院减少教育学课程数量，甚至一些批评人士建议取消所有教育学课程，同时增加教师教育项目中学科知识课程。他们认为教育学的价值不足为道，并不具有实用性，充足的学科课程学习才是职前教师应有和必需的教学准备。

关于教师教育项目开展的合适地点也处于争论中。公众普遍认为实践才是教师获得教学经验的最佳场所，而不是在大学的教育课程中，大学和学院的教师教育项目长期处于弱势地位。因而，教育理论和教学实践、大学课堂和中小学课堂之间产生了博弈。随着标准化运动的盛行，社会各界开始对教师的标准、教师许可证评估标准提出了要求。然而，在19世纪七八十年代这一时期，教师改革工作的兴趣和重点侧重于对教师许可证的个人评估上，而不是教师教育项目的评估上。许多院校面临着教师教育项目质量参差不齐的状况，对教师教育项目的认证进行改革是加州将要必须面对的一大问题。

19世纪后半期，随着加州地方对教师资格考试掌控力的加强，考试腐败事件层出不穷，公众对地方教师资格考试丧失了信心。到了19世纪80年代，加州公众对教师资格考试越来越不满，逐渐意识到州政府管理教育的重要性。19世纪90年代，有学区指出要通过完成高等院校的教师教育项目来提高教师标准，而非通过教师资格认证考试。1897年加州最高法院在"米切尔诉温尼克案"（Mitchell v. Winnek）中裁定州立法机关可以规定教师认证的要求,这使加州政府层面的权威得到了提升。20 世纪初,加州政府再次恢复对教师资格标准的影响和控制,将重点放在了支持师范学校和大学的教师教育课程上,而不是教师资格考试成绩上。

20 世纪初,美国初等义务教育的普及,使综合大学培养中学教师的传统得到增强,加之教育科学化运动的发展促使师范学校升格,教育学院开始建立。1900 年,加州教育官员以及 45 名州教育委员会成员授权加州大学为高中教师培养制定适当的标准。从 1901 年开始,加州政府规定职前教师需要从师范学校或大学的"审批项目"毕业,才能获得教师资格证。加州教育官员认为州权力的提升应与高质量的教师教育齐头并进,同时大学和师范学院等正规教育机构的发展,促生了加州教育官员和高等教育人员之间的共生关系。从历史的角度来看,教师素质标准的提高意味着师范院校培训标准的提高,同时也意味着教师教育项目认证的重要性开始提升。

(二)教师教育项目地位的提升

1905 年,加州成为全美第一个要求中学教师资格证书的获得者必须要经过五年大学教育的州,其中加州委员会负责规定大学教师教育项目的数量和性质。1914 年,加州委员会为了加大对正规教师教育的支持,将教育方法课程从学术部门转移到加利福尼亚大学的教育部门,目的是为了鼓励发展真正的专业教育学校,至少与法律、医学、工程和神学的专业学校具有同等的尊严,这意味着加州教师教育项目的地位和重要性正在逐渐提升。在接下来的数十年里,州委员会和各大学逐渐增加了教育学课程的学时,到 1921 年,教育学课程的学时已达到 18 学时,1951 年增加到 22 学时。从 1899 年到 1916 年,通过接受正规教师教育而获得加州教师资格证书的教师增加了近 5 倍,而通过教师资格考试获得教师资格证书的教师减少了 9 倍。[1] 随着加州教师教育地位的提升,加州教师教育项目的内容和层次也需要得到进一步深化和改革。1920 年美国教育特别立法委员会在其报告中建议将师范学校逐步扩大为四年制师范院校;在 20 世纪 30 年代,加州州立师范学院不断地扩展其学科范围,与此同

---

[1] CTC, *A History of Policies and Forces Shaping California Teacher Credentialing*, California: Commission on Teacher Credentialing, 2011, p.24.

时，加州大学也持续扩宽其在中学教师教育方面的责任。

可以看出，这一时期的加州政府和大学为加州教师教育的发展作出了尝试性努力，但真正的改革发力点仍集中于加州政府手中。正如加州的一位教育专家所论述的：州立法机构应承担起教师教育制度的改革和立法的任务，而不是由大学自主进行，并指出"某些学术机构对教师教育持有偏见，即使他们并不反对教师教育，但对其改革和立法也是漠不关心的。"① 总的来说，20世纪上半叶加州政府对教师教育项目的发展所施加的影响力，使教师教育成为大学的重要组成部分，这为教师寻求专业地位指明了方向。

二 教师教育项目认证的深化：教师资格认证委员会的建立

1966—1970年加州施行了"瑞安文凭改革"（Ryan Credential Reforms），批准了教师教育审批项目，这意味着加州的教师必须在获得州审批的教师教育项目进行专业学习，才可以获得教师资格证书。1970年加州教师资格认证委员会成立，该委员会的建立对加州教师教育项目认证的发展具有里程碑式的意义。

（一）教师资格认证委员会的职责

加州教师资格认证委员会成立之初负责审查大学教师教育项目以及教师教育课程的质量，负责加州教育工作者执照和证书的颁发，指导教育工作者专业实践的实施等。在初建时期，加州教师资格认证委员会对教师教育项目认证程序处于试验阶段。第一，该委员会为认证项目制定了认证标准，然后要求认证项目提交相关证据文件，并解释该项目是如何满足了每一个评价标准。第二，由其他教育工作者审查这些文件是否达到认证的条件。自1970年加州教师资格认证委员会成立以来，项目审批一直是一个不断变化的、动态的、有效的过程。从20世纪70年代初到70年代中期根据差异评估阶段，到20世纪70年代末至80年代初使用详细的准则和关注定量数据阶段，再到20世纪80年代末至90年代初基于标准化运动建立专业的评估标准阶段，该委员会一直致力于促进加州教

---

① CTC, *A History of Policies and Forces Shaping California Teacher Credentialing*, California: Commission on Teacher Credentialing, 2011, p. 28.

师教育项目认证的发展。

（二）教师教育项目认证的深化

1970 年加州颁布了《教师教育和许可法》（*The Teacher Preparation and Licensing Act*），为加州的教师教育项目认证创建了一个新的管理结构和体系。该法案提出了五项新原则，要求成立一个独立的认证机构。这一认证机构由专业教育人士组成，负责监督所有的教师教育和认证工作。有学者认为，1970 年《教师准备和许可法》的主要目的是建立两条途径，从而使教师候选人能够顺利成为加州合格的公立学校教师。这两条途径分别是：第一，通过适当的科目考试；第二，顺利完成经州审批的教师教育项目。[1] 该法案还要求制定指导方针或标准，用来审查教师教育机构提交的文件，对教师教育项目进行现场认证。截至 1976 年 6 月，加州委员会已经批准了 240 个教师教育项目，评估程序主要有外部评估、课程评估等。

在 20 世纪 70 年代这一时期，加州开展了初任教师评价研究，这一研究对加州教师教育项目的评估发挥了重要影响。1986—1988 年加州拟议的证书改革立法指出，要建立一个独立的第三方非政府认证机构，对教师教育项目进行认证，例如，全美教师教育认证委员会。但是，加州教师教育项目的认证并非一帆风顺，遭到了各方的反对。例如，相关利益方要求取消加州政府的审批认证、以大学为基础进行内部认证、以考试代替项目认证等。但从宏观来看，这一时期加州教师教育项目认证已经受到社会各界的重视，并设立了相关立法。

三 教师教育项目认证的改革：标准化运动的影响

自 1998 年美国教育委员会审查公立学校认证政策以来，导致各州的认证体系转向注重成果的问责制认证制度。这种"认证问责制"根据标准化的指标来评估学校、地区和州的教育绩效。20 世纪末到 21 世纪初，随着标准化运动的日益高涨，加州教师教育改革的范围和方向也相应地发生了变化。

---

[1] CTC, *A History of Policies and Forces Shaping California Teacher Credentialing*, California: Commission on Teacher Credentialing, 2011, p.155.

（一）教师教育项目认证的相关立法

受标准化运动的影响，加州教师教育项目认证开始向基于"标准""绩效"的认证转变。具体表现为，1988 年加州教师资格认证委员会分别通过了《小学学科项目标准的质量和效果实施计划》(*The Elementary Subject Matter Standards of Program Quality and Effectiveness Implementation Plan*)、《项目质量标准》(*The Standards of Program Quality*) 等法案，力求为项目制定明确的评估标准。在这一时期，委员会对教师教育项目的认证开始向基于标准的项目审批转变。每个认证领域的认证标准由教育从业人员、大学教员和其他专家组成的小组所制定。

1988 年加州建立了"认证咨询委员会"，该委员会制定了认证框架，目的在于促使大学机构承担起提高认证项目质量的责任。该认证框架的出台对于加州教师教育项目认证的历史来说具有深刻的意义，它取消了个人项目审批系统，取而代之的是专业的、州范围的项目认证制度。加州教师教育项目认证制度是项目认证的宏观政策规范，证明参与认证的项目能够有效地培养教师候选人，主要由认证机构、认证标准、认证程序、认证决定等内容组成，具有保障性和规则性。到 1997 年秋季，认证咨询委员会开始正式向教师资格认证委员会提交认证决定，并于 1998 年 8 月公布了第一份年度认证报告。加州教师教育项目认证体系逐渐有了雏形，但并未意识到与国家第三方认证机构合作的必要性，仍然停留在州层面的认证。

在 1990—1996 年，加州教师资格认证委员会继续与由大学和公立学校专家组成的咨询小组进行合作，建立了教师教育项目认证标准。这些新标准更清楚地呈现出教师教育项目的努力方向，以及教师应具备的知识和技能。20 世纪 90 年代初，基于标准的教师教育项目认证制度开始在加州全面实施。这些新标准的成效在"加州新教师项目"的研究中得到验证。1996 年加州州长皮特·威尔逊 (Pete Wilson) 颁布了"班级规模缩减计划"(Class Size Reduction)。班级的规模缩小有利于为所有的孩子（尤其是贫困家庭的孩子）提供更多的个人指导和额外帮助。然而，伴随着全面实施班级规模缩减的热潮，合格教师短缺这一问题也浮出水面。为了提升教师质量，培养更多的合格教师，1998 年 9 月加州通过了《专业教师教育项目质量和效果标准》(*Standards of Quality and Effectiveness for*

Professional Teacher Preparation Programs）计划。在这一计划的影响下，项目认证的重要性又上升了一个新台阶，教师的质量以及认证资格已经不再由单一的考试所决定。到了 20 世纪 90 年代，加州根据《参议院法案 148》制定了《认证框架》（*Accreditation Framework*），该框架于 1994 年 1 月生效。① 《认证框架》为参与州认证的大学和学院提供了规范的认证流程。

（二）教师教育项目认证的内外保障

20 世纪 90 年代以来，"教师教育大学化"这一概念开始形成，并逐渐在西方国家流行起来。到了 90 年代末，美国联邦政府开始关注教师教育的发展，为各州提供了大量的财政支持，用来提高教师培养质量，制定教师教育项目标准。2003 年，美国研究所提交了对加州教师教育项目认证框架的评估报告，提出相应的改进建议，促使教师资格认证委员会开始对其认证体系进行审查。

2007—2008 年，加州教师资格认证委员会恢复了认证现场考查，并就工作组和委员会的建议采取了如下措施：第一，修订认证框架，界定认证宗旨，确保问责制的实施。第二，维持加州教育法规所规定的加州教师资格认证委员会和加州认证委员会（Committee on Accreditation，COA）的角色和职责，改善两者之间的沟通渠道。第三，修改认证制度，将认证周期改为七年的持续认证活动，而不是每六年一次的活动。第四，每年进行数据收集；要求项目发起者提交两年期的报告；保留和修订文件审查；在周期的第六年恢复和修订已取消的现场考查；在周期的第七年进行必要的随访。第五，加强项目评审。第六，在认证过程中纳入教师资格认证程序，保持认证制度的一致性。修订后的认证体系着重强调数据驱动，同时肯定了认证标准的重要性，基本上奠定了加州认证制度的基本模式。然而，这一时期加州的认证制度存在着明显缺陷，认证过程以主观和输入为导向，认证效率低下。例如，大多数教师的初始资格证书申请材料要经过三次审查和三次指纹鉴定。

---

① American Institutes for Research, *Final Report Submitted to*: *The California Commission on Teacher Credentialing Evaluation of the Accreditation Framework Policies and Procedures*, American Institutes for Research: John C. Flanagan Research Center, 2003, p. 1.

基于此，加州教师资格认证委员会于2014年开展了全面审查的计划，即"强化和精简认证计划"（Accreditation Strengthening and Streamlining Project）。该计划的工作重点是实现委员会对加州教师教育项目认证制度的愿景，除了将教师候选人能力和项目质量作为基本投入外，还增加了对基于证据的教师候选人质量和项目成果产出的关注。该计划致力于提高认证的透明度，向教师候选人、项目、利益相关者和公众提供有关教师教育项目的内容和质量的数据。此外，该计划还将重点放在提供基于数据的证据和叙述性文件，来证明项目是如何培养教师候选人，从而达到教师资格认证委员会的教师资格证标准。

在该计划的实施下，2016年加州建立了一个基于绩效的、精简的认证制度：严格的教师教育项目标准；确保教师候选人能力的、可靠的绩效评估；衡量教师候选人和项目成果的标准；低成本、高效管理、有效区分绩效优劣项目的认证流程；提高认证过程的透明度。在新认证制度的引导下，2016年加州教师资格认证委员会更新了《认证框架》，对加州教师教育项目认证制度的概念框架作了阐述，意在提高项目质量、培养合格教师。概念框架是指通过明确的基本原理为教育机构的运作赋予概念意义，并为项目、课程、教学、候选人表现以及机构责任提供指导。[①] 2016年委员会批准的"新认证制度的概念框架"（Conceptual Framework Underlying the 2016 Accreditation System）[②] 较好地说明了认证制度的内涵以及运行机制，清晰地阐释了加州认证制度的认证逻辑，同时也体现了加州新认证制度以标准为导向，以绩效评估为本位，以数据衡量为基准，体现了认证过程的专业性、高效率和低成本等特点。

为了审查认证制度，教师资格认证委员会任命了五个利益相关方专家组，外加一个总体咨询小组。在2014—2015年，这些小组的工作成果直接促成委员会采纳了新的标准、数据库和认证流程以及新的绩效评估、成果衡量手段，并将其作为2016年之后认证制度的基本组成部分。由于

---

① Stoulig and Deborah Lynn Vaughan, *Teacher Education Preparation Assessment System and the National Council for Accreditation of Teacher Education Accreditation*, Ph. D. dissertation, University of Southern Mississippi, 2009, p. 191.

② CTC, *Accreditation Framework*, California: Commission on Teacher Credentialing, 2016, p. 3.

这六个工作小组的努力协作，2016年之后加州认证制度主要发生了以下变化：第一，认证标准的修订以"教师教育项目的质量"为中心。认证标准与职前教师学术内容标准保持一致，使项目具有灵活性和创新性。第二，对认证制度进行了修订，增加了对各种可靠项目成果数据的使用，包括对教师候选人、雇主和其他利益相关者的教学绩效评估和调查；减少对广泛的叙述性文件的依赖；有效利用现场考查，在进行全面的项目审查的同时，提高对项目审查所产生问题的关注；确定质量较高的项目和质量较低的项目。第三，增加和扩展教师教育项目质量和结果信息的数量和范围，以提高认证制度的透明度。

从加州教师教育项目认证发展历程来看，教师教育项目的认证与教师质量的提升相辅相成，随着时代的需要不断地进行改革，以确保教师的供需和教育的发展得到充分的满足。加州教师教育项目认证的改革不仅受到加州政府的立法支持和政策驱动，也与基础教育的强烈需求息息相关，有着良好的社会基础和发展前景。

第二节 加州教师教育项目认证机构

认证机构是指除个人和人才培养机构之外的第三方机构，如州政府、各种第三方专业协会。① 加州教师资格认证委员会作为加州认证工作的主要管理者，加州认证委员会作为认证活动的主要实施者，机构审查委员会（Board of Institutional Reviewers，BIR）作为认证过程中的审查小组，美国师资培养认证委员会作为加州认证制度的合作伙伴，分别在加州教师教育项目认证中发挥着独特的作用。加州教师教育项目认证机构作为认证制度中的管理者、调控者和实施者，对其进行研究有助于深入挖掘加州教师教育项目认证的内涵。

一 加州教师资格认证委员会

教师资格认证委员会作为加州政府的教育行政机构，其主要职责是

---

① 马晓玲、刘美凤、王小雪：《美国教育技术学专业证书教育研究》，《电化教育研究》2013年第4期。

提供高质量的教师教育项目，负责培养合格的加州公立学校教师，保障教育工作者的专业实践水平，更针对性地服务于多样化的学生群体。对此，该委员会承担着认证政策、认证框架和认证标准的制定和修改等责任，发挥着宏观的指导性和基础性作用。

在认证制度方面，委员会负责高等教育机构的审批。基于州教育预算和法律，委员会每年为认证程序分配资源，指派专业的工作人员从事认证活动，实施公平和一致的收费政策。委员会对选定的认证活动也有成本回收费计划。这些费用包括初始机构审批费、初始项目费用、延迟项目提交费以及完整项目审查费。此外，委员会还负责收集和解决认证申诉和认证问题。基于教育机构、项目发起人和专业组织的需要，委员会可以建立相关的认证立法。

加州教师资格认证委员会还肩负着与认证委员会相关的责任。首先，教师资格认证委员会与认证委员会合作设立提名小组，鼓励教育工作者在加州认证委员会任职，并征集和筛选可以获得任命提名的成员。每年4月，加州教师资格认证委员会都会选出3名成员加入认证委员会，其评选标准是对教育具有杰出的贡献，被提名者必须任职于K-12教育机构或高等教育机构。提名小组负责筛选申请者并确定最终的入围者。其次，教师资格认证委员会承担着任命加州认证委员会成员的责任。该委员会从提名小组所提交的候选人中选出认证委员会成员和候补成员，以确保委员的构成上可以实现专业平衡和利益牵制。最后，教师资格认证委员会负责审查认证委员会的年度报告，其中包括认证过程的规模和结果。加州教师资格认证委员会与加州认证委员会的合作还体现在共同进行认证政策和认证过程的外部综合评估，包括数据报告要求、项目审查、现场考查、机构审查委员会成员的培训等。

目前，教师资格认证委员会与认证委员会合作，共同运行着加州的教师教育项目认证系统。从加州教师资格认证委员会的相关职责来看，该委员会在教师教育项目认证上发挥着宏观指导性作用，以政策立法为外部保障、审批高等教育机构为开端、协调认证问题为主要策略，带领着教师教育项目认证的顺利推行。

二 加州认证委员会

加州认证委员会由教师资格认证委员会设立，由12名成员构成，其中6名成员来自高等教育机构，6名来自加州公立学校、学区或县教育局的认证专业人员。成员由加州教师资格认证委员会和认证委员会共同选拔，其选拔标准是：教育专业成就的证据；教育领域公认的专业或学术贡献，具有一定的从业年限；教育同行对该成员的认可；对教育问题的敏感性；具备与教师教育项目和教师资格证相关的知识；持有适当的教育学位及专业证书。经选拔之后，该委员会成员会接受一系列的指导和培训，确保能够有效地履行职责。加州认证委员会成员的职责包括：负责认证制度的具体实施，决定项目的初步审批、认证和持续认证，确定国家或替代项目标准（Alternative Program Standards）。

首先，认证委员会决定着认证标准的可比性。它决定机构所提交的认证标准是国家或专业项目标准还是实验项目标准。无论采用上述哪一标准，参与项目认证的机构质量水平都应符合加州项目标准的要求。如果教师资格认证委员会确定机构所提议的标准在广度和深度上与委员会采纳的标准相媲美，则认证委员会可以使用该标准作为加州的项目标准。其次，认证委员会负责项目的初步审批。它只负责审查已获得审批资格的高等教育机构所提交的项目。当委员会确定某个项目符合所有的适用标准，将授予该项目为"初步审批"。再次，认证委员会负责持续的认证决定。在听取认证小组的建议之后，认证委员会对教师教育机构和项目的继续认证作出决定。最后，认证委员会负责监督和保障认证程序的有序进行。委员会就认证程序的正确实施向各机构、现场考查小组和执行人员提供额外的指导。委员会旨在向公众和立法机构保证，通过认证的教师教育项目能够有效地培训合格教师，使他们能够在教育领域内有效地发挥自己的职责。

三 机构审查委员会

为了对高等教育机构认证工作进行审查，加州教师资格认证委员会成立了一个训练有素的审查小组，即机构审查委员会。委员会的审查范围涉及了机构和项目的审批及认证过程，发挥着第三方的监控和反馈作用。虽然委员会具有相对独立性，但其审查工作并不是完全自由自主的，它还受到教师资格认证委员会的管理和制约，在审查活动中也常常出现该委员会成员的身影。

（一）机构审查委员会成员的培训

认证委员会负责制定审查小组的选拔标准，并且每年至少培训一次新成员，以保持足够数量的现役成员。机构审查委员会成员包括加利福尼亚大学的教员、工作人员、中小学教师以及其他认证专业人员，成员来自不同区域和文化背景，且人员构成具有多样性和平等性特征。这些评审员可以参加初始认证和持续认证中的评审活动。总的来看，机构审查委员会人员的构成较注重专业性、多样化、公正性，在项目审批过程中发挥着监督者、审查者的作用。为了确保认证评审活动可以深层次地审查教师教育存在的质量问题，所有该委员会成员都要完成深入细致的培训。

机构审查委员会成员类型主要分为三种，即初始项目审批员、项目审查员和现场考查审查员。高等教育机构提交新的项目提议书时，该委员会将指派一名初始项目审批员，以确保申请机构可以充分理解认证标准。在进行项目审查之前，项目审查员需要接受关于认证标准的培训，之后，项目审查员对项目审批的文件进行审查。在认证现场考查之前，现场考查审查员会先讨论他们对项目反馈和通用标准审查的意见，并更新他们对现场考查团队角色的理解。

机构审查委员会成员培训的重点是文件评审、数据分析、团队技能、面试技巧、认证程序和标准的说明等。认证委员会会注意在培训新任职和已就职的团队成员及领导之间进行区分，以针对不同类型的评审活动（初始项目批准、项目评审和现场考查）进行培训和指导。并非所有机构的审查委员会成员都必须接受全部类型评审的培训，但所有评审员必须接受其将参与的特定活动的培训。为确保团队培训的有效性，所有团队成员将参与到培训评估和定向活动中。委员会根据团队成员的自我评估进行分析，根据成员、培训和认证活动的需要对培训内容和方式进行适当的改进。委员会还会对审查成员的绩效进行评估，以确保审查成员具有高度的专业精神，公平的工作态度。其他认证团队成员和机构代表也会对机构审查委员会成员的绩效进行评估，在下一步的认证活动中该评估结果将被考虑在内。

(二) 机构审查委员会的职责范围

机构审查委员会的职责范围主要围绕着项目审批、项目审查、报告撰写、提出认证建议等方面。在初步项目审批方面，已获得加州教师资格认证委员会审批资格的高等教育机构可以提交设立教师教育项目的提案，该项提案由机构审查委员会成员进行审查，由加州认证委员会批准项目的设立。机构审查委员会主要负责对高等教育机构的资质、标准进行筛选，符合加州认证要求的机构方可进一步设立教师教育项目。经过初步项目审批之后，该委员会还负责持续的项目审查，以检验认证项目是否符合标准要求。在项目审查的结果提交之后，审查人员将编写一份报告，其中包含所有标准的初步调查结果和现场考查的建议。随后，该机构根据调查结果编写成附录，在现场考查时将该附录提供给现场考查小组。最后，具有相应经验和资格的审查员负责对认证项目作出专业的判断。为了维持良好的认证秩序，项目评审员和现场考查小组之间的及时协调和有效沟通必不可少。

在持续的机构认证活动中，委员会执行负责人为考虑进行持续认证的机构指定一个现场考查小组和组长。现场考查小组的规模大小将根据参与认证的机构情况、项目的复杂程度、地理位置和初步调查结果等因素确定。现场考查小组成员需承担审查所有证据和文件的责任，确定通用标准和项目标准的结果，并提出认证建议。如果在有关特定认证项目的审查期间发现了需要进一步审查的问题，则可以将具有特定项目专业知识的成员加入到现场考查团队中。

(三) 教师资格认证委员会成员的参与及作用

加州教师资格认证委员会可以指派工作人员协助机构或项目进行认证活动。在初始项目审查中，教师资格认证委员会成员协同机构审查委员会成员共同完成对初始项目文件的评审。该委员会成员还在持续认证活动中发挥着重要的作用。在认证周期的第五年，该委员会成员与机构审查委员会成员开展合作，对项目进行审查。加州教师资格认证委员会成员在审查活动中的出现，表明了机构审查委员会必然要遵循教师资格认证委员会的认证规定来进行相关活动，受到该委员会的监督和指导。尽管机构审查委员会受到教师资格认证委员会的影响和制约，但是其审查小组成员的构成上十分注重避免涉及认证团队成员和被审查机构或管理者的利益冲突。例如，如果团队成员之间在当前或过去进行过项目合作，之前或现在是同事关系，或双方之间是配偶关系，那么这些成员将会被排除到审查活动之外。

四　加州认证机构与联邦认证机构的关系

目前，唯一符合加州要求的联邦认证机构是美国师资培养认证委员会。2015年美国师资培养认证委员会与加州签订了合作协议，这意味着师资培养认证委员会与加州教师资格认证委员会建立了合作伙伴关系，前者要积极响应加州的教育需求和政策规定，将符合联邦标准的益处与维持州项目审批的益处相结合，以促进加州教师教育项目的持续改进，同时消除重复认证工作带来的时间和资金的浪费问题。

（一）加州认证机构与联邦认证机构的合作

2015年美国师资培养认证委员会与加州签订了《州伙伴关系协议》，[①] 确定了合作目标以及师资培养认证委员会和教师教育机构的主要责任，至此，美国师资培养认证委员会正式成为加州教师教育项目认证的主体之一。加州认证委员会和美国师资培养认证委员会之间的合伙协议的主要内容如下：参与认证的机构必须参与加州的项目审查，但不需要参与师资培养认证委员会项目审查；除州认证外，加州对所有寻求师资培养认证委员会认证的机构的考查均为联合考查；进行现场认证考查的团队主席，一位由美国师资培养认证委员会选定，另一位由加州认证委员会选定；根据申请认证机构的规模，团队成员的人数为6—10名，团队的工作重点为审查通用标准和认证项目，且选定的通用标准能够补充说明师资培养认证委员会的五个标准；团队成员需要呈现出种族和性别的多样性；加州教师资格认证委员会团队需要撰写认证报告，其中包括对其认证标准的结果、通用标准的选定部分和项目标准的说明；认证小组要以加州认证委员会规定的程序向该委员会提交认证报告，美国教师培养认证委员会报告将提交给自己的相关机构，之后两个委员会分别作

---

① CAEP, "State Partnership Agreements", (2015-09), http://caepnet.org/working-together/~/media/Files/caep/state-partners/capartnershipagreement-unsigned-for-web.pdf?la=en. (2019-10-11).

出独立的认证决定；认证周期要与加州规定的七年周期保持一致。加州有权进行访问美国师资培养认证委员会数据库中的认证过程报告，这些报告的记录可作为州存储系统的备份资料。

（二）加州认证与联邦认证的有效衔接

为了适应教育的发展，回应高等教育机构的呼吁，根据加州教育法规规定，选择参与联邦认证的教育机构或项目可以代替加州教师教育认证。这一选择的关键是确定联邦认证和州认证在认证标准和程序上具有可比性，并且联邦认证机构要与加州认证制度保持一致性。

2016年1月，加州认证委员会采用了"通用标准－CAEP校准矩阵"（Common Standards-CAEP Alignment Matrix），① 以供寻求加州和联邦认证的高等教育机构使用。在联邦认证过程中，联邦的项目认证在认证标准、审查程序上可以"替代"加州的认证规定。② 第一步是完成认证标准校准研究，即采用教师资格认证委员会所确定的、等同于其认证标准的联邦机构认证标准。如果联邦项目标准未充分说明加州项目标准的某些重要内容，参与认证的机构必须说明其符合加州项目标准的部分。第二步是审查研究联邦认证机构的认证活动，之后加州认证委员会将作出是否使用加州认证程序的决定。如果加州认证委员会确定联邦认证程序包含了加州项目审查中的关键要求，那么联邦教师教育项目认证可以代替加州教师资格认证委员会的项目审查程序。如果认证委员会确定联邦认证机构的认证程序解决了加州项目评审过程中的重要问题，机构可以选择使用联邦专业认证代替项目审查。加州教师资格认证委员会将对参与认证的机构进行现场考查，现场考查的评估基础侧重于教师资格认证委员会的通用标准，但也会将联邦认证机构审查的信息纳入考虑范围。

加州的教师教育项目认证关注着联邦认证趋势的潮流，并积极地参与到其中。与此同时，加州为了保证州方面的参与度，将联邦和州的认证小组和现场考查小组有效合并，硬性规定了联邦认证必须在认证标准、

---

① CTC, *CAEP-CTC Crosswalk*, California: Commission on Teacher Credentialing, 2019, pp. 1–5.

② CTC, "National Professional Organization Accreditation: Alignment with the California Accreditation System", (2019–10–11), https://www.ctc.ca.gov/educator-prep/accred-alignment. (2019–11–11).

认证小组、认证人员等方面要符合加州的规定和现实需求。可以看出，加州并未像美国其他州一样将师资培养认证委员会的认证视为更高一级的认证，而是将其放置与加州认证平行的地位，甚至还要受到加州认证规定的牵制。此外，在2018—2019年度加州教师资格认证委员会开始与一个新的联邦认证机构——教育工作者培养质量提升委员会（Association for Advancing Quality in Educator Preparation）进行协商，有意在下一步的认证活动中开展合作。

第三节 加州教师教育项目认证标准与程序

一般来说，完整的教师教育项目认证系统是由认证原则、认证标准和认证程序等基本部分构成。[①] 加州政府在制定认证标准时审时度势，针对不同类别的机构或项目有着不同的适用标准，目的是为了提高准教师的知识、技能等方面的培养水平。加州教师教育认证程序分为：机构审批、项目审批、项目认证、持续认证。其中，项目认证是加州教师教育项目认证程序的核心环节。

一 认证标准

加州教师教育项目认证标准秉承层层递进、严格要求的认证原则，分别从先决条件（Preconditions）、通用标准（Common Standards）、项目标准（Program Standards）对参与认证的项目提出了基本要求，是衡量项目质量的主要手段。

（一）先决条件

先决条件是在加州法规或加州教师资格认证委员会的政策下制定的，是每一个申请认证的教师教育项目必须满足的基本要求，[②] 满足先决条件的项目才能迈进加州教师教育项目认证的"门槛"。先决条件的具体要求如下：

[①] 邓涛:《中国教师教育专业认证办法探析》,《高教发展与评估》2015年第31期。

[②] CTC, "Preconditions and Standards", (2019 – 05 – 03), https://www.ctc.ca.gov/educator-prep/program-standards. (2019 – 06 – 03).

第一，隶属于加州正规的、经审批的教师教育机构。教师教育项目必须属于美国西部学校学院协会或六个区域认证协会中任何一个协会所批准的加州高等教育机构，或能够授予教师教育学士学位学分或硕士学分的高等教育机构。此外，项目还需提交学区或教育督导批准项目的证明。第二，具备灵活的课程和结业计划。教师教育项目必须为教师候选人提供合规的课程；允许教师候选人在中途选择另一个教师教育项目，并能够提供相应的支持以帮助候选人顺利地完成学业。当候选人完成学业时，该项目需要为学生量身制定教学计划、过渡计划和学业记录计划。第三，确保其权限和责任，罗列相关合作组织关系，提交相关计划，其中包括关于学生入学、留校或毕业的情况，以及雇员就业、留校或晋升的信息。第四，符合加州教师资格认证委员会的硬性要求。比如，符合认证委员会提出的质量要求，严格遵循认证程序等。第五，畅通的信息沟通渠道。项目必须向公众、未来的教育工作者和教师候选人提供易于获取准确的信息渠道，充分说明教师教育项目的入学和结业要求。

（二）通用标准

通用标准适用于加州任何一个获得教师资格认证委员会审批的教师教育项目，具有普适性、全面性特点。和先决条件的要求一样，通用标准也要求项目负责人提交项目的基本信息和相关文件，以评估该项目是否符合规定和要求。通用标准包含五类子标准，每个标准的要求也各有指向：

标准1：具备支持教师教育发展的制度基础；

标准2：对教师候选人的招收和支持；

标准3：提供研究、实习和实践课程；

标准4：持续改进；

标准5：项目产生的影响。[①]

标准1：要求教育单位要确立以研究为基础的教学目标，使教职工、利益相关者积极参与到教师教育项目的组织、协调和决策中；确保教职人员与K-12阶段中的教职工、高等学院和大学机构等定期进行系统的

---

① CTC,"Common Standards",（2015 - 10），https：//www.ctc.ca.gov/docs/default-source/educator-prep/standards/commonstandards - 2015 - pdf.pdf? sfvrsn = 2.（2019 - 06 - 14）.

合作；为教师教育项目的有效运作提供足够的资源，包括协调、入学、咨询、课程、专业发展或指导、实地监督和实习实践等；在招聘和教员发展工作上，追求多样性和卓越性的原则；监督教师资格的推荐过程，确保推荐的教师候选人满足所有的要求；教育单位的领导要具有高度的执行力和领导力，满足每个教师教育项目的需要，衡量项目的收益；教职员必须具备加州要求的资格：学科知识、公立学校当前背景的知识（包括加州采用的 K-12 内容标准、框架和问责制）、社会多样性的知识，包括文化、语言、种族和性别取向、在教学学术和服务方面有效的专业实践。

标准 2：要求教育单位根据明确的标准录取教师候选人，并为教师候选人提供支持和建议，帮助他们成功进入和留任教师行业，使加州的教育人才库多样化；信息公开化，指导教师候选人达到项目的要求；在提高能力和达到绩效期望方面取得进展的证据，用于指导教师候选人；建立明确的程序，支持需要额外援助的教师候选人。

标准 3：要求教育单位为教师候选人提供中小学实习和现场学习的机会，有效地实施相关研究策略，以改进教学和学生学习；根据实习的过程和标准来选择实习主管，实习主管必须接受管理培训，具备相应的资格，具有教授指定内容或执行教师资格证书授权的经验，为教师候选人提供有效的支持；教师教育课程要与加州采用的内容标准和框架相一致。

标准 4：要求教育单位及其教师教育项目要对课程、实习、现场学习以及支持服务方面的有效性进行定期评估；定期系统地收集、分析学生和项目完成者的数据，用于改进项目质量。

标准 5：要求教育单位要确保教师候选人具备必要的知识和技能，达到加州规定的学术标准；教育单位及其项目需要证明它们对教师候选人的学习以及为加州学生服务的教学能力产生了积极影响。

总的来说，通用标准相对于先决条件的内容来说更具有操作性，具有普遍性、概括性的特点。通用标准作为加州教师教育项目认证的基准，在联邦标准和州标准中发挥着折中的作用。也即是说，选择加州认证的教师教育项目必须要满足通用标准的要求，选择联邦认证的教师教育项目在满足联邦认证标准的同时，也要说明联邦认证标准对加州通用标准的解释程度，参与认证的项目还需要对未能充分说明的通用标准做进一步补充说明。因此，可以说满足"通用标准"的项目必定达到了"先决条件"的要求，反之则不然。参与加州项目认证或联邦认证的项目若达到了"通用标准"的规定，意味着该项目持有着"合格"证书。

（三）项目标准

项目标准适用于那些培养持有特定教师资格证书的教师候选人的教师教育项目，以证明该项目能够培养教师候选人在特定学科领域具备一定的知识和技能。项目标准包括三种类型：加州项目标准、联邦或专业项目标准和实验项目标准，① 高等教育机构可以选择这三种不同的项目标准进行审批或认证。

加州项目标准适用于加州初始和持续认证的教师教育项目，其认证主体是加州教师资格认证委员会。联邦或专业项目标准是指联邦或加州专业组织设立的认证标准。高等教育机构可以使用这些组织的认证标准，但是必须符合加州教师资格认证委员会采用的标准。高等教育机构需要提供联邦项目标准中未包含加州教师资格认证委员会的标准内容，由该委员会确定联邦项目标准是否与加州项目标准是否一致，以及需要哪些附加信息。初始认证的机构可提供符合加州教师资格认证委员会标准要求的实验项目，设置实验性项目的机构必须研究项目是如何促进优质教学的发展、帮助教师候选人获得适当的绩效预期，如多学科和单科证书的教学绩效预期。

教师资格认证委员会任命来自学院、大学和地方教育当局的专家小组为特定的证书项目制定标准。专家小组的指导原则与该证书的要求、加州 K–12 学术内容标准和课程框架相符合。加州教师资格认证委员会通过加州项目标准为初始和持续认证项目提供方向指导。如果联邦或专业项目标准适合于加州项目，专家小组可以建议教师资格认证委员会采用它们来代替制定新标准或修订委员会现有的标准。当加州认证委员会确定联邦或专业项目标准的某些方面未能与加州通用标准、加州项目标准相切合，它仍会给予项目审批，但也要求机构要满足加州所规定的通用认证标准。根据加州教育法规的要求，初始认证的机构可向教师资格认证委员会提交符合实验项目标准的实验项目倡议书。实验项目标准旨

---

① CTC, "Preconditions and Standards", (2019–05–03), https://www.ctc.ca.gov/educator-prep/program-standards. (2019–06–03).

在促进教师教育项目的创新发展,这些项目有助于研究者聚焦于教师教育的重点问题,扩大教师教育实践的知识库。① 经批准的实验项目必须每两年向教师资格认证委员会汇报其实验研究结果。在与相关机构和加州认证委员会协商后,教师资格认证委员会根据实验项目标准保留的调查结果,决定是否支持继续进行实验项目。

从对先决条件、通用标准和项目标准内容的分析来看,三者之间存在着认证对象和要求上的区别,但彼此之间也相互联系。先决条件是申请认证的教师教育项目必须满足的基本门槛,具有导向性与约束性。通用标准反映了项目质量的各个方面,无论项目类型如何,通用标准的要求在所有教师教育项目中都是通用的。② 相对于先决标准来说,通用认证对象和认证标准都更加细化,具有全面性和模板性。而加州项目标准相对于前两者来说,是项目认证更为细化的要求,更具有实践性、针对性和指向性。总之,先决条件是通用标准和项目标准存在的基础,先决标准、通用标准和项目标准都可以影响和指导着项目认证的发展,只是它们作用的范围、层次和力度不同。

二 制定认证标准的原则

加州教师教育项目认证标准明确指出了项目应该满足的条件,描述了高质量的认证标准所具有的关键特征,如项目入口严格把关、认证标准灵活选择、凸显绩效本位等特点。这些认证标准为项目认证提供了重要的细节、模板和要求,帮助教师教育项目了解从申请认证到认证决定中每一个阶段的要求,以促使其达到更好的认证需求。

(一) 立足绩效评估

在教师教育有效性面临挑战的时代,绩效评估不仅成为衡量教师质量的有用手段,而且还成为评估州问责制和项目认证质量的一种方法。③ 基于强调绩效的背景下,加州认证标准立足于项目的质量和绩效,从先

---

① CTC, *Standards in Accreditation*, California: Commission on Teacher Credentialing, 2016, p. 3.
② CTC, *Institutional and Program Approval and Change of Status*, California: Commission on Teacher Credentialing, 2017, p. 5.
③ Raymond L. Pecheone and Ruth R. Chung, "Evidence in Teacher Education: The Performance Assessment for California Teachers (PACT)", *Journal of Teacher Education*, Vol. 57, No. 1, 2006, pp. 22–36.

决条件、通用标准到项目标准不仅关注高等教育机构的资质和规格，也要求教师候选人具备必要的知识和技能。而且，加州教师资格书的颁发与教师候选人完成的项目是否满足认证标准相关。在加州认证周期第一年、第四年和第五年，认证团队严格按照要求对项目满足先决条件、通用标准和项目标准的程度进行评估。

加州认证标准严格对入口资格的把关，不仅体现在机构资质要求的把控上，还对教师候选人的招收和录取作了规定。先决条件属于加州政策性规定，是初始和持续的项目审查的基础要求。与通用标准和项目标准不同，先决条件规定了项目的政策性要求，不仅在项目入口发挥着"守门员"的作用，还在七年认证周期过程中的第一年和第四年进行项目审核。可见，先决条件并不是起着"一次性"的鉴定作用，而是在整个认证周期中发挥着导向和监察作用。如果说先决条件是机构获得审批的第一道防线，那么机构和项目在通向项目审批、项目认证的道路中，还要继续突破通用标准或项目标准的防线才能达到"认证"资格的目标。这三个标准阶段并不是彼此分离的，而是相互影响、相互沟通、循序渐进地共同建筑起"认证标准"这一坚墙。

（二）多样化选择与多维质量相结合

与美国一些州不同的是，加州并未将联邦认证视为更高一层次的认证。相反，加州将州级认证与联邦认证放置于平行地位，甚至联邦认证要符合加州认证的要求。这种互惠平等、相互博弈的关系在认证标准上也有所体现。一方面，尽管美国师资培养认证委员会认证要求申请联邦认证的机构必须满足美国师资培养认证委员会的认证标准，但是该机构也必须对该委员会认证标准未能充分说明加州通用标准的部分作出回应。从认证标准的"拉锯战"管窥可见，加州认证制度和联邦认证制度上也存在着"非零和博弈"。另一方面，为了维持州级认证标准和联邦认证标准之间的利益平衡，加州认证委员会采用了"通用标准 – CAEP 校准矩阵"，供寻求联邦认证的教师教育项目使用，目的在于保障项目在符合联邦认证标准的前提下，也能够完全满足加州认证标准的规定要求，充分为项目提供了多样化的认证路径。

此外，加州独特的政治文化背景决定了中小学校里有着不同种族、语言、宗教和性别的学生群体，也决定了加州教师教育总体改革的方向。

教师教育项目不仅要培养师范生的学科教学知识和技能，也要培养出具有反思性教学能力和多元化教学思维的教师。多元化的教师教育项目不仅仅是认证的一个目标，其实也是为了适应加州录取和招聘政策的路径，为加州人口多元化的现实提供了更多的可靠保障。

（三）突显证据文化

无论是州认证还是联邦认证都日益趋向以"数据驱动"，其重心日渐转移到教师候选人绩效的数据。[①] 这就要求项目要凸显证据文化，呈现出满足认证标准要求的数据证据，以数据为客观衡量标准，作为促进项目改进和实践的证明。可以说，加州认证标准强调绩效和证据，既为加州项目认证提供了衡量的工具，又为项目的不断改进提供了基准。

加州认证标准将"证据文化"作为评估教师教育项目培养质量的重要指标。证据文化的形成促使了加州认证体系的科学性，例如，将数据进行整理分析，并应用到教师教育项目的发展中；建立高质量的数据保障系统，包含自身评估和多方评价。加州认证标准的实践性和改进性体现在实验性项目标准的设立和项目的定期评估上。实验性项目不仅有助于促进优质教学的发展，帮助教师候选人获得适当的教学绩效期望，而且有助于对教育领域的重点研究问题进行审查，包括确定教学模式、教学方法。基于认证标准，教育单位及其教师教育项目对所提供的学习课程、实习、现场学习以及支持服务方面的有效性进行定期评估，从而实现教师教育项目的持续改进。

三　认证过程

"认证"通常是由在一个能够提供教师教育项目的机构中进行的，但是"认证"也可以授予一个机构内的数个项目。[②] 加州教师教育认证过程分为：机构审批、项目审批、项目认证、持续认证四个步骤。其中，项目认证是加州教师教育项目认证程序的核心环节，包括年度数据分析、

---

① Martindale, Maura, Bartell, Carol A, "State and National Accreditation of One University Program: A Case Study", *Volta Review*, Vol. 110, No. 2, 2010, pp. 249 – 260.

② The World Bank, *Accreditation of Teacher Education Institutions and Programs*, World Bank Group70548, July 3, 2012.

项目审查、现场考查、认证决定和第七年后续认证活动等步骤。

（一）机构或项目审批

获得加州教师资格认证委员会审批的高等教育机构才有资格向认证委员会提出项目审批申请，获得认证委员会审批的项目才能加入到认证程序中，继而进行持续认证。

1. 初始机构审批

加州教师资格认证委员会负责审批高等教育机构、地方教育机构或其他目前未被批准为加州公立学校培养教育工作者的机构的资格。初始机构审批有三个要求：首先，申请机构要符合前提要求，其中包括区域认证、学术学分以及教师资格认证委员会对审批机构的要求和审批机构所承担的责任。其次，申请机构要符合所有的资格要求。机构必须根据资格要求提交具体的证据。再次，工作人员对机构提交证据进行审查，然后向委员会提出建议。最后，加州教师资格认证委员会根据机构提交的证据资料作出决定，分别授予相应的资格：（1）获得资格；（2）具有审批第三阶段要讨论的特定学科的资格；（3）重新提交附加信息；（4）拒绝通过。获得资格（1）和资格（2）的机构可以进入初始机构审批流程的第三阶段，该阶段要求机构符合适用标准和先决条件。

一旦申请机构满足了初始机构审批程序的这三个阶段，机构的申请将再次提交至加州教师资格认证委员会审议并决定临时审批。获得临时审批的机构的运作时间一般为两至三年，以供项目参与者完成教师教育项目。在临时审批期内，该机构需要参加定期的认证活动，如提交年度数据和分析数据。申请机构一旦获得了临时审批，就不得再增加其他的教师教育项目。若申请机构想要获得全面审批，教师资格认证委员会将根据以下资料决定是否给予全面审批：机构在临时审批期间收集的数据；在临时审批结束时进行重点现场考查，之后审查认证小组的建议。

2. 初始项目审批

通常来说，美国州政府评估教师教育项目是其审批项目职责中的一部分，获得审批项目的毕业生可以自动被推荐参加州教师资格认证。[①] 如

---

① Michael J. Feuer, *Evaluation of Teacher Preparation Programs Purposes, Methods, and Policy Options*, Washington, DC: National Academy of Education, 2013, p.3.

果加州认证委员会确定某一项目符合所有的适用标准,则授予该项目初步审批。在新项目提交给该委员会进行审批之前,机构必须进行初始项目审查,这也是新项目进行认证的基本步骤。① 新的项目提案由外部专家小组审查,并酌情由具有认证领域专业知识的教师资格认证委员会工作人员进行审查。在项目提交文件和实施时,机构必须遵循新学科项目和新教师教育项目的提交要求和步骤。

加州认证委员会按照严格的标准要求对项目进行审核。首先,要审核项目是否符合先决条件。若项目符合加州法律、行政法规和教师资格认证委员会政策的要求,则对该项目进行进一步的审查。其次,专家小组或教师资格认证委员会工作人员对申请机构是否符合通用标准和项目标准进行审核。与先决条件不同的是,通用标准和项目标准涉及的是项目质量和有效性问题。可以说,对项目是否符合通用标准和项目标准的审查,实际上是对项目质量的衡量。最后,加州认证委员会如果确定拟议项目符合以上标准,接下来会在定期会议上初步批准该项目。如果确定该项目不符合标准,则将该提案连同对调查结果的说明一并返回给该机构,并将作出决定的具体原因告知该机构。

当然,申请机构或项目可以对其不利的审批决定提出质疑和上诉,主要有两级上诉。②

第一级上诉是申请机构对教师资格认证委员会工作人员或其审查小组作出的决定所提出的上诉,是向加州认证委员会提出的。机构对先决条件或相关项目标准的实施感到不满,认为不应将项目提案提交认证委员会采取审批行动。如果某一项目未经加州认证委员会推荐审批,机构可在委员会下次定期会议前(至少30天以内)向认证管理人提交正式申请,认证管理人将该项目列入委员会议程供其考虑。那么,审批机构必须提供以下上诉材料:最初的项目提议书以及教师资格认证委员会工作人员或审查小组给出的不利决定的理由;申请机构对教师资格认证委员

---

① CTC, *Institutional and Program Approval and Change of Status*, California: Commission on Teacher Credentialing, 2017, p. 6.

② CTC, *Institutional and Program Approval and Change of Status*, California: Commission on Teacher Credentialing, 2017, p. 8.

会工作人员或审查小组要求提供补充信息的副本，包括任何重新提交的提案副本；机构要求上诉的理由。加州认证委员会根据申请机构的上诉和认证决定的信息，或给予项目初步审批，或要求由不同的教师资格认证委员会工作人员或不同的审查小组对机构的项目提案重新进行审查，或拒绝给予该项目初步审批。

第二级上诉申请机构对加州认证委员会不利决定的上诉，是向委员会执行主管（Executive Director of the Commission）提出的。申请机构向委员会执行主管提出的上诉只能以"COA的决定是武断的、反复无常的、不公平的，或违反《认证框架》的政策或COA的程序准则"为理由。申请机构必须在认证委员会决定拒绝初步审批后20个工作日以内提交上诉申请及相关证据。加州教师资格认证委员会必须在审议之前提交给委员会工作人员或审查小组与项目质量有关的信息。委员会执行主管将决定该机构提交的证据是否符合上诉标准。如果符合上诉标准，委员会执行主管将向加州教师资格认证委员会提出上诉；如果没有符合，委员会执行主管将通知该申请机构的败诉决定，并向其提供说明为何会败诉的信息。申请机构可以在10个工作日内重新向委员会执行主管提交上诉。

在加州教师资格认证委员会定期会议期间，委员会执行主管将向该委员会提出上诉，在教师教育委员会上就申请上诉的机构提供的书面证据和认证委员会的书面回复听取上诉。根据上诉资料，教师资格认证委员会作出上诉判决，委员会执行主管负责将加州教师资格认证委员会的决定传达给加州认证委员会和机构：维持认证委员会拒绝项目初步审批的决定；推翻认证委员会的决定，并给予项目初步审批。

3. 项目审批状态

当项目获得加州认证委员会的认可时，表明该项目处于"审批"状态。随着申请项目客观条件的变化，其项目状态也随之会发展改变，如"审批—活跃"（approved-active）、"审批—非活跃"（approved-inactive）、"撤销"（withdrawn）。①

处于"活跃"状态的项目有权向毕业生颁发加州教师资格证书，并

---

① CTC, *Institutional and Program Approval and Change of Status*, California: Commission on Teacher Credentialing, 2017, p.9.

参与到加州教师资格认证委员会指定的认证体系中。在认证周期的第一年和第四年，项目根据先决条件的要求作出回应。在认证周期的第五年，项目提交审查文件并对通用标准作出回应。在认证周期的第六年，项目参与现场考查活动。在认证周期的第七年，项目参与认证委员会规定的第七年后续活动。获得新审批的项目也有权提供加州教师资格证书，并且将参与到认证周期中。

机构或项目发起人可决定教师资格认证委员会先前批准的项目为"无效"状态，具体情况如下：（1）该项目中仅有15个或更少的教师候选人；（2）机构或项目发起人通知认证管理人其项目处于"非活跃"状态，表现为项目不再招收新的教师候选人，仅有现存的教师候选人可以完成项目；（3）已被录取的教师候选人收到机构或项目发起人的书面通知，说明该项目为"非活跃"状态；（4）该机构协助登记的候选人规划完成其课程；（5）根据学院确定的当前所有候选人能够完成项目的日期之后，项目不再运行，在项目重新启动之前，学院不能再推荐教师候选人获得证书，该项目将不会在加州教师资格认证委员会网站上列出。只有当机构向加州认证委员会在此提交请求，且该委员会已采取行动重新启动项目时，才能重新启动"非活跃"项目。处于"非活跃"的项目也有"保质期限"，其处于不活跃状态的时间不应超过5年，此后，项目发起人必须确定该项目是永久撤销还是重新激活。如果该机构未在5年期限内要求重新启动或撤销项目，加州认证委员会将在下次预定会议上撤回该项目。加州教师资格认证委员会工作人员将在项目自动撤销日至少六个月前通知项目发起人。

机构或项目发起人可以向加州认证委员会寻求重新启动已审批的"非活跃"教师教育项目，也有权决定撤销教师资格认证委员会先前审批的项目。如果该机构未在5年期限内要求重新启动或撤销项目，加州认证委员会将在下次预定会议上撤回该项目。除了机构和项目发起人可以决定其项目的状态之外，该委员会也有权作出中止或关闭项目的决定。

项目的质量和运行与机构的生存息息相关。项目的撤销就意味着它不再是该机构认证项目的一部分，从加州教师资格认证委员会的角度来看，也不再是认证系统的一部分。当机构撤销其最后一个项目时，该机构会丧失认证机构的审批。机构必须从项目关闭之日起等待两年，然后回到审批原点，即必须完成最初机构审批的所有程序。

（二）年度数据提交

加州教师教育项目认证活动是一个长达七年的认证周期，包括年度数据分析、先决条件审查、通用标准审查、项目审查、现场考查和第七年后续活动。① 每年的认证活动包括：第一年收集和分析数据、审查先决条件；第二年收集和分析数据；第三年收集和分析数据；第四年收集和分析数据、审查先决条件；第五年收集和分析数据、项目审查、通用标准审查；第六年收集和分析数据、现场考查；第七年收集和分析数据、项目追踪。每个教师教育机构根据自身的情况分别处于不同的活动队列中，每个队列都有一个特定的七年认证周期。

每年的认证活动中都包含有收集数据和分析数据。机构每年对项目数据进行收集、分析和报告，并上传至加州教师资格认证委员会认证数据系统。在整个认证制度内，加州教师资格认证委员会的诸多认证目标都与数据有关，其中一个目标是收集机构及其项目的基本信息，以便及时有效地更新和挖掘数据，保证数据的公开透明。② 机构和项目每年需要向该委员会提交与项目背景和成果有关的信息数据。其中，项目背景的内容包括：项目的数量和类型；授课形式；候选人人口统计，如总入学人数、性别、种族、全日制/非全日制；入学要求等。项目成果包括：候选人首次考试的通过率、绩效评估的合格率、通过能力评估的候选人比率和教师资格认证委员会的调查数据（对项目完成者、硕士教师和雇主的调查）。

这些数据具有持续改进认证工作、作出认证决定、发现认证重点、提高认证透明度等多种作用。数据评估能够有效传达评估活动或结果的量化信息，旨在确定候选人满足特定学习能力、结果或标准的程度。③ 每

---

① CTC, *The Accreditation Cycle*, California: Commission on Teacher Credentialing, 2016, pp. 1–2.

② CTC, *Annual Data Submission*, California: Commission on Teacher Credentialing, 2017, p. 1.

③ Stoulig and Deborah Lynn Vaughan, *Teacher Education Preparation Assessment System and the National Council for Accreditation of Teacher Education Accreditation*, Ph. D. dissertation, University of Southern Mississippi, 2009, p. 191.

一个项目都会进行自我数据分析评估，确定项目的优势点。可以看到，年度数据分析是一项促进项目改进的认证活动，它表明一个机构和项目对教师候选人和项目完成者的准备程度。这一现象说明了加州认证制度更多关注的是认证结果。

（三）项目审查

在认证周期的第五年，机构审查委员会着手进行项目审查和年度数据分析，从审查结果中得出项目活动情况的初步报告。然而，项目审查并不是机构审查委员会单一的信息来源。数据库中的调查数据和评估数据、机构每年提交的数据，也是该委员会成员使用的关键数据。项目审查主要对关键项目文件进行评审，以确定教师教育项目符合项目标准的活动。

首先，每个教师教育项目都要满足相关项目标准的证明文件，包括项目描述、组织结构、教职工资格、课程和项目顺序、实地调查和实习情况、证书推荐等。[①] 其次，机构审查委员会成员通过调查和评估数据，对项目文件进行审查，主要内容有：机构是否较好地为评审团队提供了背景信息；项目的实施是否符合标准；证据是否充分证明了该机构达到标准；证据是否与候选人的知识技能的评估有关；证据是通过什么方式判断的。[②] 当项目审批完成时，委员会向项目提供反馈。在现场考查前60天以内，项目可以针对 BIR 的反馈意见进行查漏补缺。总的来说，机构审查委员会审查的内容主要围绕着两个方面：标准的达成、证据的有效性。

随后，机构必须根据初步调查结果编制成电子附录，并在认证现场考查之前（至少60天以内）将电子文件提供给现场考查小组。项目审查也有例外情况，当项目在初始项目审查期间提交了认证标准的回应和文件并获得了批准，该项目则不需要再次提交对认证标准完整的叙述性回应，除非确定没有足够的证据证明标准的实施。如果机构审查委员会没有足够的证据能够说明项目实施的有效性，认证管理员可以指派一名成员到现场考查小组来专门关注该项目的进展。该项活动的成本昂贵，每

[①] CTC, *Program Review*, California: Commission on Teacher Credentialing, 2016, pp.1-3.

[②] CTC, *Program Review*, California: Commission on Teacher Credentialing, 2016, p.3.

增加一名成员该机构将要分摊 1000 美元的费用。调查结果用于确定要审查的项目类型、规模和复杂性,以及要选择的现场考查评审团队的结构、规模和专业知识类型。调查结果的初步报告为认证现场考查小组提供了材料依据。

此外,加州教师资格认证委员会制定了简化的通用标准审查程序(Common Standards Review Process)。新的通用标准审查程序于 2018 年初首次实施,于 2018 年秋季和 2019 年春季进行了现场考查。与项目评审方法一样,通用标准审查的资料需要提交规定的文件。2019 年,通用标准审查程序继续进行,并将审查结果用于 2019—2020 年度进行的现场考查。在现场考查前 8—10 个月,评审人员需要向该机构提供通用标准审查结果的反馈,目的是为各机构提供足够的改进时间。

(四)认证现场考查

认证周期的第六年进行现场考查。本部分主要阐述机构在现场考查前的准备,包括考查前的支持和准备活动、现场考查的时间安排、认证团队的规模和组成,和加州教师资格认证委员会为机构提供的州顾问的职责等。这些措施旨在为负责认证现场考查管理的人员提供收集和评价数据的指南。

1. 现场考查前的准备

认证管理员与各机构共同确定考查日期、现场考查小组规模和配置资源。① 考查日期的确定需要考虑机构的实际情况,合并考查(merged accreditation visit)② 需要制定早期计划。在此期间,现场考查小组需要做好考查准备,机构也需要准备好所有文件的电子副本,以供整个现场考查小组查阅。

(1) 现场考查小组

通常是在现场考查开始前六个月,认证管理员负责成立现场考查小组,所有小组成员是经过培训的机构审查委员会成员。现场考查小组的职责是确认机构审查委员会对通用和项目标准以及先决条件的审查结果,

---

① CTC, *Preparation for an Accreditation Site Visit*, California: Commission on Teacher Credentialing, 2016, p.5.
② 指联邦认证机构与加州认证机构同时对同一个或多个认证项目进行考察。

审查额外的项目文件和证据，并采访代表机构和项目的利益相关者。该小组工作的目的是向加州认证委员会提供信息，以便该委员会能够确定项目是否满足了相关标准。在现场考查前，州顾问负责联系所有的小组成员，确保他们已收到所有关于机构和项目的审查材料，确定他们是否对考查有任何疑问。

现场考查小组在进行考查之前，需要接受为期两天的现场考查面授培训。现场考查培训包括实地考查所必需的技能和素养；认识认证标准的作用和重要性；合理解决团队间的利益冲突和偏见，加强现场考查工作的保密性；使用项目完成者调查结果和其他调查数据；了解数据在年度数据提交（Annual Data Submission）中的作用；掌握现场考查的面谈技巧；提出认证建议；编写报告。

（2）机构和项目的准备

在现场考查前一年内，加州教师资格认证委员会指派给各机构一名州顾问，通常会在现场考查前与机构合作6—9个月，帮助他们更好地准备考查工作。此外，该委员会还向各机构提供了技术援助，[①] 通常以网络广播的形式，使机构或项目发起人深入地了解认证程序，以解决不同类型的审查问题。之后，州顾问会和机构进行后续的电话会议，目的是确定机构在现场考查过程中可能出现的问题。除了技术和人员支持外，加州教师资格认证委员会还负责承担认证费用、咨询、审查等费用。如果项目选择了联邦认证或合并认证考查，那么由项目负责与联邦认证相关的费用。机构负责安排面试时间，提供必要的设备和场地，为顾问和考查团队安排住宿等。在现场考查之前，机构和项目应准备好以下考查资料：先决条件报告、年度数据、项目审查的结果以及附录、现场考查小组对辅助文件的审查和分析、面试准备材料。其中，面试准备材料需要说明参与面试的人员（教学人员、候选人、项目完成者、合作组织成员、咨询委员会成员和项目完成者的雇主）、面试日程、面试人数、[②] 面试环

[①] CTC, "Webcast Technical Assistance", (2017-02-28), https://www.ctc.ca.gov/site-information/live-help. (2019-07-05).

[②] 面试人数将因类别和项目而异，取决于项目的规模、项目的相对"重要性"、有效性和面试者的身份和空间位置。

境，机构要考虑面试人群的代表性、可靠性，提早确定面试者，合理制订面试计划。①

2. 现场考查

在认证现场考查期间，现场考查小组成员通常负责一个教育单位或两到三个教师教育项目，审查的内容包括教师教育课程（如多学科、单一学科、教育专家、成人教育等）和服务课程（如教育管理、学生人事服务等），审查的范围是与既定标准或项目相关的访谈资料和文件。在现场考查活动中，小组组长发挥着重要的作用。例如，与小组和机构沟通、作出考查决定、撰写考查结果报告、举行小组报告会。这要求组长要具有高度的责任心、高超的沟通技巧、优秀的专业能力和判断力。

现场考查人员在进行访谈时，必须注意受访人的意见是否具有代表性。② 认证现场考查的时间取决于许多因素，包括项目的数量和规模、注册情况以及通用标准和项目标准审查的结果。一般来说，有着众多项目的大机构的考查时间为四天，而有着一两个项目的小机构的考查时间大概为三天。机构及其项目的具体情况会影响考查时间的长短。州顾问与该机构和小组领导合作，以确保考查的适当天数，使现场考查小组能够完成其考查目标。通常情况下，现场考查小组第一天的活动内容为确定考查方向、进行团队会议、文件/证据审查、面试、机构领导层对机构及其项目的介绍和概述；第二天进行文件审查、团队会议、对主要利益群体进行面试；第三天进行中期考查会议（确定机构不完全满足相关标准的领域，要求机构提供与这些标准相关的附加信息）、文件审查、团队会议、对主要利益群体进行面试、撰写认证团队报告、汇报个别项目的调查结果，讨论认证建议；第四天阅读和评论报告草稿、向机构递交调查结果和认证建议、举行私人简报会。

3. 现场考查小组报告

现场考查小组报告包括认证建议、标准调查结果以及关于机构及其项目的信息。该报告由表格形式呈现，其中列出了每个项目的标准内容、

---

① CTC, *Preparation for An Accreditation Site Visit*, California: Commission on Teacher Credentialing, 2016, pp. 4–8.

② Frank B. Murray, "Counter-Intuitive Findings from Teacher Education Accreditation Council's Surveys of Candidates and Faculty about Candidate Knowledge and Skill", *Issues in Teacher Education*, Vol. 2, No. 22, 2013, pp. 7–16.

适用于该项目的标准数量,以及满足标准的数量。根据这些活动的调查结果,在现场考查后的一到两个月内,现场考查小组组长将在加州认证委员会定期召开的公开会议上公布小组的调查结果。若现场考查小组全员就项目和通用标准的符合程度达成共识,就必须利用其集体专业判断来达成对机构或项目的认证建议。现场考查小组对认证决策的建议是基于通用标准的调查结果,以及问题数量和整体决策。[①] 由此,现场考查小组根据项目标准的符合程度向认证委员会提出认证建议。认证委员会在听取报告和机构的回复后作出认证决定,认证决定在很大程度上反映了现场考查小组对通用标准的理解和发现。

(五) 认证决定

在现场考查后的一到两个月内,现场考查小组根据项目标准的符合程度向加州认证委员会提出认证建议。委员会的任务是审查标准调查的结果。第一类是量化的调查结果,通过机构提供的数据和文件来确定项目是否满足认证标准;第二类是项目符合陈述性规定程度的调查结果。委员会在听取现场考查小组组长的报告、州顾问的意见和机构的回复后作出认证决定。委员会的认证决定分为四个层次,分别是认证、有规定的认证、有重大规定的认证、有试用规定的认证、拒绝认证。

1. 认证(Accreditation)

"认证"是指机构及其项目在整体上符合或超过通用标准和项目标准要求,意味着该认证项目被认为在培养教育工作者方面是有效的,并且在项目实施中凸显了卓越的质量。获得"认证"的项目需要参与指定的认证活动,包括年度数据审查和分析、先决条件审查、通用标准审查、项目审查和现场考查,并对认证团队报告中确定的或认证委员会规定的所有问题作出解答。获得"认证"项目的机构可以向认证委员会提出新的认证项目,在所有的出版物和文件中表明其已获得加州教师资格认证委员会的认可。

2. 有规定的认证(Accreditation with Stipulations)

"有规定的认证"是指该机构及其部分项目没有达到一些通用标准或

---

① CTC, *Accreditation Decisions: Options and Implications*, California: Commission on Teacher Credentialing, 2016, p. 13.

项目标准的要求，意味着该项目总体上是有效的，其缺陷仅仅是项目候选人或完成者认为的、对项目质量影响较小的一些问题。根据对机构的特殊规定，加州认证委员会将决定机构是否可以向委员会提出新的项目。

3. 有重大规定的认证（Accreditation with Major Stipulations）

"有重大规定的认证"是指该机构及其部分项目未达到通用标准中的多项标准和项目标准，在一些重点领域的质量水平（如课程、实习经验或候选人能力等）和存在的问题会影响候选人的培养。几乎所有"有重大规定的认证"的项目都需要在一年之后重新进行现场考查。在取消规定之前，禁止在项目接受新的候选人。

4. 有试用规定的认证（Accreditation with Probationary Stipulations）

"有试用规定的认证"是指机构在执行适用于该机构的通用标准和项目标准方面存在严重和普遍的缺陷，在重点领域的质量水平（如课程问题，实习经验，或候选人能力）极大程度上影响了候选人的培养质量。"有试用规定的认证"的项目要按照指定的要求参与认证活动，提交书面年度报告，还要按照认证委员会特定的时间间隔更新认证状态，并以书面形式通知学生其认证状态。机构不得提出新的教师教育项目或扩展现有项目，在取消"规定"之前，禁止项目接受新的候选人。

5. 拒绝认证（Denial of Accreditation）

"拒绝认证"是指加州认证委员会在初次现场考查或再次考查时对机构拒绝认证，意味着机构中存在极其严重和普遍的问题，所有项目必须在学期或季度结束时关闭。例如，机构没有达到绝大多数认证标准，候选人无法获得认证标准所要求的知识、技能和能力；向现场考查小组提交的文件中有着重大的失实陈述；该机构公然无视加州教师资格认证委员会的政策和规定，对不符合所有资格要求的教师候选人进行资格认证。如果认证小组发现机构已经取得了足够的进展，机构有特殊情况证明有理由延误认证，加州认证委员会可以在机构要求的情况下，允许机构延长一段时间来纠正其严重缺陷。

如果机构想要将项目认证资格由"有规定的认证""有重大规定的认证""有试用规定的认证"转为"认证"，必须编写一份书面的定期报告，回应现场考查小组报告所述的所有问题，以及认证委员会的所有规定。报告必须包含证明所有问题都已解决的文件。通常情况下，州顾问与参与现场考查的小组负责人协商审查报告，确保机构的答复中解决了所有问题，分析机构在认证标准方面取得的进展，并就取消"规定"向认证委员会提出建议。

机构在首次认证现场考查后的一年内可以进行重新考查。重新考查是指由加州认证委员会组织，审查机构对通用标准和项目标准的达成度。重新考查的目的是确保机构充分解决了"规定"问题，向评审组提交证明文件，表明其已纠正了项目存在的缺陷。由此，重新考查小组可以建议委员会取消这些规定。现场考查小组在最初考查后的一年内将重新考查的报告提交给委员会。如果委员会确定所有的问题都已纠正，将取消这些规定，并将该机构的地位从"有重大规定的认证"改为"有规定的认证"。之后，根据机构的表现委员会还可取消"有规定的认证"，将机构的认证资格由"有规定的认证"转为"认证"。如果委员会认为该机构在第七年报告中未能证明其在标准达成方面取得了重大进展，将考虑对机构进行"拒绝认证"。

加州认证委员会的认证决定是一个有层次、循序渐进的认证决定过程，也表明了认证机构和项目质量的优劣层级之分。认证决定层次的划分，为机构和项目寻求更好地认证状态提供了方向指导和细化规定，有助于机构和项目沿着认证委员会的规定和活动方向循序渐进地提升自身质量。在认证过程中，机构也并非完全处于被动的地位，仍可通过机构审查委员会小组的认证意见以及加州认证委员会的认证反馈，完成后续的认证周期活动，进而达到通用标准和项目标准要求，进而重新获得"认证"资格。如果机构认为现场认证小组持有不公平的态度和行为，或违反了《认证框架》的政策，机构可以在认证决定后30天内向认证委员会提出上诉，或就认证委员会的行动向加州教师资格认证委员会提出异议。

（六）认证周期第七年的活动

加州认证委员会作出认证决定之后，在认证周期的第七年各机构仍要处理相关认证活动。根据不同的认证决定和问题，这些活动可以从简单的、持续性常规认证活动到对项目进行重大的修订，使其与加州采用的标准保持一致。本部分阐明了对第七年认证周期的后续活动和第七年报告的要求。

"持续认证政策"是指加州教师资格认证委员会对已获得审批、提供教师教育项目并正在寻求继续认证的机构的政策。① 在认证周期的第七年,无论认证委员会的认证决定如何,所有经审批的机构必须要进行持续的认证活动(见表2-1),但并非所有的机构都需要提交后续报告。在认证周期的第七年,所有机构都要解决现场考查小组和认证委员会在认证过程中提出的问题。如果现场考查小组没有发现机构的一些具体问题,并且机构都满足了所有标准,那么机构人员将继续审查候选人评估数据和可用的项目有效性数据,以不断地改进项目。

表2-1　　　　　　　　　　COA 要求的持续活动

认证现场考查后机构的行动	认证状态 √表示需要进行后续活动 *表示可能需要进行后续活动				
	认证	有规定的认证	有重大规定的认证	有试用规定的认证	拒绝认证
参与常规的认证活动	√	√	√	√	
依据所有规定和问题领域提交第七年跟踪报告	*	√	√	√	
依据COA的指示提交额外的项目文件和处理所有规定的数据和问题		√	√	√	
定期提交跟踪报告(30天或90天,由COA决定)		*	*	*	
重新进行现场考查		*	*	*	
机构需将认证状态告知现有和将来的申请者			*	√	√
在规定取消前,禁止机构接受新的申请人			*	*	√

① CTC, *Accreditation Framework*, California: Commission on Teacher Credentialing, 2016, p.13.

续表

认证现场考查后机构的行动	认证状态 √表示需要进行后续活动 ＊表示可能需要进行后续活动				
	认证	有规定的认证	有重大规定的认证	有试用规定的认证	拒绝认证
在规定取消前，禁止机构提出新的项目		＊	＊	√	√
如有终止项目的规定，机构需等两年后方可提交新项目，以便于同资格类型项目的审查		＊	＊	＊	

资料来源：CTC，*Accreditation Decisions：Options and Implications*，California：Commission on Teacher Credentialing，2016，p.3。

对于获得不同认证决定的机构来说，向加州认证委员会提交的第七年后续报告的方式和内容也不同。委员会要求获得"认证"的机构提供后续报告，说明该机构如何处理未达到的标准，以及在解决问题方面取得的进展。如果委员会没有要求获得认证的机构提交第七年报告，那么该机构至少应参加与候选人评估数据和项目有效性相关的常规认证活动。

对于获得"有规定的认证""有重大规定的认证""有试用规定认证"的机构来说，必须在第七年内完成后续报告。这份报告应说明机构为符合"规定"和标准以及为解决存在的问题而采取的措施。与"有规定认证"和"有重大规定认证"一样，"有试用规定认证"的机构须在第七年提交后续报告，说明其如何解决所有的"规定"。但是，在周期的第七年认证委员会对"有试用规定的认证"机构提出了许多附加要求。所有获得"有规定认证"的机构必须在第七年内继续与加州教师资格认证委员会顾问合作，认证委员会根据机构的情况来确定是否应该重新现场考查该机构。如果在重新考查之后，该委员会确定机构没有取得足够的进展，可以建议拒绝认证。

认证和评估是为了保证一个机构的质量，以证明学生的成绩符合国家和地区认证标准。① 在现行认证制度下，这一认证目的不会随着第六年现场考查的完成而终止。相反，认证周期的第七年对实现认证目的至关重要。现行的认证制度不仅要求机构及时采取认证行动，解决认证审查期间发现的问题，而且要求所有机构都要持续地进行项目改进。因此，第七年的认证活动可以说是"有重大规定或者试用规定认证"的项目获得认证资格的又一机会，也是持续改进项目质量的一大手段。

总的来看，加州教师教育项目认证过程强调认证制度的连续性和改进性。第一，基于数据支持，创造"共同负责"机制。通过参与认证过程，教师教育项目记录了其遵守认证标准的情况数据，以及对项目有效性进行持续分析的情况。第二，提供相应支持，符合既定标准。认证周期为院校遵守适当的项目标准提供了支持。第三，以数据为证据，提升项目质量为目标。认证过程通过要求机构使用数据来确定项目需要改进的领域，有助于确保高质量的教师教育项目。第四，促进候选人"成功"为导向，建立"自制"的评估程序。认证周期鼓励各机构建立和利用评估程序，以确保其候选人具备良好的教学资格，并为新教师和其他教育工作者提供充分的教学准备，确保他们实现教师职业成功。

四 加州教师教育项目认证过程的表征

加州教师教育项目认证程序兼顾多方利益群体，秉承着公开透明、质性与量化结合、注重项目质量的持续提升的理念和原则，旨在提高加州公立学校教师的质量。

（一）认证人员的专业性与多样性

目前，加州教师资格认证委员会与认证委员会合作共同维持和保障加州教师教育项目认证的顺利开展。教师资格认证委员会将认证制度的监督和实施工作已下放给了认证委员会。加州认证委员会的成员由教师资格认证委员会任命，负责决定教师教育机构和项目的认证资格。在认证程序中，加州教师资格认证委员会和认证委员会强调专业教育工作者

---

① Holly S. Shim, *A Study of the Perceived Value Placed on the National Accreditation of Teacher and Educator Training Programs in American Colleges*, Ph. D. dissertation, University of Southern California, 2012, p. 106.

在制定认证政策、实施认证程序和作出认证决定等方面的参与。在选拔认证人员中，教师资格认证委员会会通过严格的审查和面试程序筛选出合格的成员，其评选标准是对教育具有杰出贡献和专业能力，且必须任职于 K-12 教育机构或高等教育机构。教师资格认证委员会还任命特定任期的证委员会成员和候补成员，以确保人员构成上能够实现专业平衡和利益牵制。可以说，参与认证程序的人员是从一批杰出的教育工作者中精心挑选出来的，体现了认证过程的专业性和可靠性。此外，加州人口和种族多样性的社会背景对教师教育项目的改革提出了现实需求。这种需求也反映在教师教育项目认证中，例如，BIR 小组成员来自不同的性别、区域和文化背景，提倡认证人员的多元化，具有多样性和平等性特征。

（二）建立以"标准"为评价量规的数据保障系统

"数据"作为机构和项目的质量评价和提升标准，贯穿于整个认证过程之中。在机构和项目审批过程中，机构和项目每年必须向加州教师资格认证委员会提交与项目背景和既定成果有关的信息数据，作为判断机构和项目审批资格的主要依据。在七年认证周期中，每年的认证活动中都包含数据的收集、分析、报告和上传。年度数据提交作为加州认证制度的重要组成部分之一，按照培养层次（本科生、研究生）、培养途径（实习教学、传统教学）和授课方法（线下教学、线上教学）进行数据提交。加州教师资格认证委员会还设置了审批机构和项目的数据仪表板（Data Dashboards），包括认证数据、教师供应、教师教育项目年度报告卡、关于项目和标准的最新情况数据。数据仪表板的设立为公众提供了公开便捷访问数据和报告的途径，提高了认证过程的透明度，有利于建立项目问责制。[①] 可以看到，项目自进行审批起，数据就发挥着引领、校准、衡量和评估的作用，在认证过程中具有持续改进认证工作、作出认证决定、发现认证重点、提高认证透明度等作用。

除了对机构和项目进行数据收集和分析外，数据还在衡量机构和项目是否达到通用标准和项目标准方面发挥着量化评估的作用，表明了教

---

① CTC, "Data and Reports", (2020-05-13), https：//www.ctc.ca.gov/commission/reports/default. (2020-08-10).

师候选人和项目完成者的准备程度，也侧面反映了机构和项目的质量水平。"标准"作为项目质量的评价量规，与教师资格证书的颁发挂钩，也与机构的生存和发展息息相关，形成了一种共生关系。项目的质量也与机构的生存息息相关，当项目质量低下未能达到加州认证标准时，项目就面临着被撤销的结果。因此，可以说数据能够衡量项目在认证标准中的达成度，而项目认证标准的达成度就是项目的质量。

（三）认证过程的自主性和权威性

机构和项目在项目认证过程中有着一定程度的自主性，具体表现如下：如果项目情况并未达到预期成果，机构有权决定将项目的"审批—活跃"状态更改为"审批—非活跃"状态或"撤销"状态。项目发起人有权确定该项目是永久撤销还是重新激活。此外，机构和项目的自主性还体现在申请机构或项目负责人可以对其不利的审批决定提出质疑和上诉。各机构和项目可以建立"自制"的评估程序，从而确保其候选人具备良好的教学或专业服务资格。尽管在认证过程中机构和项目拥有选择认证主体和上诉的自决权利，但其审批、评估权力范围较小，表现为"权利与义务"的相结合。总的来说，整个认证过程还是以加州教师资格认证委员会和加州认证委员会集权管理认证为主，具体表现为审批决定的政策性与法律性、认证过程的制度化与规定性、认证措施强调多元性和高效性、认证结果的决策性和权威性。

（四）认证结果的科学性和全面性

通过数据的整理和分析来评估机构和项目达标的程度，体现了认证结果的量化。譬如，现场考查小组对认证决定的建议是基于通用标准的数据调查结果，以及特定项目中存在的问题数量。当然，量化的评价方法并不是认证决定的唯一衡量指标，认证结果的得出也需要一系列的质性方法。在现场考查活动中，现场考查小组对参与该项目的人员进行的一系列面试，其中包括教学人员、候选人、项目完成者、咨询委员会成员和用人单位。除此之外，现场考查小组还对每个机构项目的利益相关者代表进行访谈，并进行文件审查，以核实其他来源的信息。质性和量化方法的相结合有利于更大程度上保障项目信息的真实性、科学性和透明度，有助于实现认证结果的客观性和全面性。

第四节 加州教师教育项目认证的成效与问题

从项目认证的实施来看，加州取得了一定的成效，既保障了项目的质量，促进了项目的改进，又实现了对公众和教育行业负责的目标。同时，加州教师教育项目认证也存在着一系列问题，中国在构建完善的师范类专业认证体系时值得对此进行相应的反思。

一 认证成效

2017—2018 年是加州教师教育项目认证活动的一个重要里程碑，加州教师资格认证委员会、加州认证委员会在实施修订认证制度方面取得了重大进展。① 从 2014 年年底开始一直持续到 2019 年，加州教师资格认证委员会不断地更新和实施"强化和精简认证计划"。该计划从设立之始到 2018—2019 年度对加州的教师教育项目认证制度进行了全面的审查，从 2018 年和 2019 年认证委员会年度报告来看，该计划很大程度上已经实现认证委员会对加州认证制度改革的愿景。

（一）达成对公众和认证活动负责的目标

为了保持公众接触认证委员会的机会，加州认证委员会定期举行公开会议，充分维护和更新加州教师资格认证委员会官网并为公众提供认证机构信息、认证结果和会议通知。为了使加州各个地区人员能够充分参加认证活动，加州确保所有参会者都能使用电视会议技术，这一技术的使用减少了时间和成本费用。加州教师资格认证委员会还充分利用 PSD 新闻，每周向公众发送电子通知并通报与认证有关的活动，如制定和修订标准、提供技术援助机会和通知利益攸关方。该委员会工作人员在 2018—2019 年使用了项目发起人提醒，向项目发起人提供了数十次有关特定项目的重要信息。②

---

① CTC, *The Committee on Accreditation's Annual Accreditation Report to the Commission on Teacher Credentialing 2017 - 2018*, California：Commission on Teacher Credentialing, 2018, p. 1.

② CTC, *Annual Report of the Committee on Accreditation to the Commission on Teacher Credentialing 2018 - 2019*, California：Commission on Teacher Credentialing, 2019, p. 11.

此外，加州教师资格认证委员会还规定要加强对不符合认证要求的项目的处理，例如，取消机构推荐教师资格候选人的权利。2018—2019年，该委员会继续实施年度认证费结构（Annual Accreditation Fee Structure），其工作人员向机构收取了适当的年度认证费。这些资金对于支持认证活动开展起着至关重要的物质保障作用。

（二）有效保障项目的质量

从2017年秋季开始，加州教师资格认证委员会开始采用新的项目审查程序，要求机构提交更具体的证据。在以前的认证制度下，可能需要数周或数月的时间来完成对大量文件的审查，而现在，审查员可以在一到两天内完成对机构提交的证据进行审查的工作。2017—2018年新的年度数据系统开始在加州正式实施，年度认证数据系统的完善有助于项目质量的提升。2018—2019年加州继续逐步引入认证制度的新要求，评审人员和院校对新认证制度的反应非常积极，表现出对新制度的大力支持。

2016—2017年，项目完成者调查纳入了证书推荐流程，项目完成者在申请证书时可以进入到调查程序中。由于新认证制度的这一变化，项目完成者的调查答复率明显增加，其调查结果可用于认证目的，简化认证过程。除了项目完成者调查之外，加州教师资格认证委员会还对硕士教师和用人单位进行了调查。此外，2019年该委员会首次实施了"其他教育工作者调查"（Other Educators Survey），对中小学校行政服务人员、校医、图书馆管理员进行了调查，以获取项目质量改进的信息。认证委员会还加强了对获得"规定认证"项目的支持和审查，为机构人员提供技术援助，及时提供相应的信息。

（三）促进认证活动的持续改进

为了更好地促进认证活动的改进，在2017—2019年度加州采取了一系列措施来实现这一目标。第一，2017—2018年度认证工作人员加强了对迟交数据文件的机构的管理，将其作为衡量机构是否合规的额外杠杆。此外，认证工作人员经常要求审查人员和机构提供有关项目新进展的信息，根据审查人员和机构的反馈，加州教师资格认证委员会进而对认证活动进行修改和改进。第二，2018—2019年，该委员会开始与教育工作者培养质量提升委员会进行协商。由于加州一些机构表示有意愿将这一新的认证机构作为美国师资培养认证委员会的替代品，教师资格认证委员会工作人员一直在监测这一新认证机构的发展及其标准和要求。如果加州的任何机构通知该委员会将寻求教育工作者培养质量提升委员会认证，委员会也可以选择与该认证机构展开正式的合作。第三，机构审查委员会成员的重新培训提上了日程。修订后的评审员培训分为项目评审或通用标准评审培训、现场考查培训、为期两天的面授培训。2018年8月进行了第一次修订后的培训，接受培训的人员大约有30人。2018—2019年，对90名新员工进行了两次培训，改革后的培训受到广泛的好评。

二 存在的问题

长期以来，美国的媒体和独立组织在各州教育机构的评级和排名中发挥着重要作用。[①] 2017—2019年，国家教师质量委员会对"各州教师教育项目是否促进了教师发展和评价"进行了调查统计。其中，加州的教师教育项目只达到了教师质量委员会规定的部分目标。该委员会归纳总结了加州教师教育项目认证制度存在的不足，并提出了相关建议。遗憾的是，加州拒绝回应该委员会的质疑和建议。

（一）收集认证数据存在不足

2017—2019年，国家教师质量委员会通过分析加州的认证政策，认为加州的认证制度在收集和公开报告"教师教育质量的关键数据方面"只达到了小部分目标。[②] 这个关键数据是指中小学生的成长数据。该委员会认为加州并未收集或公开报告"将学生成长与教师教育项目相联系的数据"，虽然加州通过两年一次的报告来收集衡量教师教育项目的数据是客观的、有意义的，但是加州对这些数据的收集和调查不是强制性的，或许会对认证结果的科学性产生不利影响。

实际上，2016—2017年加州将项目完成者的调查纳入了证书推荐

[①] Michael J. Feuer, *Evaluation of Teacher Preparation Programs Purposes, Methods, and Policy Options*, Washington, DC: National Academy of Education, 2013, p. 4.

[②] NCTQ, "Program Performance Measures: California", (2019 – 05), https://www.nctq.org/yearbook/state/CA-Program-Performance-Measures – 81. (2019 – 10 – 11).

流程，项目完成者在申请证书时可以进入到调查程序中。但国家教师质量委员会所提出的将学生数据作为关键的证明，加州并未考虑到采取相应的措施和政策性规定。然而，在收集学生的成长证据方面，"教师教育机构可能无法获得学生的数据，如何高效地收集项目认证需要的数据是最具有挑战性的"，这是因为"某些州会担心教师和学生的隐私受到侵犯从而拒绝提供这些数据，即使机构付出很多时间和政治成本也是很难获得这些复杂的数据。"① 这也是加州认证制度面临的一大问题。

（二）认证报告存在不足

国家教师质量委员会的调查认为在教师教育项目的审批程序上加州认证制度未能对教师质量负责。一方面，加州没有为项目的两年期认证报告提供的数据设定最低绩效标准。另一方面，加州没有制作和发布年度项目成绩单，没有充分展示州政府在每个教师教育项目中收集的所有数据。基于以上问题，国家教师质量委员会建议加州认证制度应为认证报告中收集的每一类数据制定最低绩效标准，以帮助机构更好地理解加州政府对项目质量的要求。另外，在项目审批程序上加州允许联邦认证和州项目审批的重叠。美国一些州依赖于师资培养认证委员会认证程序来作出审批决定或者使用与其确定的相似证据来进行自己的项目审查。② 虽然加州自己进行项目审查和现场考查，但该州却允许联邦认证替代项目审查，而不是要求项目到达某些标准。③ 在加州独特的"双轨制"认证程序上，国家教师质量委员会认为加州应完全掌握审批教师教育项目的权力，不应将其任何审批权让与另一个认证机构。

（三）认证标准存在不足

国家教师质量委员会认为加州的教师教育项目未能够向教师候选人

---

① Iasevoli and Brenda, "Teacher-Prep Programs Meet New Accreditation Bar", *Education Week*, December 14, 2016, p.15.

② Michael J. Feuer, *Evaluation of Teacher Preparation Programs Purposes, Methods, and Policy Options*, Washington, DC: National Academy of Education, 2013, p.3.

③ NCTQ, "Program Reporting Requirements: California", (2017-12), https://www.nctq.org/yearbook/state/CA-Program-Reporting-Requirements-81. (2019-10-13).

提供高质量的实地教学经验。[①] 师范生的教学实践并不仅仅是简单的课堂教学实践，而是培养师范生与教育专业密切相关的教学实践智慧。[②] 虽然加州要求教师实地教学实践计划至少为 600 小时，但是这段时间包括"受监督的早期实地体验、初始教学和最终教学"，而学生只有四周单独进行实地教学的时间。加州还允许教师候选人通过参与美国和平工作团（Peace Corps），[③] 来证明他们在国外完成了至少 18 个月的教学任务（如对国外留守儿童的课堂教学）。此外，加州教师教育项目认证没有硬性规定教师候选人的实践教学经验必须与其教师资格证书水平相匹配。例如，提供普通教育和特殊教育双重许可的项目需要教师具备普通和全纳教育的经验和资格。可以看出，加州的认证标准在实地教学实践方面的要求上存在着培养时间、培养内容等方面的不足。

教师培养的课程培养偏重理论，师范生缺少实际教学实践经验，就无法培养新任教师接受中小学课堂和学校实践挑战的能力。[④] 因此，国家教师质量委员会认为加州应要求项目进一步证明教师候选人能够促进学生学习，保障教师候选人的实习教学时间至少为十周，以法律形式将实践教学实践经验纳入到申请教师资格证的要求中。当教师候选人不是由中小学教师或学区工作人员选择，而是由教师教育项目选择时，中小学教师受益最大。[⑤] 故而，国家教师质量委员会认为加州应明确要求教师教育项目认证标准的指向性，教师候选人必须接受教师教育项目培养，在当地中小学校完成实习教学，禁止教师候选人在国外进行实习教学任务。加州的教师教育项目认证仍需要继续加强教师候选人的学科内容知识培

[①] NCTQ, "Student Teaching/Clinical Practice：California", (2017 - 12), https：//www.nctq.org/yearbook/state/CA-Student-Teaching/Clinical-Practice—81. (2019 - 10 - 13).

[②] James C. Fielda and Margaret Macintyre Lattab, "What Constitutes Becoming Experienced in Teaching and Learning?", *Teaching and Teacher Education*, Vol. 8, No. 17, 2001, pp. 885 - 895.

[③] 隶属于美国政府的志愿者组织，目标之一是帮助其他国家的人们更好地了解美国人民和美国的多元文化社会。

[④] Parliament of Victoria Education and Training Committee, *Step In, Step Out. Report of the Inquiry into the Suitability of Pre-service Teacher Training in Victoria*, Melbourne：Victorian Government Printer, 2005, p. 105.

[⑤] NCTQ, "Student Teaching/Clinical Practice：California", (2017 - 12), https：//www.nctq.org/yearbook/state/CA-Student - Teaching/Clinical-Practice—81. (2019 - 10 - 13).

养，确保加州未来的教师可以参加更高水平的学术课程。

三 启示与思考

加州教师教育项目认证制度虽然也存在着不足，但仍有一些可供中国师范类专业认证发展值得借鉴的经验。

（一）完善证据体系与认证过程

首先，完善证据体系。国际经合组织曾指出：教师教育认证标准的关注点要从课程和教学过程转向项目培养出的毕业生的知识和能力。① 在中国2018年颁布的《普通高等学校师范类专业认证工作指南（试行）》（以下简称《工作指南》）中就指出，认证考查技术主要包括深度访谈、听课看课、考查走访、文卷审阅、问题诊断、沟通交流②六大技术来获得信息证据，明确提出加强数字证据的获取途径。数字证据的收集方式具有直观性、客观性，通过视频记录、测试等能够避免访谈、沟通交流等方式造成的主观性和片面性，因而数字证据系统的建立也应提上中国专业认证实践的日程。

师范类专业认证还需要重视收集中小学生成长数据，对于不同的群体要设立不同的证据收集系统。在这一方面，与美国加州不同，中国教育政策的执行相对比较直接，在收集中小学生成长数据时可以"行政指令"的形式进行，具有较强的可行性，应该充分利用这一优势，将中小学生的成长数据与师范类专业的质量有效联系起来。《工作指南》将毕业生与用人单位的跟踪调查及反馈工作作为专业认证外部评价的主要内容，主要工作包括建立与毕业生和用人单位的常态联络机制、定期开展毕业生和用人单位满意度调查、加强毕业生和用人单位对培养过程的评价反馈。③ 但这一工作主要通过邮件、电话、网络座谈等方式进行，并未将中小学生的学业质量和成长数据作为评价指标，数据收集方式和途径不

---

① OECD, *Teacher Matters: Attracting Developing and Retaining Effective Teachers*, Paris: OECD Publishing, 2005, p.114.
② 中华人民共和国教育部：《普通高等学校师范类专业认证工作指南（试行）》，2018年6月，http://tea.heec.edu.cn/welcome/SCTrunkTemplate.htm，2019年7月8日。
③ 中华人民共和国教育部：《普通高等学校师范类专业认证工作指南（试行）》，2018年6月，http://tea.heec.edu.cn/welcome/SCTrunkTemplate.htm，2019年7月8日。

完全具有客观保障性。再加之诸如新冠肺炎疫情等的影响，目前一些参与认证的院校在获得和分析应届师范生数据上面临着现实困难。因此，建立强制性、直观性的毕业生和用人单位数据提交系统显得尤为必要，充分利用线上数据收集系统，更能够提高认证的工作效率和深度。

其次，提高认证过程的透明度。中国目前已经建立了"全国普通高等学校师范类专业认证管理信息系统"，是各省和相关部门协作共同开展全国师范类专业认证的统一工作平台。[①] 该系统通过利用信息技术，对认证过程进行全信息化的管理。该系统服务的主要对象是教育行政部门、教育评估机构、认证专家组织、参评高校、认证专家，并未服务于中小学校和公众群体；认证程序的数据访问入口有人员限制，仅仅只有以上服务对象才有权限进入到该系统中，如果能使更多人员受访从而使及时获得机构和专业的具体认证信息，就会增强认证的透明度和公信度、提高认证工作的科学性和有效性。

加州教师教育认证的实践告诉我们，认证机构要定期、及时地校准证据信息类型，持续更新认证信息，以使参与认证的院校能够适时提交符合要求的材料；逐步健全和完善信息管理系统，充分维护和及时更新系统信息，保持认证信息的透明度；教师培养机构应该考虑建立证据公示表，公开培养进度、存在的问题等情况；充分利用网络媒体资源，建立数据收集系统，定期举行线上和线下会议，与公众保持良好的沟通。

（二）培育认证第三方机构

国际高等教育家伯顿·克拉克（Burton R. Clark）曾对"认证中介机构"做过这样的解释："介于政府和大学之间的第三方组织称作缓冲器，这个缓冲机构了解高等院校，理解他们的需要，并为他们向政府讲话，同时缓冲机构也了解政府，并努力使高校能够体谅政府。"[②] 从认证制度来看，中国对认证结果评估的评价工作是由政府管理部门完成的，属于行政行为。目前国内尚缺乏缺诸如师资培养认证委员会这样的中介机构，

---

① 教育部高等教育教学评估中心：《全国普通高等学校师范类专业认证管理信息系统》，http://tea.heec.edu.cn/welcome/index.htm，2019年11月10日。

② ［美］伯顿·克拉克：《高等教育新论——多学科的研究》，王承绪译，浙江教育出版社1994年版，第158页。

元认证和元评价体系的缺失可能带来监督流于形式。长此以往，师范院校难以完整接收到社会和公众的反馈信息，造成培养目标与社会需求的脱节，也极易导致师范院校的参与动力无法完全激活。中国有研究者曾采用问卷调查的形式，针对高等教育质量评估的问题对地方117名高校的领导进行了调查，结果显示，呼声最高的是"将第三方评估机构作为认证主体"，所占比例高达63%。[①] 虽然在第三方认证模式的实施空间尚难于预料，但是第三方专业认证无疑将会成为一种趋势和发展方向，中国在制订师范类认证政策时也应尝试着授权第三方教育认证机构。

当然，在借鉴国际中介认证机构的做法时，必须考虑到中国与西方发达国家之间存在的社会、价值观、文化、教育等大背景差异。"认证制度不仅仅是美国高等教育的产物，它还是美国社会大环境的产物，是高等教育内部和社会环境的多种动力综合作用的结果。"[②] 因此，在借鉴时还要重视认证机构赖以生存的大环境系统。就中国目前师范类专业认证的现状和现实而言，尚不能建立起一种完全意义上的第三方中介机构，可以考虑借鉴加州认证制度的"双轨"形式，建立起"社会组织"和"行政组织"双模式，采取政府主导与第三方认证相结合的手段。

（三）提高认证标准的针对性和操作性

为了进一步明晰认证标准的作用和效能，师范类专业认证应丰富和明确认证标准的内涵，促进理念标准的可实践化。展开来说，主要包括两方面的内容：标准制定的针对性和标准实施的可操作性。

第一，标准制定要具有针对性。由于高等师范院校专业种类多样，认证程序复杂，要实现各专业特色化发展，采用"一刀切"的做法是不够科学的，会造成人才培养质量趋同的现象。基于此，中国师范类专业认证标准的设置和实施上需要坚持"硬性与弹性"相结合的理念。认证标准的制定充分考虑到不同高校和专业的现实发展和条件的差异性，使

---

① 王丽宁：《我国高校师范类专业认证政策研究》，硕士学位论文，沈阳师范大学，2019年。

② 熊耕：《美国高等教育认证制度的起源及其形成动力分析》，《外国教育研究》2004年第6期。

其更具有针对性和适宜性。按照这样的标准设定逻辑可以保证认证结果的合理性和科学性，同时还能够为各师范专业提供发挥其特色的空间，充分激发参与认证的活力。

第二，认证标准的针对性需要标准指向具有明确性。若要保证专业认证工作的有序进行，那么必须明确标准的指向，清晰地表述标准的各项指标。目前中国《工作指南》中认证标准第七大指标的二级指标"外部评价"，要求专业建立毕业生跟踪反馈机制，但具体应该怎样实施并没有作出明确地说明。中学教育认证标准中要求毕业生具备师德规范和教育情怀，于是就又引发了另外一个问题："如何使毕业生质量数据化"。对此，中国师范类专业认证可以借鉴对应届师范生入职后成就监测的方法，将应届师范生入职后的成就列入师范类专业认证标准中，用具体事例来证明毕业生的成就，明确体现雇主评价和学生评价。

第三，标准实施要具有可操作性。作为开展认证活动的核心内容，认证标准必须能够为认证实施提供明确的指导，要具有较强的可行性和操作性。中国《中学教育专业认证标准（第二级）》中提及要践行师德，树立"师德规范"。不过，"师德""教育情怀"这些无形的品质很难通过有形的方式表现出来，这也是制约理论研究与实践操作同步进行的主要原因。目前，在以证据为本的认证环境下，对师范生质量的评价指标大部分还是只根据毕业生的成绩来衡量。所以，中国认证工作需要进一步明确标准的评估指标，避免认证标准的僵化和形式化。

认证标准和认证结果的使用要以促进教育和教师的发展为终极目标。"专业认证如果只是作为一种理念，那么它将没有任何生命力。它的成功与否取决于高校及相关组织如何看待和认识继承与发展的问题，以及该领域当前及以后的管理者是否能够促使认证过程适应教育与社会的快速而深刻的变化"[①]。因此，认证标准不仅是一种衡量的手段，也应起到促进教师专业发展和成长的作用。中国目前出台的三类专业认证标准中对认证结果的使用，说明了师范生毕业的标准与教师资格证的匹配，对于其后续的教师专业发展尚未作出规范化说明。"教师教育的目标取决于我

---

① Kenneth E. Young, et al., *Understanding Accreditation: Contemporary Perspectives on Tissues and Practices in Evaluating Educational Quality*, San Francisco: Jossey-Bass Publishers, 1983, p. 380.

们是将教师看作是短期的离散培养还是一项终生的事业"①，教师发展是一个专业的、长期的、持续的终身教育过程。因此，对教师教育质量的总体评价也需要持续的、长期的监测。因而，中国要建立明确的认证标准框架，树立终身发展的认证标准理念，在师范培养阶段贯穿终身学习的意识。

（四）建立专家遴选机制与认证培训体系

中国通常是由政府部门任命认证专家成员，专门的专家遴选机制尚未建成，也缺失对认证人员高质量的培训。逐步完善认证专家遴选和培训对目前中国初始阶段的师范类专业认证尤为必要。

首先，专家队伍的遴选应以对教育的杰出贡献为原则，以任职于基础教育阶段或高等教育机构为范围，以审查资质、面试选拔为主要方法，鼓励不同专业的学者参与到专家队伍的申请。通常以教育界的专家为核心成员，包括高校的教授、中小学校的优秀教育工作者和社会各界人士，这样的专家队伍构成模式不仅能够基于基础教育的需求科学地制定认证标准、实施认证程序，也有利于对教师教育进行深入研究。同时，认证专业人士的选择还要考虑专家成员的年龄层次、职称级别、学术背景等，确保参与认证程序的人员是从一批杰出的教育者中精心挑选出来的。总而言之，要明确师范类专业认证是"专家认证"而非"行政认证"②，如何抽调选派公正而有权威的教育专家开展认证仍是一项值得认真研究的工作。

其次，认证是专业性较强的学术活动，相关认证人员必须具备优秀的专业水准，认证人员出自非专业，会影响认证结果的科学性。③ 因此，加强认证专家的培训显得尤为重要。参考加州的培训体系经验，中国认证培训体系的完善应向专家提供广阔的认证视野和全面的认证内容，避免简单地演绎认证理论，要通过大量的事例举证，使其具备丰富的认证理论和优秀的实践能力。此外，高等院校必须要求认证专业人员不断学

---

① Maria Teresa Tatto, Gail Richmond, Dorinda J. Carter Andrews, "The Research We Need in Teacher Education", *Journal of Teacher Education*, Vol. 67, No. 4, 2016, pp. 247–250.
② 魏饴：《师范类专业认证视域下新师范建设七评》，《湖南社会科学》2019 年第 5 期。
③ 王建成：《美国高等教育认证制度研究》，教育科学出版社 2007 年版，第 153 页。

习国内外先进认证经验，相关行政部门也要充分重视培训体系的构建和完善，为认证人员提供机会和国内外认证专家学者的交流活动。

　　美国加州教师教育项目认证的形成和发展，既植根于美国现实社会的需求，又顺应了时代对卓越教师的号召。通过对美国加州教师教育项目认证形成的历史脉络、认证机构、认证标准、认证程序、实施效果以及存在问题的研究，以及对中国借鉴启示的探讨，可以发现，加州教师教育项目的认证机构多样化，认证标准以绩效和质量为基础，凸显证据文化等，具有多维性的特点，认证程序以"标准"为评价量规，具有自主性和权威性等特点。这些可资借鉴之处可为中国师范类专业认证发展提供一定的参考。虽然中国的师范类专业认证与加州教师教育项目认证在内在运行逻辑和外在实施情况上存在着一些的差别，但最终目的是趋向一致，即提高师范类专业的质量，提高各级各类师资的水平，符合教育行业的需求和社会的期望。中国在借鉴加州教师教育项目认证经验时，要注意立足于具体现实情况，构建符合国情和满足需求的认证模式。

第 三 章

英国职前教师教育认证

英国是世界上最早实施大学参与中小学师资培养的国家之一，通过不断的改革与发展，已经建立了多途径的教师培养格局和教师教育评价体系，其教师教育改革具有温和、渐进且持久的特点。英国自20世纪80年代率先开展校本培训，已经建立起大学—政府—中小学紧密联系的教师教育模式，十分强调教育中的伙伴关系，以营造良好的教育生态，促进教育的可持续发展。随着教育市场化的推进，其教师教育更加注重以质量为导向，强调教师专业化的发展。第二次世界大战后英国职前教师教育的规模和管理方式发生了极大的改变，在教育实践的丰富与改革中应时代发展的需要建立了职前教师教育认证体系。由于学者在提及英国时，一般是指英格兰地区，而苏格兰地区的教师教育又独具特色，因而本章主要对英格兰和苏格兰地区的职前教师教育认证体制进行介绍和比较。

第一节 英国职前教师教育认证的背景

1947年，英国政府成立了以各大学为核心的、由地方教育局和地方师范学校参与的"地区师资培训组织"①。1963年《罗宾斯报告》的颁布促进了职前教师教育学院规模的扩张，并推动了教育学士学位的确立。20世纪70年代，英国爆发了经济危机，人口出生量下滑，经济与人口的

---

① 王保华：《国际教师教育机构认证制度研究》，华中师范大学出版社2007年版，第107页。

变化导致了教师教育培训机构规模的缩小,人们的关注点从教师教育规模的扩张转向教师教育质量的提升。紧接着,《詹姆士报告》和《教育:扩展的框架》这两份报告导致了"地区师资培训组织"的最终取消,英国的职前教师教育机构开始了以大学教育学院为主体到多元化教师培训机构的转型。① 多种类型的教师培训机构(如大学教育学院、高等教育学院、校本教师培训机构)和多种层次的教师培训课程为英国的职前教师教育带来多样发展的同时,也引发了人们对于职前教师教育质量的争论。

1982年《学校的新教师》报告中指出25%的新教师缺乏某些在职前学习中就应掌握的技能,认为提高教育质量的关键是提高职前教师教育课程的标准。② 因此,1984年,教育与科学部颁布了《职前教师培养:课程认证》(*Initial Teacher Training: Approval of Courses*),提出建立全国教师教育课程的认证制度,确定成立教师教育认证委员会(Council for the Accreditation of Teacher Education,CATE),对教师教育课程的结构和内容作出了具体的规定,根据教师教育课程认证标准对英国职前教师教育进行认证。1989年该认证委员会的计划到期后,撒切尔政府通过发布《24/89号通告》提出重组CATE机构,使其继续负责审核职前教师教育课程是否符合标准、监督审核通过的课程使其符合规范、批评并建议整改不符合标准的课程、为教育大臣提供有关职前教师培养的相关建议等。

20世纪90年代,《9/92号通告》和《14/93号通告》的接连发布为中小学职前教师培训重新制定了课程标准,更改了认证程序,政府加强监管的同时赋予中小学更多的权利。《1992年教育法》宣布成立教育标准局,负责对职前教师培训工作进行检查监督。1997年,工党政府在"第三条道路"的理念下对职前教师教育进行改革。该时期,政府不断完善合格教师标准,扩大教育标准局职责,改组职前教师教育认证机构,致力于教师专业化的推进和保障合格教师标准的实施。2010年,英国进入联合政府时期,职前教师教育改革开始转向追求卓越。2011年英国政府

---

① 单中惠、王晓宇等:《西方师范教育机构转型——以美国、英国、日本为例》,山东教育出版社2012年版,第20页。
② 马丽娟:《20世纪90年代以来英国教育督导制度的改革与借鉴》,硕士学位论文,河北大学,2004年。

推出了《教师标准》和《卓越教师标准》，前者为职前教师教育的培养质量提供了合格线的参照，而后者则提出了对于卓越教师的要求与期望。虽然政党更迭，但职前教师教育认证持续得以实施，以保障职前教师教育的质量。

一 经济与人口对教师教育发展的影响

经济与人口的发展和变化对于教师教育的发展具有直接的影响。经济的发展影响教育的投入与经费，职前教师教育的规模也因此受到影响。人口的变化直接地影响着社会对于教师的数量需求，进而影响职前教师教育机构的发展。

（一）经济的发展

英国自第二次世界大战后经济经历了一个发展繁荣的三十年，但到1963年时，繁荣已经在退潮，财政危机在加剧，自1964—1979年，英国进入了通货膨胀时期。同时，英国工业的发展依赖于石油的进口，1973年的石油危机使英国的经济更加捉襟见肘。基于经济的疲软状态，英国政府实施了紧缩型货币政策，大幅削减公共开支，收缩福利政策。同时，政府大幅度裁减教育经费，致使学校7岁以上儿童不再获得免费牛奶，免费午餐的供应大为减少，也不再大力推行取代贫民区学校的计划，并把每班人数限制在30人。[①]受经济衰退的影响，职前教师教育的规模开始缩减，教师教育机构也需要进行重组。在教师培养经费缩减的情况下，如何在教师教育机构重组过程中有效利用资源成为政府部门急需解决的问题，而这为教师培养质量的提升创造了契机。在70年代的经济危机后，英国奉行撒切尔的经济政策，经济保持着低速稳定的增长。这一期间随着执政党意识形态的变化，英国的教育一方面加强了中央的控制，另一方面又开始受到市场化的影响，教育市场竞争加强。政府认为可以通过扩大家长对于教育机会的选择权和增加学校间的竞争来提升教育质量。受新保守主义的影响，职前教师教育于20世纪80、90年代开发了能力本位的职前教师教育课程认证标准，设置了相应的机构和认证程序，

---

① ［美］克莱顿·罗伯茨等：《英国史》（下册：1688年—现在），潘兴明等译，商务印书馆2013年版，第525页。

并开辟了多种学校本位的职前教师教育途径。

（二）人口的变化

人口的变化与教育的发展息息相关，在经济发展的前提下，人口的增多会促进教育规模的扩大，人口的减少也会在规模和质量上影响教育的发展。人口出生数量直接影响着未来一段时期在校学生的数量，进而关系到教师的需求量，从而对教师的培养产生影响。在第二次世界大战后，英国新生儿的数量大幅度提升，并在20世纪40年代和60年代出现了两次生育高峰。另外，由于《1944年教育法》规定中学生离校年龄延长至15岁，人口出生数量的迅猛增加和中学生离校年龄的推迟这两种因素的叠合直接导致了第二次世界大战后至70年代的教师数量的紧缺，成为推动职前教师教育规模扩张的直接因素。20世纪60年代中期以后，人口出生率开始缓慢下降，进入70年代后，伴随着经济危机的出现，人口出生数量急剧下滑，1977年后开始慢慢回升。人口出生量的减少与教育经费的缩减一同影响了职前教师教育规模的紧缩和教师教育机构的重组。之后，英国的人口出生数量虽然有缓慢下降的趋势，但一直保持人口总数相对稳定的水平，为教育发展创造了较为稳定的社会环境。进入21世纪后，英国的人口出生数量和移民数量逐渐增多，人口结构更加多元，这也对职前教师教育提出了更高的要求。[①]

二 提高教师教育质量的公众诉求

各国政府都意识到教师质量是影响国家人才培养的质量和综合国力竞争的重要因素。其中，职前教师培养为师资储备的初始环节，影响着教师质量的高低。英国政府通过对职前教师教育与培训机构的调查，出台了一系列报告和政策文件，例如，1944年《麦克奈尔报告》、1963年《罗宾斯报告》、1972年《詹姆士报告》、1984年《职前教师培养：课程认证》等，极大地促进了英国职前教师教育的发展。这些报告的发布反映了公众要求发展职前教师教育、提高教师教育质量的诉求。

[①] 赵敏：《英格兰与威尔士中小学教师职前教育政策发展研究（1944—2010）》，博士学位论文，华东师范大学，2019年。

(一) 1944年《麦克奈尔报告》

由于第二次世界大战后中小学教师的数量严重短缺,教师培训学院也暴露出规模小、教学设备不完善等问题,人们对于教育的需要无法得到满足,职前教师教育亟须进行全方位的改革。1942年3月,英国教育委员会主席巴特勒组织成立了以麦克奈尔(Arnold McNair)为主席的"十人委员会",委托其对职前教师教育进行调查研究,并提出关于师资培训的若干原则。历经两年的走访调查和数据分析,委员会于1944年5月提交了《教师与青年领袖》(*Teachers and Youth Leaders*)的报告,又称《麦克奈尔报告》。该报告对职前教师教育的改革提出了以下建议:

首先,在教师招募方面,委员会主张应对教师教育的组织和管理进行改革。为解决中小学师资的紧缺问题,报告指出可以从扩大师范生招募对象和增加教师职业吸引力两方面进行师资扩充,扩大职前教师教育规模。通过从中学毕业生和已从业人员(包括退伍军人在内)中招收师范生,师范生的生源可以得到扩充,师资不足的压力可以得到缓解,教师来源的多样性也可以得到增加。此外,报告提出改善教学设施、缩小班级规模、增加教师的闲暇时间、执行教师带薪休假学期制度、提升教师的职业声望以及提高教师薪酬水平等措施来增加教师职业的吸引力,并着重指出薪酬水平对于人们是否选择教师职业产生着极大的影响。

其次,在师资培训主体方面,委员会提供了两种方案,一是由大学教育学院进行师范生培养;二是将各地的联合考试委员会改组成联合委员会负责管理地方教师教育事务,建立地区培训组织以加强教师教育机构间的联系。这两种方案的分歧主要在于大学在地区培训组织中应发挥何种作用,第一种方案旨在使大学成为培训师资的主导力量,教师培训学院依附于大学开展工作;第二种方案则是为了防止教师培养过于学术化的倾向,强调大学和教师培训学院开展合作,保持各自的独立性。

最后,在师范生的课程设置方面,报告主张将教师培训学院的结业年限由两年延长至三年。委员会认为,师范生既需要完成课程学习,又需要到中小学进行教育实习,时间过于紧张,且缺乏弹性,无法满足师范生的多样化需求。在延长师范生结业年限的同时,报告建议为合格的应届师范生增加一年试用期,试用合格者才能取得执教许可。除此之外,报告还提出了提高师范生实习的实效性、统一教师资格认证、严格把控教师培训学院的师资水平、改善教师培训学院的基础设施等主张。①

《麦克奈尔报告》对英国职前教师教育的发展产生了极其重要的影响，报告一经发布，引起了人们的广泛关注。报告中的一些建议得到了有效的实施，不仅缓解了师资短缺的问题，而且在有关师范生培养课程年限的问题上引发了人们的争议与反思，在英国职前教师教育发展史上产生了深远的影响。

（二）1963 年《罗宾斯报告》

由于 20 世纪 60 年代新生人口的急剧增加，教师培训与供给国家咨询委员会在调查的基础上对 1960—1980 年的教师需求进行了预测，指出中小学教师紧缺状况将长期存在，政府决定继续重视职前教师教育规模的扩张。此外，受到科学主义教师教育思想的影响，人们希望将教师职前教育大学化，促使教师教育机构融入大学体系，这为英国职前教师教育的变革提供了契机。

1961 年英国财政部组建以罗宾斯勋爵（Lord Robbins）为主席的高等教育委员会，通过对高等教育领域相关组织机构和人员的走访调查，于 1963 年 10 月出台了《高等教育：首相委任以罗宾斯勋爵为主席的委员会的报告》（*Higher Education: Report of the Committee Appointed by the Prime Minister under the Chairmanship of Lord Robbins*），又称《罗宾斯报告》。该报告以英国高等教育的发展规划为主题，提出了著名的"罗宾斯原则"，而且在职前教师教育方面提出了扩大教师培训学院的规模、建立教育学士学位等建议，对英国职前教师教育规模和质量的发展产生了重要影响。

首先，在扩张职前教师教育规模方面，报告建议，扩大现有教师培训学院的办学规模，增加教师培训学院的数量，扩充教师培训学院的职能，并控制教师培训学院的扩张速度。委员会认为，确保师范生的培养质量是职前教师教育规模扩张的前提，在进行规模扩张的同时不能忽视对教师教育和培训质量的严格要求。另外考虑到未来教师培训学院的生存发展问题，应当合理控制其发展速度，实现理性发展。

其次，在建立教育学士学位方面，报告指出提高教师教育培训质量，

---

① Board of Education, *Teachers and Youth Leaders* (*The McNair Report*), London: H. M. Stationery Office (HMSO), 1944, pp. 18–86.

使每位中小学教师都具有学士学位是教师教育发展的未来趋势。由于三年制的职前教师教育课程未必能够达到教育学士学位水平的要求，因此报告鼓励教师培训学院开设四年制学位课程。因为规模扩张是当时职前教师教育的发展主题，所以报告提出并不强制要求每所教师培训学院都要开设教育学士学位课程。教育学士课程的开设可以根据各地的实际情况对教育学士课程的模式进行探索，各地可以先进行四年制学位课程实验，总结经验研发出最合适的学位课程方案。此外，由于当时教师培训学院规模的限制，报告提出教师可以在工作后通过在职进修的方式获得教育学士学位。

最后，报告建议加强教师培训学院与大学间的合作和联系，将教师培训学院改称为教育学院，将管理权移交至大学，进而有效地提升教师培训学院的学术地位。① 但是由于中央政府和地方教育当局的一致反对，该建议并未得到采纳和实施。在各方利益博弈角逐后，英国的大学与教育学院未能建立合作关系，在相互妥协的基础上仍以大学主导的地区培训组织为主要培训机构。

《罗宾斯报告》中有关教育学士学位的建议引发了人们的关注，随着时间的推移和实践的发展，教师教育学士学位逐渐得到了人们的认可，在确立教育学士学位后，各地依据自己的方式和标准开发了不同类型的教育学士课程模式，为后期职前教师教育课程的认证提供了历史依据。

（三）1972 年《詹姆士报告》

1972 年 2 月以詹姆士为首的教师培训调查委员会（Teacher Training Inquiry Committee）通过对教师教育的调查，发表了著名的《詹姆士报告》。该报告提出，教师教育可以分为三个连续的阶段：第一个阶段是个人教育阶段，该阶段主要接受为期两年的普通高等教育；第二个阶段是职前教育阶段，该阶段主要进行为期两年的专业培训；第三个阶段是在职教育阶段，这一阶段是三个阶段中的重点，贯穿教师职业生涯的整个过程。报告指出，所有学校的教师以及继续教育学院的全日制工作人员每七年都至少应有一个学期以上的时间进行带薪脱产学习，之后在适当

---

① Committee on Higher Education, *Higher Education*（*The Robbins Report*）, London: H. M. Stationery Office（HMSO）, 1963, pp. 1 – 111.

的时候可以改为每五年休假进修一学期。① 它强调教师终身教育的重要性，对之后教师教育的改革和教师研究的发展产生了重要的影响。此外，它还提出重组职前教师教育的结构，建议取消地区师资培训组织，由一系列的教育学院和地区委员会来负责师资培训工作，在其之上，成立"国家职前教师教育和培训委员会"，负责所有教师专业资格的认证，并对教师的专业发展提出建议。《詹姆士报告》的发表对于英国职前教师教育的改革意义重大，英国的师资培训机构开始向大学教育学院转型，促进了英国职前教师教育向高等教育领域的融入，反映了人们提高职前教师教育质量的诉求。

（四）1984年《职前教师培养：课程认证》

1984年第3号令的提出与皇家督学团的考评报告及《教学质量》白皮书密切相关，这些报告都提出了建立新的课程标准，提升职前教师教育质量和扩大外部机构监督控制权的建议。政府最终采纳了这些建议并发布了《职前教师培养：课程认证》的通告。通告主要包括以下内容：

首先，确立新的课程标准，对于职前教师教育的学科课程内容、教育与专业实习、职前教师教育机构与中小学间的伙伴关系的确立以及职前教师教育生源的遴选等方面进行了规定。在学科课程方面，所有的职前教师教育课程都应包含至少两年的基础教育学科研究课程、教学方法课程，且教学方法课程应根据任教学科和年级的不同而区分。在教育与专业实习方面，课程设置不仅需要包含基础的课程理论学习，而且要包括实践为主的教学实习。在教学实习过程中学习者要运用多种教学方法，学会与家长沟通，与同事合作等。此外，对于实习课程在总课时中的占比也有了更高要求。伙伴关系确立方面，职前教师教育机构应与多个中小学建立联系，在教学实习时实习学校指导教师与职前教师教育机构中的理论导师共同承担师资培训责任。在生源遴选方面，通告提出应基于人格素养、学业成绩、个人品质等方面综合考查，严格把控。

其次，通告提出建立教师教育认证委员会。认证委员会由中小学教师、大学教育学院教师、地方教育当局代表及中央政府官员组成，委员由教育大臣任命。主要负责评估检查职前教师教育课程是否符合标准以

---

① 祝怀新：《封闭与开放——教师教育政策研究》，浙江教育出版社2007年版，第128页。

及对合格教师进行专业认证。该组织的成立表明政府开始干预职前教师教育，它削弱了传统职前教师教育机构在课程设置与制定方面的话语权和自主权，有利于加强中央集权。①

该通告旨在改善职前教师教育质量，新标准中更加凸显职前教师教育课程的实践导向，强调师范生专业技能的培养，主张在教学实习方面建立伙伴关系，并试图将职前教师教育的控制权从大学转移至中小学。

三　教师教育发展的专业需要

对职前教师教育进行认证不仅是提高教师教育质量的需要，也是实现教师专业化的需求。职前教师教育认证能够使教师的职前培养更加系统化、组织化，通过统一的调控与管理，从外部对师资培养质量进行监督与控制，在保证教育质量的同时，对于教师专业自身的发展也具有促进作用。各地区建立专门的教师组织和管理机构，有助于教师社会声誉的提升和教师专业化进程的加速。

（一）英格兰教师专业组织的建立与发展

随着经济的发展，在人力资本理论等的影响下，各国开始重视教育的社会发展功能。英格兰的主管教师教育发展的专业组织经历了以下改变和重组：1984年的教师教育认证委员会于1994年改组为师资培训署（Teacher Training Agency），2005年该署改为学校培训和发展署（Training and Development Agency for Schools），2013年至2018年3月重组为国家教学与领导学院（National College for Teaching and Leadership，NCTL），负责职前教师教育课程的认证。2018年4月之后，教育部附属的教学管理机构（Teaching Regulation Agency，TRA）负责监管教学行业，包括听证不当行为和维护合格教师的数据库。以下是关于各机构的简要介绍：

> 教师教育认证委员会，属于政府部门下设的管理机构，最初主要负责对英格兰和威尔士的教师教育项目进行职业有效性的审定，后期对职前教师教育机构开设的职前教师教育课程进行评估，并根

---

① 黄蓝紫：《二战后英国职前教师教育政策变迁研究——基于利益相关者视角》，博士学位论文，湖南师范大学，2020年。

据评估结果为教育部提供该机构的毕业生能否得到教师资格证书的建议。

师资培训署，是非政府部门的执行机构，负责为教学提供信息和建议，履行国务大臣授予的职能，同时负责对教师教育与培训机构进行资格认证，评估教师培训的质量，将评估结果与政府资助经费相挂钩。

学校培训和发展署，仍是非政府部门的执行机构，除了继承师资培训署原有的工作与政策外，进一步扩大其职能范围，在重视教师绩效管理的同时，强调教师持续的专业发展，致力于促进学校工作的发展、教学标准的提升和学校质量、效率的改善。

国家教学与领导学院，是教学司（Teaching Agency）[①] 和国家学校领导学院（National College for School Leadership）合并后的重组机构。它负责学校及其合作伙伴关系的共同发展，并提供高质量的持续专业发展和领导力培训，与教育、儿童服务和技能标准局（Office for Standards in Education, Children's Services and Skills, OFSTED）共同负责职前教师教育的认证工作。先由该局对学校进行等级评定，只有获得"良好"及以上的学校可以继续申请由NCTL委派的专家小组进行专业认证。[②]

英格兰职前教师教育认证机构的重组和更名比较频繁，从对20世纪80年代课程的认证转向专业机构的认证，到后期同样强调教师持续的专业发展，体现了政府将教师的职前培养置于整个教育管理系统中，对于教师的培养不单单关注课程方面，在教师培养要求上由注重学术能力到注重实践能力转变，其变化的背后体现了时代对教师这一职业的理解和要求的改变。目前英格兰的职前教师教育机构多元丰富，包括大学主导、中小学主导、教学优先计划等多种师资培养主体，其中主要是以提供职

---

① 教学司是培训与发展署和英格兰教学协会（General Teaching Council for England）合并的产物，为教育部的执行机构，负责英格兰和威尔士地区的所有教师培训、教师资格认证、教师资格审核以及教师行为不端的惩处工作。

② 李明丽：《英国职前教师教育专业认证研究》，硕士学位论文，东北师范大学，2018年。

前教师教育培训的大学机构为单位,[①] 关注大学与其教学实践基地中小学之间的伙伴关系,重视教学实践,将师范生的知识积累和学术训练与中小学学校的教育实践相结合,强调师范生的技能培养和实践锻炼。

此外,英格兰注重教育生态系统的营造和发展,政府、大学、中小学紧密联系,共同构成职前教师教育的培养系统。具体表现为:政府机构对职前教师教育进行外部控制,利用督察职能对师资培养质量进行监控;大学和中小学通力合作,建立良好伙伴关系,共同培养师范生,从而在内部保证职前教师教育的质量。由于高等教育市场化的影响,英格兰教育部对于职前教师教育机构的管理通过市场监管团队进行,以实现对于师资培训的外部监督。英格兰通过多元的职前教师教育机构以满足学习者多样的发展需求,在内外部监督的系统中保障教师教育质量,促进教师专业发展。

(二) 苏格兰教师专业组织的建立与发展

苏格兰地区一直有重视师资培训的历史传统,早在1905年为解决中小学教师师资培训水平问题,苏格兰政府成立了五个"地方教师培训委员会"(Provincial Committee for the Training of Teachers),负责为当地中小学教师提供培训课程。1920年2月,苏格兰又成立了全国教师培训委员会,该机构主要负责苏格兰地区的师资培训的经费和政策等工作,下设中央执行委员会处理批准师资培训课程、组建师范学院、招聘讲师、提供师资培训场地等工作。1958年,苏格兰在《苏格兰教师培训条例》中决定撤销全国教师培训委员会及其中央执行委员会,建立苏格兰教师培训委员会负责教师培训工作。

虽然苏格兰事务大臣仍然具有教师教育的最终决定权,但是教师培训机构相较之前具备了高度的自治权,且于1959年更名为师范学院,成为高等教育中独立设置的一部分。1965年苏格兰教学专业委员会(The General Teaching Council for Scotland, GTCS)建立,负责教师教育与培训的标准的审定、进行合格教师的注册、调查处理教师违纪事件以及依据

[①] Carter Andrew, "Carter Review of Initial Teacher Training (ITT)", (2015 - 01), https://www.gov.uk/government/u-ploads/system/uploads/attachment_data/file/399957/Carter_Review.pdf. (2020 - 02 - 20).

教师供给与培训情况向苏格兰大臣提供政策咨询和建议等工作，它是为苏格兰教师服务的具有专业行会性质的组织。① 该组织一直负责教师教育方面的相关工作，致力于教师的专业发展和终身成长。2012 年，苏格兰教学专业委员会通过立法获得了独立地位。在长期的教育实践中，苏格兰教学专业委员会形成了极高的声望，具有专业性和权威性，在保障职前教师教育课程质量、维护教学专业标准、提高教师的专业地位方面发挥着重要的作用。

第二节　英国职前教师教育认证标准

各国的教师教育认证都需要探讨以下四个问题：对谁认证、由谁认证、根据什么认证和怎样认证，至于认证结果如何则应结合各国或地区的教育实践进行评价和改进。职前教师教育认证的相关标准是认证的参考依据和指导方针，引导着认证的方向和评价结果的形成。

一　英格兰职前教师教育认证的标准

英格兰职前教师教育认证的相关标准主要有两个文件，一是《职前教师教育：标准和支持意见》（Initial Teacher Training：Criteria and Supporting Advice），二是《教师标准》。前者主要介绍了职前教师教育机构进行专业认证的维度和具体标准，而后者则是职前教师教育机构培养出来的师范生应达到的要求与准则，对于职前教师教育机构提供的课程及师范生培养工作具有指导作用。

（一）《职前教师教育：标准和支持意见》

2019 年最新发布的《职前教师教育：标准和支持意见》是英格兰认证的最新指导文件，② 由师范生入学标准、职前教师教育标准、教师教育机构管理与质量保障标准和基于就业的标准四个部分组成。文件通过对

---

① 吴迪：《苏格兰职前教师教育课程鉴定探析》，硕士学位论文，华东师范大学，2002 年。
② DFE（Department of Education）and NCTL, "Initial Teacher Training（ITT）：Criteria and Supporting Advice",（2019 - 12）, http://www.gov.uk/government/publications/initial-teacher-training-criteria-and-supporting-advice.（2020 - 02 - 20）.

师范生的入学、教育培训、学校的教育管理和就业四个方面进行了统一规范，为职前教师教育机构的师范生培养竖立了一个标杆，为师范生的专业认证提供了评判依据，具有良好的可操作性。其中，标准主要包括以下部分：

1. 师范生入学标准

在师范生的选拔方面，英格兰对申请者的知识能力、学位标准、是否具备从教资格、专业技能测试等方面作了具体规定。

第一，在知识能力方面，师范生需要在普通中等教育证书（General Certificate of Secondary Education，GCSE）[①] 考试中英语和数学成绩达到四级标准，如果没有普通中等教育四级及以上证书，参与职前教师教育课程的学生也可以出具其他能够证明自身知识能力的证书，职前教师教育机构必须从内容和证书有效性等方面进行审查以确保师范生达到基本的知识能力要求。

第二，在学位标准方面，职前教师教育机构需要审查将要进行研究生课程学习的师范生是否具有英国高等教育机构的学位证书或同等学历证书。对于延期获得学士学位的应届毕业生，可以通过相关的学位授予机构的书面确认，证明该生已获得毕业生身份。对于海外入境且需要学习职前教师教育专业课程的学习者而言，标准规定，申请者们需要具备海外学历证书、教师资格证等，由职前教师教育机构确定海外申请学习的人员是否满足标准。此外，立法并未规定教师必须具有某种特定学科的学位，但是教师准入标准规定了合格教师需要具备的学科知识。因此，所有师范生在完成教育培训前就需要满足合格教师所需学科知识的基本要求。

第三，在是否具备从教资格方面，标准规定所有的职前教师教育机构必须确保每一个师范生都要经过严格的筛选程序，评估其是否适合从事教学工作，是否适合学习教师教育课程。为了避免不适合从事教育工作的从业者进入教师队伍，职前教师教育机构需要根据广泛的证据材料来评估申请人是否适合参加教学工作，这些材料主要包括申请表信息的

---

① GCSE 指英国学生（苏格兰除外）在16岁义务教育阶段结束时须参加的中等教育会考，由英格兰、威尔士和北爱尔兰六组委员会主管，采用等级制评分。

填写、裁判报告、所有入门测试的结果、申请者的作品集和面试等。此外，职前教师教育机构必须保证面试程序的公平公正以促进机会均等，避免歧视身体残疾或有特殊教育需要的申请人。标准要求主要有以下几个方面：申请成为师范生的学习者应具备基本的英语和数学能力，能够进行交流、写作，运用数据和图表解释信息等；应具备足够健康的身体从事教育（部分残疾人或慢性病患者可能具备教学能力）；应进行披露和禁止有犯罪记录者进入到教育行业。

第四，在专业技能测试方面，2013年到2020年3月31日进行职前教师教育的学习者必须先要通过衡量教师专业素质的专业技能测试才能获得入学资格；2020年4月1日及之后开始参加职前教师教育的学习者无须在入学前通过专业技能测试。

2. 职前教师教育标准

职前教师教育标准主要在专业培养、任教年龄段、学校实习方面对职前教师教育机构提出了要求。

在专业培养方面，职前教师教育机构需要确保课程计划的内容、结构、实施和评估都围绕着将学习者培养为具有合格教师资格（Qualified Teacher Status）的人员而努力。首先，职前教师教育机构应该向学习者和所有参与的合作伙伴明确职前教师培养计划的范围，包括培养主题、课程知识及预期培训结果等内容。课程计划的程序设计不仅包括专业的学科培训、教学法知识的学习，而且着重强调教学实践的设计，强调在不同的学校中开展工作，以便从不同的教学环境中获得广泛经验。标准十分强调在授予合格教师资格之前师范生的英语和数学能力必须达标，以确保其能胜任教师工作。认证评估者应明确意识到自身的评估判断和建议对合格教师资格的获得具有重要作用，因此在评估时应更加注意程序的严格和稳健，对自己作出的判断负责。此外，研究生的教学实习应符合针对研究生教学实习计划的相关安排。

在任教年龄段方面，标准指出职前教师教育机构的培养对象为中小学教师。不论是小学阶段还是中学阶段，任何培训计划不得少于四个学年，在进行课程计划的设计时应充分考虑不同年龄范围的学生的发展特征，评估师范生是否能够胜任该阶段的教学工作。在设计教学实习的过程中，标准规定应考虑留出充分的时间让学习者至少在两所学校进行实习，为指定年龄段的教学做好充分准备。另外，职前教师教育机构必须保证学习者有机会对他们所任教年级的学生的身心发展趋势有一个全面的了解。

在学校实习方面，标准规定所有职前教师教育机构必须确保学习者有充足的时间在中小学进行培训实习，以证明他们达到合格教师资格的所有标准。如四年制本科课程的学校实习时间不得少于 32 周，基于非就业导向的初级毕业生、中学毕业生的课程的学校培训时间为 24 周，以就业为导向的计划项目则由培训计划确定等。

3. 教师教育机构管理与质量保障标准

除了对于师范生的培养进行规范外，标准对于职前教师教育机构的管理与质量保障同样作出了要求。

在管理方面，职前教师教育机构必须确保他们的管理结构能维持培训计划的有效运作。职前教师教育机构必须确保培训计划符合职前教师教育标准，并为受训人员提供机会证明他们符合所有教师标准。教育机构应提供高质量的教学，并不断寻求持续改进。充分发挥学校的主导作用，建立良好的伙伴关系以确保实习教师的工作量在管理范围内。在建立伙伴关系中，可以使用教师工作量工具包作为参照，为中小学实习教师工作提供资源支持，减少不必要的工作负担。

在合作伙伴方面，职前教师教育机构必须确保与合作伙伴签订伙伴关系协议，阐明每个合作伙伴的角色和职责。合作伙伴关系协议用于指导和告知每个伙伴的分工，并能为培训过程中出现的各种情况作出一致的安排并提供支持。它应当包括以下内容：合伙人的质量保证程序、每个职前教师教育计划的内容和交付、机会均等政策、合作机构的组织和管理及每个合作伙伴在管理实习教师工作量方面所起的作用等。协议可以参考团体和委员会在管理过程中所执行的功能以及在合伙人之间分配资源的方式，并保证在适当的时间间隔内对协议和相关的补充文件进行审核和修订。在教学实习过程中，要充分利用整个合作伙伴关系中具备丰富经验的优秀教师的专业知识带领学习者成长，或者让学习者有机会获得在富有挑战性的社会经济环境中和经督查需要改进的学校环境中成功工作的实践经验。如果经费的使用和主导权不在大学，提供者必须确保学校在招募、甄选、培训和评估实习教师方面发挥重要作用，伙伴协议中也应对确保学校发挥主导作用的方式进行明确规定。

在立法方面，职前教师教育机构需要确保遵守与职前教师教育有关的所有的当前施行的立法，满足国务大臣规定的标准，如果有证据表明职前教师教育机构不符合当前的职前教师教育标准，将会被撤销认可资格。职前教师教育机构应确保合作伙伴充分了解其相关法律职责，并在招募、选择、培训和评估学员时做好适当的安排，以确保职责的切实履行。

在质量保证方面，所有职前教师教育机构必须确保他们将严格监控、评估和审核教学过程的各个方面，并展示学习者评估和促进教育质量提高的相关证据材料。职前教师教育机构可以通过收集和分析教育培训过程中的相关数据以了解教学管理中存在的问题及确定改进的方法。这些数据主要包括：课程实施情况、学习者对于满足其学习需求的评估、导师对培训计划及其管理方式的评估、学习者对教学的看法、毕业生及其雇用学校的看法、教育部和教育、儿童服务和技能标准局的反馈等。

4. 基于就业的标准

该标准规定，所有经过认证的、以就业为基础的职前教师教育机构必须确保教师候选人在培训期间能够被学校聘为临时教师（尚未取得合格教师身份的教师），并获得法定薪酬范围内的工资；在实习期间不能要求学习者履行全职合格教师所要求的90%以上的教学职责。另外，只有在"教学优先组织"（Teach First Organization）的同意下，才可以接受"教学优先"的学习者申请。

英格兰的职前教师教育标准为师范生的选拔和培养提出了一系列的要求，为各类职前教师教育机构和课程的开设提供了方向和意见。它对于师范生的选拔具有细致的要求，以确保较高的生源质量，进而提高教师入职门槛。一方面突出了伙伴关系和教育实习在职前教师教育过程中的重要性，另一方面则强调伙伴关系和教育实习职责的明确划分，以便之后能够精准问责、迅速改进工作。

(二)《教师标准》

自21世纪以来，英格兰的教师标准历经了三次变革，2002年的《合格教师资格标准和教师职前培训要求》、2007年的《教师职业标准》以及2012年的《教师标准》。①《教师标准》于2011年7月颁布、2012年9月开始实施，并于2013年6月对引言部分进行了更新，为对于师资培训机构及其师范生能否获得合格教师资格提供了评定依据，规定了教师应达到的最低标准。随着标准的出台，英国教育部对标准内容给予了详细介绍，以及颁布了如何使用教师标准的文件，以规范和辅助标准的应用。文件指出，职前教师教育机构必须参照教师标准对师范生进行培养，以保证师范生的质量；教育部应参照教师标准进行合格教师资格的授予工作；教育、儿童服务和技能标准局的督察员在进行职前教师教育机构质量评估时应参照教师标准来考查师范生培养水平。

教师标准主要由三部分组成：前言、教学标准和个体专业行为准则。前言总结了所有教师在整个职业生涯中应当遵循的价值观和行为表现。教学标准主要呈现了教师在教学中应达到的要求，这些要求细分为八个一级指标，在一级指标下又进行了更为具体的细分，在实际应用中更加具有可操作性。个体专业行为准则方面主要呈现了三部分的内容，其中关于教师道德行为部分的要求比较明确。

教师标准中对教师的总体要求是：教师要重视对学生的教育，对自己的工作负责，并追求更高层次的教学水准。教师应具备诚实守信的品质；具备较强的学科知识，并保持自我反思的态度，不断更新自己的专业知识和技能；建立良好的专业关系；与家长一起为实现学生的最大利益而努力。

在教学方面，教师必须做到以下几点：

第一，为激励学生设置具有适度挑战性、高期望的目标。具体而言，以师生相互尊重为基础，为学生创设安全的激励环境；因材施教，为不同背景、能力和性格的学生设定具有挑战性的目标；在教学中始终以积极的态度、价值观和行为来面对学生。

第二，能够促进学生的成长和学业上的进步。具体而言，教师要对学生的学习基础、学习进度和学业成绩负责；了解学生的知识基础和能力，在掌握学生学习情况的基础上进行教学的计划与组织；指导学生对

---

① DFE,"Teachers' Standards",(2013-06),http://www.gov.uk/government/publications/teachers-standards.(2020-03-01).

自己取得的进步和新的学习需求进行反思；了解并运用学生如何学习的相关知识，能根据学生学习的规律进行教学安排；鼓励学生树立对自己的学习和工作负责的态度。

　　第三，具备良好的学科和课程知识。具体而言，教师要对自己从教的相关学科和课程领域有一定的了解，能够培养和保持学生对该学科的学习兴趣，并有能力解决学生对学科内容产生的误解；有能力对学科和课程领域的发展提出批判性的理解，增加学术积累；无论教授哪门学科，教师都应具备高水平的识字能力和语言表达能力，能正确使用标准英语；如果从事低龄学生的阅读教学，教师应对系统语音学具有清晰的理解；如果从事低龄学生的数学教学，教师应具备合适的教学策略的知识。

　　第四，能够设计和教授结构合理的课程。具体而言，教师能够有效利用课堂时间进行知识的传授与讲解；能够激发学生的学习热情和求知欲；合理布置作业并组织其他课外活动，以巩固和扩展学生对于所学知识的理解；对课程的有效性和教学方法进行系统的反思；能够运用自己从教领域的知识设计引人入胜的课程。

　　第五，能够依据所有学生的长处和需求进行教学调整。具体而言，教师应该根据时间、场合使用不同的教学方法以实现有效的教学；了解影响学生学习的阻碍因素，并知道如何克服这些不利因素促进学生的学习；具备有关儿童身体、社会、智力发展的相关知识，根据学生的发展阶段提供相应的教育支持；了解所有学生（包括有特殊教育需求的学生、高能力学习者、英语为非母语的学习者以及残疾学生）的需求，并能评估和使用吸引他们的独特教学方法，为他们提供学习支持。

　　第六，能够准确有效地进行教育评价。具体而言，教师要了解如何进行教学评价，熟悉法定的评价要求；能够有效利用形成性评价和总结性评价来确保学生的进步；使用相关数据监控教学进度，设定目标并为后续课程做计划；能以口语或准确的文字记录为学生提供定期的反馈，并鼓励学生对反馈积极回应。

　　第七，能有效地管理学生行为以确保营造良好和安全的学习环境。具体而言，教师能根据学校的行为准则制定明确的课堂行为守则和规范，在教室和学校范围内履行促进文明礼貌行为的义务；对学生的行为具有高期待，运用管理策略建立一整套的纪律框架，并始终坚持公正地使用赞美、奖励和惩罚等管理策略；能使用适合学生需要的方法有效地管理课堂，促进学生在课堂上的主动参与，充分调动学生积极性、激发学生兴趣；与学生保持良好关系，同时恰当地行使权威和运用纪律，在必要时采取果断的行动。

第八，承担更广泛的职业责任。具体而言，教师要为学校更广泛的生活和精神文明风貌作出积极贡献；与同事建立良好的专业关系，知道何时以及如何应用专家的建议；能够对愿意给予教育支持的人员（如家长、专家等）进行有效组织和部署以充分调动教育的积极因素；能够通过专业发展来改善自身教学，对同事的建议作出反馈；就学生的学业成绩和幸福感与家长进行有效沟通。

在个体专业行为准则方面，标准指出，首先，教师应该规范自身的行为以维护学校和公众对其专业的信任。具体而言，教师应尊重学生的尊严，建立相互尊重的师生关系，并始终遵守相应的规定；根据法律规定保障学生的幸福；尊重他人的权利；不破坏英国民主、法治、个人自由以及相互尊重的基本价值观，能够以包容的态度对待持有不同信仰和信念的人；确保个体的信念不以利用个体的脆弱性或违法行为的方式进行表达。其次，教师必须对任教学校的校风、政策和实践具有恰当的专业考量，严格要求自身的出勤率和守时行为。最后，教师必须了解规定其专业职责的法定框架并始终遵守既定规则。

英格兰地区的教师标准非常重视教师的教学，对于教学行为的规范与要求体现了其对教师专业化的重视。另外，由于教师职业在社会声望中的特殊性，教师的道德表现会极大地影响公众对于其专业的信任。因而，标准中对于教师个体行为的部分规范较为重视教师道德行为的表现，强调教师的道德行为表现对于教师专业形象的影响。

二 苏格兰职前教师教育认证的标准

苏格兰的所有教师教育项目均由大学主导，培养中小学教师的途径主要有两种：四年制本科课程和一年制教育专业研究生文凭。作为专业教育过程的第一步，职前教师教育是教师专业发展的基础。完成职前教师教育的合格的新教师将获得教学专业委员会的临时注册，只有成功通过试用期（通常为一年）后才能进行正式注册，这时教师可以达到完全注册的标准。此后，完成完全注册的教师将通过自我评估和审查的方式进行终身学习，在此过程中确定自己的专业发展需求，保持并超越全面注册标准。苏格兰职前教师培养的专业认证主要参考《评估框架：苏格兰职前教师教育项目的认证》（Evaluation Framework：Accreditation of Programmes of Initial Teacher Education in Scotland）和2012年发布的《苏格兰注册教师标准：苏格兰教学专业委员会注册强制性要求》（The Standards for Registration：Mandatory Requirements for Registration with the General Teaching Council for Scotland）这两个文件，前一个文件为认证提供了指导框架，后一个文件为师范生的培养提供了依据。苏格兰的教师需要在教学专业委员会进行注册才能具备在中小学进行教学的资格，通过注册教师标准的指导，对处于不同成长阶段的教师进行引领，鼓励教师朝着更高水平的发展，是苏格兰教师标准的独特之处。

（一）《评估框架：苏格兰职前教师教育项目的认证》

2018年发布的《评估框架：苏格兰职前教师教育项目的认证》[①] 作为苏格兰职前教师教育项目认证的指导，致力于确保职前教师教育的课程具有专业性，为师范生成为中小学注册教师做好准备。在苏格兰教育不断发展的大环境中，教学专业委员会认为职前教师教育课程应该有助于培养富有创造力和敬业精神的教师，使他们能够在不断变化、充满多样性和强调责任的世界中以专业的态度做好本职工作，致力于所有人的教育机会平等。此外，教学专业委员会要求职前教师教育课程要具备多样性、消除歧视并促进教育机会平等。在苏格兰职前教师教育课程项目进行认证的过程中，强调项目的多样性和个性化。基于以上要求对于项目的评估从以下十个方面进行：

1. 法定要求

职前教师教育机构需要对项目的学术严谨性和学位价值进行评估，根据《2018年苏格兰初等教师教育项目指南》（The Guidelines for Initial Teacher Education Programmes in Scotland 2018）的要求，所有职前教师教

---

① GTCS, "The Guidelines for Initial Teacher Education Programmes in Scotland", (2018–06), https：//www.gtcs.org.uk/The Guidelines for Initial Teacher Education Programmes in Scotland 2018. (2020–03–10).

育项目都要接受外部审查，以确保维持可接受的学术标准。项目的评估应当在认证之前或作为认证的联合事件加以完成。职前教师教育机构需要提交一系列证据以证明该项目的学术性，如该项目如何满足法定要求、是否具备健全的质量保证程序以确保职前教师教育课程的内容设计和组织能够有效地促进师范生的学习和学业成就的实现、是否与为加强和确保职前教师教育质量而建立的机制相关、是否能通过现有的机制对职前教师教育的质量进行审查，并确保培养过程中为每个学习者提供充分的发展机会、是否有利于促进国家教育优先计划的完成和发展等。

2. 人员配备水平和有效交付

项目中需提供主导的大学教师团队成员信息以及在苏格兰教学专业委员会的注册状态、参与该计划专业安排的人员及其在苏格兰教学专业委员会注册状态、该团队的研究活动如何为项目提供学术支持、交付团队的研究活动如何为学生的实习提供更广泛的支持等细节信息。此外，职前教师教育机构需提供整个计划的示意图来说明参与项目的工作人员如何运用其专业知识为实现既定的项目目标提供支持。而且项目需要包含为助理导师制定的交流策略的详细信息，以确保他们对自己的角色和职责有共同的理解以及助理导师如何确保其专业知识和实践与时俱进等内容。

3. 程序设计

需说明实行该项目的明确理由及其既定目标、结果；需阐述该计划如何设计以促进平等、多样性的发展和消除任何潜在的歧视；需概述如何确保师范生通过参与项目获得教学的专业知识和技能；需阐述为师范生提供的个性化发展和选择的水平及其如何促进师范生的专业发展。

4. 招生和选拔

项目需要对招生宣传方法进行概述，包括如何针对目标群体、最终招生人数、评估招生宣传策略的成功与否等；招生选拔程序的详细说明，包括招生的选拔标准、面试小组成员的组成及其面试流程等内容；概述如何增加生源的多样性以及如何对招聘和选拔程序进行监控和评估。

5. 对师范生的支持

项目需要包含以下内容：为师范生在上大学和进行专业实习期间制定的各种学术支持策略，以确保他们成功地完成课程；在大学就读和专业实习期间向师范生提供的各种辅助支持策略，以确保他们的身心健康并顺利完成该项目；为师范生发展自身的应变能力和自信心以及领导自己的学习和他人学习提供的策略支持；为师范生提供支持的早期干预策略；为建立密切的伙伴关系而采取相关策略，为师范生在职业安排方面提供适当的准备和支持。

6. 课程内容组织

项目需包括：如何增强师范生对教育理论、儿童时期的发展以及建立积极的师生关系等教育文献的理解，进而为他们的教育实践提供支持；如何支持师范生发展与增强教师职责相关的法律和法规框架的认识；如何支持师范生发展对当前国家政策的理解并作出积极贡献，如《为所有儿童做好准备》(*Getting it Right for Every Child*)；如何在扫盲、算术、健康与福祉、数字素养、课程、跨学科学习等关键领域，为提高所有的师范生对一系列教学方法的理解提供支持。

7. 专业价值观

项目需概述其愿景和目标，以及如何使培养师范生树立苏格兰教学专业委员会注册教师标准中所阐述的专业价值观。此外，在课程学习过程中，针对以大学为基础的学习和专业安排，阐述如何连接、探索和发展这些专业价值观。

8. 项目交付

项目需提供以下内容：项目交付模型的明确理由、项目交付的明确时间表及其关键的时间节点、项目实施方法的概述、有关如何调整项目交付模型的概述、概述课程实施如何帮助师范生将其学习与理论政策和苏格兰教学专业委员会专业标准相联系、概述如何使用专业对话来促进师范生专业学习的分享、概述师范生参与大学合作学习的机会、概述师范生在课程开发中发展创造力的机会、概述该项目的原理和结构如何为师范生提供许多重要的退出机制的机会，以及概述该项目如何鼓励师范生发展自身的数字技术能力，并将其运用到他们自己和学生的学习中。

9. 评估

项目需要提供：课程评估模式的概述，包括有关支持师范生成功完成课程的评估策略的详细信息；用于衡量师范生进度的评估方法的范围的概述；项目中如何进行同伴评价和自我评价及其对师范生学习经验提供支持的概述；对不符合评估标准的师范生采取的干预措施，以及重修、延期和上诉程序的概述；整个项目评估的审核程序的概述；与地方当局建立合作伙伴关系的结构说明，以确保对师范生进行专业安排的评估有效可靠；概述该项目的成功完成如何使学生达到 GTCS 临时注册标准。

10. 伙伴关系

项目需提供以下内容：有关合作伙伴如何参与此项目的详细信息；有关专业安排的伙伴关系组织的详细信息，包括大学职员、中小学职员和师范生的角色和职责的明确定义；概述大学和合作伙伴如何保持及时共享以共同完成项目的期望；说明伙伴关系已有机制的细节以确保师范生、中小学工作人员和大学工作人员对专业安排的质量进行反馈；概述项目的安排模式与苏格兰地方当局的要求相符合的方式；概述拟议的职业安排是否切实可行、可持续发展；概述该项目在整个合作伙伴关系中如何支持和促进大学合作学习；概述该项目在自我反思的原则下，如何以探究原则为基础，鼓励师范生树立积极的态度。

《评估框架：苏格兰职前教师教育项目的认证》为苏格兰大学进行职前教师教育项目申请认证提供了参考，指导项目应该从哪些方面进行考虑和阐述，为职前教师教育申请者提供了开展思路，有利于引导项目的设计、开展和实施。该评估框架在原始的政府文件中以表格的形式呈现，为职前教师教育申请者提供了详细具体的指标，同时也为项目的认证和评估提供了依据，具有较强的可操作性。

（二）2012 年《苏格兰注册教师标准：苏格兰教学专业委员会注册强制性要求》

苏格兰的注册教师标准[①]是制定职前教师教育课程的一个重要参考，它规定了在职前教师教育结束后对于师范生的要求，并适用于苏格兰教学专业委员会的临时教师的注册。苏格兰的注册教师教育标准与为教师专业成长不同阶段所制定的一系列其他标准共同组成了苏格兰教师标准。它是促进教师专业发展和终身成长的最开始的一环，具有系统性和连贯

---

① GTCS, "The Standards for Registration: Mandatory Requirements for Registration with the General Teaching Council for Scotland", (2012 – 12), www.gtcs.org.uk/web/FILES/the standards/standards-for-registration. (2020 – 03 – 20).

性。苏格兰致力于培养研究型教师，教师不仅要上好课，教好学，还要对整个的教育生态系统有所了解，如解读教育政策、了解教育的相关机构等。苏格兰教师标准以洋葱层形式呈现，其中由内核向外围分别为临时注册标准、完全注册标准、终身专业学习标准、中层管理者标准和领导者标准，系统地涵盖了关于学校教育系统中各类教育人员的要求与规范，这里将重点介绍注册教师标准。

注册教师标准分为临时注册标准和完全注册标准。完全注册标准是在临时注册标准提出的各项要求层面上的进一步提高，但两项标准都是教师胜任教学工作的基本要求和准则。在此基础上，教师会逐渐向终身专业学习标准和领导者标准等迈进。苏格兰的注册教师标准强调教师的领导力发展，这种领导力主要体现在对于学生学习的指导。该标准主要包括三个要素：专业价值观与个体承诺、专业知识与理解、专业技能与能力。这三个要素彼此联系，不可分割，共同发展，其中专业价值观与个体承诺是作为标准的核心要素存在的。注册教师标准的核心是专业价值观的形成和确立。这个标准旨在清晰阐明临时教师应具备的专业品质与能力，为衡量新手教师是否适合在苏格兰学校工作提供参考依据，是适用于教师整个职业生涯的专业能力基准。

1. 专业价值观与个体承诺

专业价值观是专业标准的核心，是所有专业关系和实践中不可或缺的一部分。教学是师生双方的互动交往活动，学习者的教育经历会极大地受到教师的价值观和性格的影响。虽然价值观本身是一个复杂的东西，具有极大的个体性，但是它可以作为一种理想，成为指导教师在复杂的教育实践中保持内心信念的灯塔。教师的专业价值观是教师对于所有学习者作出的坚定的个人承诺，它意味着教师承诺帮助学习者在智力方面、社会方面和道德方面取得成长与发展。教师的专业性体现在教师对教育政策和教育实践进行批判性的思考，并反思自己的态度和信念。随着社会的发展和学习者需求的变化，在教师的职业生涯中价值观以及价值观与实践之间的联系需要定期进行重新评估，这对于专业（对社会需要的）适应性、响应能力和相关性至关重要。

在苏格兰，教师的专业价值观和个体承诺的核心要点体现在以下四点：第一，社会正义。教师具有促进学习者社会化的责任，要尊重民主和社会正义，平等公正对待每位学生。第二，诚信。教师需要具有诚信的品质，不仅表现在对于专业的态度和信念上，也表现在定期对自我价值观与专业实践的联系的反思上，并能够根据反思结果对自己的观念和行为进行调整和改善，进行适当的教学实践变革。第三，信任与尊重。信任与尊重是建立良好师生关系的前提和基础。尊重学习者的社会和经济背景，营造信任与尊重的学习环境，有利于学习者的成长与进步。第四，专业承诺。专业承诺意味着教师对于自身的专业发展具有无限的热情，积极投身教育实践，并学会与教育界的所有成员进行共同合作，推动教育的发展。

2. 专业知识与理解

教师需要具备有关课程、教育体系和专业职责以及教学理论与实践的相关知识，并能达到对知识的理解与运用。对于临时注册教师而言，具体需要达到以下标准：首先，在课程方面，教师不仅需要了解课程的性质及其发展的知识，熟悉自己所任教的学前、小学或中学课程的相关知识，掌握连续地制定教学计划和进行渐进式教学的知识，具备足够的背景知识以履行其在识字、计算、健康和幸福以及跨学科学习中的职责，还需要学会遵循教学评估、记录和报告的原则进行评价。其次，教育体系和专业职责方面，教师需要对教育体系的主要特征、教育政策和教育法律相关的知识有所了解，并能够对于自己所任教的学校和学习社区的文化有所了解，清楚自己在其中扮演的专业角色和承担的职责。最后，在教学理论和实践方面，教师需要掌握相关的教育原理和教学理论的知识，为教育实践提供参考，同时教师需要认识到进行教育研究和适当参与专业调查的重要性。

3. 专业技能与能力

教学是一门复杂的实践活动，是科学性和艺术性的结合。在苏格兰临时注册教师的标准中，教师的专业知识与专业能力有许多相通的地方，即教师需要将对知识的理解和运用转化为教学实践中的技能。首先，在教学方面，教师能够对学生的学习进行系统、连贯的规划，制订渐进性教学计划；与学生个体或群体进行有效的沟通和互动；运用多种教学策略和资源来满足学习者的需求和能力；根据学生的最近发展区建立合理期望，激励学习者的内在学习动机，帮助学生克服学习障碍；保持良好的师生关系,以带动教师工作的有效开展、促进学生的学习与发展。其次,在课程组织与管理方面,教师能够创建一个安全、有序、和谐的学习环境,运用有效的行为策略营造良好的学习氛围,如预防校园欺凌、参与教育研究等。再次,在学生评估方面,教师能够综合运用形成性评价和总结性评价,记录评估信息以改善教学,利用评估结果促进学习者的发展。最后,在专业反思与沟通方面,教师通过阅读和分析一系列的教育文献,利用从中学到的知识来反观实践,进行反思性实践,以促进职业生涯的专业成长。

注册教师标准是苏格兰关于教师标准中的首要标准,为教师在其职业生涯中的发展奠定了基础。它适用于已经完成师范专业课程、[①] 已经能够自主反思和探究的师范生,规定了师范生在专业知识、能力、价值观等方面应达到的水平。该标准强调师范生的专业发展,对于师范生的专业培养提出了严格的要求,强调师范生应具有认真负责、追求卓越的优秀品质,保持学习的态度,以应对充满变化的环境。此外,该标准强调师范生的专业实践能力,要求师范生参加学校或其他教育机构的实践活动。该标准还提到促进包容性社会中的所有人机会均等,积极采取措施消除歧视;促进具有学习障碍的学生的学习,包括在课程的特定领域需要额外支持的学生,以及那些有情绪和行为困难的人,体现了全纳教育的精神。

第三节 英国职前教师教育认证办法

职前教师教育认证的实施内容主要从三个部分展开,即认证机构、认证流程和认证特点。英国英格兰地区的认证以政府为主导,具有以政府为导向、体现国家意志、强调证据导向、重视伙伴关系、结合市场需求、强调机构自评的特点。苏格兰地区的认证则是以专业机构为主导,具有强调专业导向、重视价值观培养、注重伙伴关系的发展、侧重教育实践、认证结果具有专业权威性的特点。

---

① 本文中提到的师范专业课程包括:苏格兰的专门的本科课程;同时进行的职前教师教育本科课程(例如,具有专业教育的文学士或理学士学位);专业研究生课程。

一 英格兰：以政府为主导的职前教师教育认证

英格兰的职前教师教育认证主要是由教育部主导，职前教师教育机构依据评估标准提出自主申请，教育部的专门机构对提交信息进行审查，在信息审查通过后开展现场认证，考查结束后予以认证结果。

（一）认证机构

英格兰职前教师教育认证主要由教育、儿童服务和技能标准局和教育部负责。前者的前身为女王督学团，自贝尔—兰卡斯特导生制出现，直到1846年"小先生制"的引进，[①] 教师培训就成为督学团的重要任务之一。它在1992年改组为教育标准局，主要对接受英国政府教育拨款的学校进行检查、规范，并根据调查的情况形成书面报告，为教育政策提供帮助。这种外在的督导检查有助于为学校的教学质量提供监督与评价，促进教育事业的发展。

2007年教育标准局的职能范围进一步扩大，其主要职责是督导、规范教育机构的教育服务质量，这些机构包括：高等教育以外的学校和学院、私立学校、继续教育机构、学前教育机构、儿童福利机构和职前教师教育机构等。[②] 现行教育督察体系的督察周期为六年一次，不过也会根据教师培养机构的表现和环境缩短督察周期。督查人员是经过专业培训的督查员或者合同制督查员。督查的过程分为两个阶段：第一阶段的督查在夏季学期进行，主要关注培训的质量并且对师范生教学进行观察；第二阶段的督查则在秋季学期进行，主要关注培训的完成情况以及新任教师或者往届师范生的教学质量。教育标准局的督查共分为四个等级，分别是杰出、良好、有待提高、尚有不足。[③] 教育督察的结果对于职前教师教育机构具有重要的意义，如果多次教育督察结果等级为有待提高或

[①] 1846年枢密院教育委员会第一任主席凯-沙特尔沃思（James Kay-Shuttleworth）博士在"导生制"的基础上，参照其他欧洲国家，特别是荷兰的经验，在初等教育中创立了"小先生制"（Public-teacher System），即一名成人教师先教一些年长而成绩好的学生，然后再由他们去教其他更多的学生，这样一名教师在"小先生"的帮助下可以教数百名学生。参见王璐《英国教育督导与评价——制度、理念与发展》，高等教育出版社2010年版，第30页。

[②] OFSTED, "What OFSTED Does", http://www.ofsted.gov.uk. (2019-12-15).

[③] 鄂丽媛：《英格兰政府主导型教师培养质量保障体系探析》，硕士学位论文，东北师范大学，2019年，第30页。

以下，将会停止对该机构的拨款；如果督察期间发现职前教师教育机构的培养不符合教师教育的相关标准，教育部会考虑撤销该机构的认证资格。因此，教育督察在监督教师教育机构通过认证后是否能按照教育部的相关标准进行师资培养方面发挥着重要的作用。

教学管理机构主要负责维护英格兰合格教师的数据库，为学校招聘教师进行资格审查提供数据支持。它需要统计和添加所有在英格兰从事职前教师教育培训或早期教师培训的人员的信息，并为他们发放注册教师编号（Teacher Reference Number）。当受训人员成功完成职前教师教育培训后，教学管理机构会授予其合格教师资格。同时，有关教师不合格行为的案件也受教学管理机构监管、审查和记录。[①]

在经历了数次机构的重组与变换后，英格兰教师教育认证的权力最终回归于教育部，这标志着英格兰的认证制度越来越中央集权化。教师职前培养的机构要进行教师培养必须通过教育部的认证，只有通过教育部的认证，其培养的师范生才有机会获得合格教师资格，进而才能在公立中小学进行教学工作。在2018年3月教育部的政府执行机构国家教学与领导学院关闭后，有关教师专业种种不当行为的审理和合格教师数据库维护的事务归教育部和教学管理机构管理，教师培养认证和撤销等事务由教育部直接管理。

（二）认证流程

英格兰的认证按以下程序进行：（1）尚未通过认证，且有意愿提供职前教师教育的机构（Potential New Provider）参加教育部关于认证过程介绍的简会，如果机构准备提交业务论证（Business Case），需要尽快联系教育部；（2）机构提交业务论证；（3）教育部评估业务论证并提供反馈，告知机构在下一阶段可能需要的其他信息；（4）机构根据评估标准准备认证投标；（5）提交给教育部的投标，将严格按照评估标准进行审批，如果投标信息不完整，将会要求机构补充新的信息并重新提交投标，如果机构提交的信息满足所有要求并符合督察满意等级的保证后，教育部市场监管团队将进行现场认证并向教育大臣提供是否授予认证的建议。

---

① Teaching Regulation Agency, "About Us", https://www.gov.uk/government/organisations/teaching-regulation-agency/about. (2020-11-19).

在此过程中，教育部始终保留对机构进行认证以及撤销其认证的权利。

在认证过程中，机构提供的业务论证和完整投标的文件对于机构能否进行认证起着至关重要的作用。业务论证主要是机构基本信息的自我介绍，需要满足以下标准：（详见表3-1）。

表3-1　　　　　　　　　英格兰业务论证标准

标准	细则					
1. 阐明组织进行职前教师教育认证的理由	a. 愿景或使命陈述。b. 一项有说服力的师资培训计划。c. 提供具备更多为当地培养师范生的机会的新证据。d. 在一定情况下如何扩大难以招募学科师范生的数量。e. 在一定范围对职前教师教育需求和当前竞争情况进行分析，明确培养领域，并恰当研究市场。f. 提出如何有助于满足最需要师资学校的供需。g. 考虑提出的资助具有以下方面的可行性：拟聘学员，合作伙伴，人员配备及其他途径的支出					
2. 阐述每个阶段或科目的预计招生数量，以及收取不同类型学费的学生数量，案例如右所示	类型 科目	学习阶段 年龄范围	学校主导（资金资助）	学校主导（薪水）	职前教师教育机构主导（资金资助）	研究生实习
	数学	中学 11—16岁	20	10	10	5
	物理	中学 14—19岁	20	10	10	5
	中学总招生名额		40	20	20	10
3. 注明提出的合作关系所涉及的组织的名称，地址，OFSTED督察等级和类型，包括HEIs	a 提出的合作伙伴关系之前的职前教师教育经验及其加入的理由。b 之前职前教师教育课程的招生和保留率的数据统计。c 之前实施的职前教师教育内容的质量，以及提供高质量伙伴关系的能力和可持续性					
4. 标明自身信息	需要认证的组织的名称和类型（例如，单个学校，多学院信托或其他组织），提议的提供者的拟运营名称以及预计开始的年份					

资料来源：DFE, "Arrangements for ITT Accreditation Submissions", (2019-04), http://www.gov.uk/government/publications/arrangements-for-itt-accreditation-submissions. (2020-03-18)。

完整投标和随附材料的内容主要由招聘和选择、伙伴关系、程序和主题、对师范生的评估、质量保证和财务管理六个部分组成，其填写标准包括：

第一，在招聘和选择方面，投标书需要清楚阐述招生策略，具体包括如何进行招生、招生负责人是谁、教学计划时间表是什么、如何确保招生策略的有效性、如何判断应聘者是否适合教师工作、如何扩展生源来源等问题。此外，投标计划中应列出选拔师范生入学时应遵循的程序，并说明这些程序将如何满足教育大臣提出的职前教师教育入职标准（参照前文《职前教师教育：标准和支持意见》）。

第二，在伙伴关系方面，投标书需要列出与申请机构开展伙伴关系的管理和运营机构，清楚地标明双方之间的合作关系如何开展，合作中管理结构和操作机构的信息及其所有人员的详细的角色描述和岗位职责。伙伴关系协议中需明确列出每个合伙人组织的角色和职责，以及从合作企业中删除合伙人组织应遵循的标准。此外，投标书中应确定学校和其他组织如何参与建立伙伴关系，以及出示能够建立伙伴关系的相关证据，这些证据包括但不限于合作伙伴参加的会议纪要，电子邮件和其他明确确定支持和参与的信件等。申请开展职前教师教育的机构，不仅应该递交审核和培训计划中涉及人员的需求以及培训和准备时间，还应在计划书中明确列出。最后，关于培训所需的场地和设施资源的详细信息也需要在投标书中说明，具体包括供师范生和培训人员使用的设备和资源，使用图书馆、信息资源的机会以及上述内容是否在合作伙伴关系协议中明确列出。

第三，在程序和主题方面，投标需要展示培训计划的各个组成要素以及计划的覆盖范围，最好是培训计划书作为附件与主投标书一起呈交给教育部。投标书中需展示培训机构如何根据国家需要进行国家优先事项的培训，招募的师范生如何能在培训学习期间达到合格教师标准，培训计划如何满足教育部颁布的职前教师教育培训标准，以及培训中每个学科的培训计划、教学人员、学习资源等情况的介绍。

第四，在师范生的评估方面，机构需要对师范生进行评估、审核和培训的过程记录下来，作为培训的证据；另外如果师范生对于评估的决定不满提出上诉，机构是否具备处理这种情况的详细程序。

第五，在质量保证方面，保证书需明确提供职前教师教育质量保证的负责人，并清楚阐述由谁负责和如何进行对师范生培训工作的外部控制和内部评估，以确保师范生职前培养的工作能够持续改进。同时，申请开展职前教师教育的机构需要对应届师范生的入职和职后教学的有效信息进行收集，以改进职前教师教育培训工作。

第六，在财务管理方面，投标书需提供有关拟认证实体机构过往财务状况的最新信息，包括其过去两年的审计财务账目和审计报告。此外，申请开展职前教师教育的机构需要根据招收师范生的最佳和最低人数拟定三年的财务计划，并酌情提供一份过去两年财务表现的一页摘要，据此统计在最佳和最坏情况下每年年底的余额，以进行三年的准备金预测。投标书中需要提供机构的财务管理组织结构图，图上需标识责任线，详细说明其职责的划分及具体要求；也应指定一名会计干事，履行财务管理的责任，遵守职前教师教育标准的要求。此外，投标书中应清楚地描述财务安排，如机构负责人的财务记录与通过提议的经认可的学校或学院的财务记录分开、风险管理、采购管理、收入管理、工资系统的管理等内容，以保障机构财务系统的正常运行。

对于后期不符合认证要求、国务卿决定撤回其认证许可的机构，或者自愿中止职前教师教育服务的机构，教育部将会最终撤销认证。教育部撤销认证的情况包括：（1）职前教师教育机构的财务管理不当，有证据显示其财务管理不符合相关财务报告的要求；（2）职前教师教育机构不符合教育部的数据和报告要求；（3）职前教师教育机构未遵守与职前教师教育有关的任何教育部颁发的指导文件；（4）职前教师教育机构无法根据当前教育部的分配来调节其学员数量；（5）合格教师资格供应中反复出现"需要改进"或质量较低的现象；（6）师资培训中不符合一项或多项指定的职前教师教育标准；（7）职前教师教育机构停止职前教师教育服务。一般而言，除最严重的违规情况外，教育部将基于教育、儿童服务和技能标准局督察的调查结果向职前教师教育机构提供改进建议，使其有机会纠正问题，从而避免认证的撤销。

对于自愿暂时停止或者永久停止师资培训服务的机构，必须提前通过邮件正式向教育部提出申请，暂时停止职前教师教育服务的请求必须得到教育部的同意，其获得的许可期限最长为12个月；此后，如果师资培训机构未能恢复职前教师教育标准规定的服务要求，教育部有撤销其认证许可的权利。表3-2是停止职前教师教育服务的过程中，职前教师教育机构和教育部分别应采取的行为和承担的责任。

表3-2　　　　　　　　英格兰专业认证撤销的职责划分

职前教师教育机构的职责	教育部的职责
正式向教育部发送邮件提出停止服务的请求	安排初步风险评估会议，讨论关闭流程和后续步骤
告知师范生及合作伙伴关于停止服务的提议	通知有关的教育部相关团队中止计划的拨款
完成职前教师教育机构关闭的文件并发送到教育部邮箱	为机构填写职前教师教育机构关闭的文件提供支持
在整个关闭过程中遵守职前教师教育标准，并保持高质量的培训要求	
确定替代的职前教师教育提供者，并确保师范生（包括那些推迟或中断培训的师范生），在合理的时间范围内继续并完成课程	派遣教育部助理；助理在访问中采取行动以确保职前教师教育机构在整个关闭过程中始终符合规定要求；此外，与机构商讨关闭的最佳日期
牵头学校保留任何学校直接（接收）名额的责任	助理将与教育部确认延期学员或中断培训的学员的替代安排
按照官方网站的指导发布关闭教师培训课程的信息，并在关闭日期更新机构网站	解除在关闭日期之后分配给机构主管的场所
提供给教育部其所需要的所有财政数据	为机构的财务报告提供支持和建议
按照NQT①的规定获得未来就业的参考	通知OFSTED和机构的其他外部利益相关者
在关闭过程中，继续向教育部提供师范生的培养数据	在适当的情况下，从"仅评估"列表和机构早期列表中删除机构的名字

---

① NQT（Newly Qualified Teachers）是新任教师的缩写，指在英格兰进行教师职前培训并被授予合格教师资格的师范生。

续表

职前教师教育机构的职责	教育部的职责
与在UCAS①大学申请系统上所有获得录取通知的并受到影响的申请者取得联系，告知他们机构关闭的消息并为其提供其他选择	在适当情况下，从"主题知识增强"列表中删除该机构的信息

资料来源：DFE, "Arrangements for Initial Teacher Training Provider Closure and Withdrawal of ITT Accreditation", (2020-01), http://www.gov.uk/government/publications/Arrangements-for-initial-teacher-training-provider-closure-and-withdrawal-of-ITT-accreditation. (2020-04-01)。

职前教师教育机构在决定关闭后，应尽快将关闭的情况通知给合作伙伴的牵头学校，牵头学校可以更改其批准的职前教师教育机构，也可以退出课程。在UCAS大学申请系统上获得录取通知的申请者都应被告知机构关闭的信息，并可以选择更换其他的职前教师教育机构。

在关闭的过程中，职前教师教育机构必须继续向教育部提供其培训的师范生的有关数据信息，并确保关闭前教育部实习教师和机构数据库上师范生的信息是最新的。如果职前教师教育机构找到了代替其提供职前教师教育服务的提供者，必须在最终关闭条款前授权替代机构访问其数据库账户以及延期毕业学生的所有记录，确保信息的交接。此外，根据教育、儿童服务和技能标准局的评级，替代机构的等级评价不能低于良好。关于职前教师教育机构提供的关闭文件，文件必须提供有关当前接受培训和延迟毕业的学生、财务安排和关闭计划的信息，且文件必须在风险评估会议召开后的28天内完成并寄回给教育部。教育部将会与职前教师教育机构商定最后的截至日期，确定截至日期后，至少在截至日期前两周通过电子邮件发布撤回认证的确认。

如果师资培养质量的评价不合格，教育部将会通知职前教师教育机构拟撤回认证资格的消息，并列出相应的理由，使职前教师教育机构有

---

① UCAS（Universities and Colleges Admissions Service），即"大学和学院招生服务中心"，它是一个公共服务机构，统一为英国所有大学提供招生服务。和其他国家不同，申请英国大学的本科学位课程，都要通过UCAS进行申请。原则上，所有英国大学的所有本科学位课程，包括专升本，都要通过UCAS申请。

机会对合规性问题以及是否有其他原因影响作出回应，在决定撤销认证前，认证会继续进行。当教育部最终作出了撤销认证的决定，在5个工作日内，教育部会通过电子邮件将决定告知职前教师教育机构，职前教师教育机构应在两个工作日内确认收到教育部的电子邮件。

如果职前教师教育机构不打算申请审核，需要在通知后的10个工作日内向教育部提交关闭文件，文件中应包括降低现有学员风险的安排。职前教师教育机构必须继续遵守上述自愿关闭指南中规定的职责，直到他们的条款关闭为止。

如果职前教师教育机构不同意撤销认证的决定，有权向教育部提出进行审核的要求。首先，职前教师教育机构需发送一封题为"撤销认证—要求审核"的电子邮件，该邮件应在教育部通知撤销认证后的第20个工作日结束之前发送给教育部，阐述清楚请求的原因。当电子邮件发送到英格兰教育部的职前教师教育市场监管小组后，教育部将会组织新的审查团队进行审核。新的审查将由未参与第一次审查决策的教育部官员进行，并且其等级至少与作出认证撤销决定的官员相同。除非审查人认为有存在争议的重大事实问题，否则将进行书面审核。

如果审核官员认为职前教师教育机构有能力在作出撤销决定之前纠正其不合规的情况，或者应该再给予机构修改的机会，则该机构将获得机会。如果审核官员对该职前教师教育机构提供给教育部的证据感到满意或没有发现不合规的地方，或者职前教师教育机构有合理的机会恢复到符合标准时的情况，并且在撤销决定之前已经恢复，则撤销认证的决定将会被取消。

（三）认证特点

英格兰的职前教师教育认证以政府为导向，在认证的机构和人员组成上体现了国家意志，并且强调证据为本，注重数据的收集和量化处理，重视与中小学的伙伴关系。此外，英格兰职前教师教育认证考虑结合市场需求，将师范生的培养与社会需求挂钩，强调机构自评，从而保证职前培养工作的正常开展。

1. 政府主导下凸显国家意志

英格兰的职前教师教育认证机构变革较为频繁，从教师教育认证委员会时期由政府部门主导认证到师资培训署、学校培训和发展署时期作为非政府部门的执行组织，再到现在的教育部主导，机构几经重组和变换，体现了国家对于教师教育管理的松紧程度的变化。目前英格兰的认证工作主要由教育部主导，教育、儿童服务和技能标准局的督察起着辅助作用，在认证的机构和人员组成上更多地体现了国家意志。教育部始终拥有对于认证的解释权，有权决定认证资格的保留、撤销或是中止认证，这也体现了认证权力的政府归属。英格兰虽然倡导教育市场化，但是其设立了市场监管团队对教育进行监管，这也与其政治意识形态密切相关。

2. 证据导向下重视伙伴关系

英格兰的教师教育认证强调机构提供的证明材料，包括开展职前教师教育培训工作的相关数据和图表，如人员构成、职责划分、财务计划等，要求比较具体、详尽，以便对机构是否有资格开展师资培训工作进行评估，充分体现了其认证工作的实证取向。此外，英格兰的教师教育认证将师资培训工作细化为不同的部分，每一部分有具体的条目进行评判，有利于数据的收集和量化处理，体现了其证据为本的特点。除了证据为本，英格兰的认证工作中还重视职前教师教育机构是否与中小学建立了良好的伙伴关系。英格兰地区的师范生培养工作十分强调中小学的教育实习工作，在获得合格教师资格之前，师范生必须要到两所不同的中小学进行教育实习，以深化理论学习和获得教学经验，为之后的教师工作做准备。对师资培训机构的认证中强调师资培训机构必须与中小学建立明确的合作伙伴关系，标明双方关于师范生培养工作的职责，并签订伙伴关系协议，以保证师范生教育实习和职前培养工作的正常进行。

3. 市场需求下强调机构自评

20世纪70、80年代英国教育的市场化改革对英国的高等教育产生了重要影响，英国政府提出"家长选择"（Parental Choice）和"社会责任"（Social Accountability）的政策导向，强调教育作为一种社会服务，应该实现服务的多样化并满足消费者的需求，而且公立教育经费来自广大纳税人，它必须对社会和公众负责。[①] 在机构申请开展职前教师教育时，英格兰政府在市场考查和提供国家优先教师教育项目方面都提出了要求，

---

① 汪利兵：《当代英国教育的市场化改革研究》，《比较教育研究》2001年第6期。

这体现了英格兰的职前教师教育认证工作考虑市场需求,将师范生的培养与社会需求挂钩,以理性控制职前教师教育的规模和发展。此外,英格兰的职前教师教育认证主要以机构自评为主,机构自评的内容具有非常详细的标准和要求,主要是通过机构自评文件和投标书的材料来尽可能全面地了解申请机构的资质,以便判断其能否开展职前教师教育。

简言之,英格兰的职前教师教育认证以政府为主导,兼顾考虑市场需求,且重视对师资培训机构伙伴关系的考查,重视校本培训。其认证工作的开展以机构自愿申请为原则,通过对机构申请材料和投标文件的审查,再结合教育督察的实地调查,以实现对职前教师教育质量的外部控制。英格兰的职前教师教育认证强调证据的收集,注重证明材料的呈现,以师资培养过程中的材料的收集作为评估和改进职前教师教育机构教学管理工作的依据,以促进职前教师教育质量的持续改进和提升,向公众作出质量保证。

二 苏格兰:以专业团体为主的职前教师教育认证

苏格兰的职前教师教育认证主要由专业组织为主导,对职前教师教育项目进行认证,通过审查项目的具体内容和实行实地考查,认证委员会将认证结果及建议上报给教育部长,之后对机构予以认证。

(一)认证机构

苏格兰的职前教师教育认证主要由苏格兰教学专业委员会负责。苏格兰教学专业委员会成立于1965年,是世界上最早的教学委员会之一。苏格兰教学委员会的成立缘于1961年教师们争取自身权益以获得与医生、会计等相等的专业合法地位,同年成立了一个由资深法官惠特利勋爵(Lord Wheatley)领导的苏格兰教师委员会,其职权范围是审查教师的培训和认证。委员会的成员包括四名校长,三名教育主管,四名地方当局教育委员会代表,三名主要的教学专业协会的代表,一名大学教授,一名大学校长,苏格兰教育部的两名官员和两名代表公众利益的外部机构的教育高级官员。1965年,苏格兰颁布了《教学委员会(苏格兰)法》,以法律的形式确立了苏格兰教学专业委员会的合法性。

之后,该协会的职权和职责一直随着时代发展不断修订,2011年通过的《公共服务改革(苏格兰教学专业委员会)令》取代了1965年的

《教学委员会（苏格兰）法》，苏格兰教学专业委员会被苏格兰政府授权享受独立地位。[1] 2012 年，苏格兰议会通过立法使其成为世界上第一个独立的、自我管理的教学机构。苏格兰的教师想要获得教师资格必须经苏格兰教学专业委员会的许可，"它控制着教师的入职，在检查职前教师教育课程方面有很大的发言权，它还有对试用期教师进行评估的权力"，是苏格兰教育部长关于职前教师教育问题的首要咨询机构。[2]

教学专业委员会的存在为苏格兰的教师教育的发展提供了有力的支撑，它在评估审核职前教师教育课程方面发挥着重要作用，负责审核认证整个苏格兰地区的职前教师教育项目，以保证师范生的课程质量，此外，它还建立了一个服务于教师职业生涯发展的系统和标准，有利于指导教师的终身学习和发展，最后它会定期出版关于教师的专业刊物，服务于教师的专业发展。总而言之，苏格兰教学专业委员会在促进教师的专业发展、维护教师的专业形象和提升教师的专业地位方面发挥着极其重要的作用。

（二）认证流程

苏格兰的职前教师教育认证是对职前教师教育机构所提供的专业培养计划和课程的认证，并非面向职前教师教育机构的认证。苏格兰教学专业委员会将认证定义为职前教师教育项目获得教学资格的过程，它意味着认证需要按程序进行，应根据个人情况和专业观点对每个职前教师教育项目或方案进行认真评估。如果某项目获得苏格兰教学专业委员会的无条件认可或在所有条件均得到满足之后，则该项目有权运行长达六年的时间，并进行中期评估，以突出其内容、性质、持续时间或该方案的结构。如果该项目需要进行实质性修订，则职前教师教育机构将要求该项目在六年期间结束之前或更早重新获得认证。职前教师教育机构若想进行教师教育项目的认证，项目需要满足以下条件：

（1）符合法定要求，《2018 年苏格兰职前教师教育项目指南》要求所有计划都要接受外部审查，以确保维持可接受的学术标准。

---

[1] GTCS, "History of GTCS", https：//www.gtcs.org.uk/about-gtcs/history-of-GTCS.aspx. (2019-12-15).

[2] 吴迪：《苏格兰职前教师教育课程鉴定探析》，硕士学位论文，华东师范大学，2002 年。

（2）提供有关人员配备和有效的责任分配的信息，主要包括：主导和参与职前教师教育项目的学术人员以及苏格兰教学专业委员会的注册状态、为职前教师教育项目提供支持的团队研究活动、整个计划的示意图以说明计划的工作人员如何支持实现计划的既定目标等。

（3）提供职前教师教育项目的程序设计，主要包括实施项目的明确理由、既定目标、结果、实施方式等。

（4）阐明招生和选拔方式，主要包括宣传方式、招生标准、招生选拔及其评估程序等内容的概述。

（5）提供给予师范生支持的相关内容，主要包括如何促使师范生完成学业课程、培养师范生的应变能力和自信心、在师范生进行专业实习时提供有力支持和适当准备等。

（6）提供有关师范生学习教育理论、理解教育政策、了解教育相关法律法规、掌握教学方法等的相关课程设计内容。

（7）阐述如何帮助师范生确立科学的专业价值观的内容。

（8）提供关于项目交付的内容，主要包括项目交付模型的理论基础、交付的时间表、实施计划和如何调整的概述。

（9）提供关于评估的内容，主要包括评估模式、评估方法、对于不符合评估标准的学生所采取的干预措施以及对于评估的审核程序等。

（10）阐述关于伙伴关系的内容，主要包括有关合作伙伴如何参与此项目的详细信息。

在职前教师教育项目通过苏格兰教学专业委员会的评估后，教学专业委员会将会指派专门人员对职前教师教育项目的实施状况进行实地考查，通过与项目内人员及其代表的会谈获得有关项目的多方面的具体信息。之后评估小组将根据这些信息作出判断，并向苏格兰的教育大臣提供评估结果及项目是否通过认证的建议。鉴定与评估的结果主要有：完全合格、有条件合格和延期三种决定，如果是完全合格，意味着项目通过认证；如果是有条件合格，意味着项目需要在一定的期限内根据教学专业委员会的建议进行改进以待进一步考查；如果是延期作出决定，则职前教师教育机构需要进行改进，在此之后重新向教学专业委员会提交申请，评估小组将在商定的日期对项目再次进行审查。

（三）认证特点

苏格兰的职前教师教育认证主体主要为专业团体，认证过程中注重从专业人士的角度考虑问题，认证结果具有权威性；认证内容中强调价值观的培养，考查职前教师教育项目中价值观的体现与融入；强调伙伴关系在师资培养中的关键作用，教师资格的授予与教学实践相挂钩。

1. 认证结果具有专业权威性

苏格兰职前教师教育认证的一大特点是由专业的行会组织——教学专业委员会进行认证，经过专业机构的认证，将认证结果呈交给教育大臣，决定其是否有资格开展师资培养工作。苏格兰教学专业委员会在认证小组的成员不仅包括教育部的官员和代表公众利益的外部机构的官员，而且其成员构成的主体是具有丰富教育经验的校长、教师和大学教授等一线教育工作者，认证过程中侧重于从专业人士的角度考虑问题，认证结果更加具有专业性。苏格兰教学委员会在多年的教育工作中形成了强大的影响力，通过法律授权和历史惯例，教学专业委员会在教师教育的事务中具有很大的话语权。教育大臣在有关教师教育的工作中需要向教学专业委员会咨询建议，而教学专业委员会也往往能够给出值得信赖的建议，长期教育实践的历史积累使教学专业委员会获得了公众的认可和信赖，其专业认证的结果具有一定的权威性。

2. 注重师范生价值观培养

苏格兰的职前教师教育认证强调以教师的专业发展为导向，重视师范生专业价值观的培养。苏格兰的教师有独立的组织机构，并制定了一系列的教师专业标准，强调教师的终身学习与成长。从职前教师教育项目开始，致力于将师范生培养为临时注册教师，通过一年的教育实践，升级为完全注册教师，之后还会发展教师的领导力。苏格兰教师培养具有一贯性，因此在对职前教师教育项目的认证过程中会重视师范生专业价值观和个体承诺的发展。专业价值观与个体承诺是苏格兰职前教师教育项目认证内容构成中的一个重要部分。在认证标准的文件中，专门有一部分内容与师范生的专业价值观有关。尤其是社会正义和个体承诺部分，在社会正义部分强调教师要以平等的态度对待每位学生，不因年龄、性别、家庭、身体健康状况等因素而有所偏见，强调教师融合品质的养成。在个体承诺中，则要求师范生具备终身学习和自我反思的意识，学会与他人协作，为今后的领导力发展和终身学习做准备。

苏格兰职前教师教育认证不仅强调保证职前教师教育质量，而且在教师入职前培育良好的专业价值观。通过职前教师教育项目的实施，能够让师范生树立终身学习、自我反思和积极探究的态度和观念，并在日后的教育实践中不断践行，这是苏格兰教师教育认证中比较独特的部分。

3. 强调教育教学实践的重要性

苏格兰的职前教师教育项目认证注重伙伴关系在师资培养训练中的关键作用。通过对提供职前教师教育的大学及其建立合作的中小学的认证与考查，确保师范生在中小学能够顺利进行教育实习，在实践中锻炼自身的专业技能。由于苏格兰的职前教师教育项目主要是由大学主导，不同于英格兰多元的职前教师教育机构的组合，所以中小学的参与机制相对单一明确，对于伙伴关系的指标要求不如英格兰丰富。此外，当师范生完成职前教师教育项目后，可以申请获得临时注册教师资格，这意味着对职前教师教育项目培养质量的肯定。但临时注册教师只有在完成大约一年的教育实践后通过其实践中的良好表现才能获得完全注册教师资格，这意味着苏格兰的教师教育重视师范生的教育实践，在大学接受知识和技能的训练后，仍然需要通过实践的锻炼来确认其是否具备成为一名合格教师的能力。

第四节　英国职前教师教育认证比较

英格兰和苏格兰的认证制度存在着共通之处，如保障职前教师教育质量的认证目的、强调证据收集，重视师范生教学实践的认证过程、强调问责，促进持续改进的认证结果。但是由于历史、教育等方面的差异，英格兰与苏格兰的认证制度也存在着差异，具体体现在职前教师教育一词的表述、认证主体、认证机构、师资培养重点等方面。

一　英格兰与苏格兰职前教师教育认证的相同之处

英格兰和苏格兰的教育制度虽然各自具有独特性，但也有一些共通的地方，例如，都强调教师的可持续发展、重视伙伴关系的重要性、突出教育实习在师资培养训练中的必要性等。通过对于认证目的、认证过程和认证结果的比较，英国职前教师教育认证具有保障职前教师教育质量、重视证据的收集和教学实践、强调问责和注重持续改进等特点。

（一）保障职前教师教育质量的认证目的

国际经合组织、联合国教科文组织等各种国际组织和国际学生评估项目（PISA）、教师教学国际调查项目（The Teaching and Learning International Survey，TALIS）等大型测验通过跨国、跨地区的数据收集和量化比较，促使世界上许多国家形成了一种共识：教学是学校与学生的学业成就高低联系最为密切的重要因素，因此提升教学的有效性、培养高效教师已经迅速上升到教育政策议程的首要地位，而教师的培养和发展是培养高效教师的关键要素。[1] 美国、澳大利亚、新加坡和加拿大等国家通过阐明教师应该通过学习和达到的标准来尝试提高教学质量，这一策略得到了行动理论的支持，并在教育实践中得到了验证。同样，英格兰和苏格兰地区通过对职前教师教育认证来保障教师教育质量，通过教育督导与评估来推动学校的建设、发展和创新。通过学校师资队伍、组织管理机构、课程建设、伙伴关系等方面的评估，学校在自评和他评的过程中可以更清楚地了解自身的不足，有针对性地改善办学条件和提高教学水平，培养适应社会发展需要的教师。

（二）证据导向下重视师范生教学实践

无论是英格兰还是苏格兰，在职前教师教育认证的过程中都强调证据的收集，在申请认证的投标书或文件中都需要提供明确的证据以证明教师教育机构的办学资质和教学基础。在职前教师教育认证的过程中，"证据为本"是其主导原则，强调实际证据材料的呈现与选择。例如，通过对财政报表数据的审查来考查机构的财政运营状况，通过现场考查和听取学校、大学、应届师范生等各方意见对机构进行评价，通过对师范生各项数据的记录来考查其师范生的评估等。通过各种证据的收集和分析，认证机构最终给出认证结果。如果对认证结果不满意，机构有申请再次认证的权利。另外，英国非常重视师范生的教育实践，无论是对于各项数据的记录和评估，还是通过建立良好的伙伴关系促进师范生的教

---

[1] Linda Darling Hammond, "Teacher Education around the World: What Can We Learn From International Practice", *European Journal of Teacher Education*, Vol. 40, No. 3, 2017, pp. 291–309.

育实践的顺利开展，教育实践对于师范生学习的重要性不言而喻。

英国一直具有重视教育实践的传统，在对师范生进行评价时，会将其教学实践作为评估依据。英国的教育实习由大学、实习学校和地方教育行政部门共同管理，拥有对教育实习过程和结果两方面的监控，师范生一般需要在两所不同的学校进行教育实习，以锻炼其教育教学能力和不同教学环境的应变力。而且近几年英格兰的职前教师教育以中小学为主导的项目在不断增加，而且以中小学主导的职前教师教育培养模式在培养结果上的表现也十分突出，基于学校的实践能够将理论与研究与现实相联系，进而深化对理论知识的掌握和培养良好的教学能力。通过教学实践，师范生能够更切实地认识到自身的不足，在实践的锻炼中进一步明晰教育中的普遍规律。

（三）问责导向下促进持续改进

英国职前教师教育认证结果强调问责，如果应届师范生的质量培养不过关，则该机构就面临被取消教育经费拨款的风险，认证以培养结果为导向进行。问责制一方面是为了进行外部的教育质量监控，另一方面是为了督促师资培训机构不断改进，在保障职前教育质量的同时追求更好的发展。在英格兰，尚未通过认证的职前教师教育机构可以通过教育部的反馈进行调整，补全缺失的信息，从而加以改进；而通过职前教师教育认证的机构也不能掉以轻心，如果师范生培养质量不合格，则面临认证撤销的风险。在教育部作出撤销认证的决定之前，职前教师教育机构有机会对教育部提出的存在问题的地方进行处理和改善，如果问题得到了解决，职前教师教育机构的认证不会被撤销，如果没有，则会撤销认证。苏格兰的职前教师教育认证同样强调对于质量的控制，通过认证的项目也需要接受中期认证的检验，以督促职前教师教育机构不断改进，加强对于质量的追求。由此可见，通过认证并不能高枕无忧，具有周期性的认证为职前教师教育的培养不断注入新的活力。

二 英格兰与苏格兰职前教师教育认证的不同之处

英格兰与苏格兰的教育制度各有特色，从对职前教师教育一词的不同表述上可见一斑。英格兰将"职前教师教育"一词表述为"Initial Teacher Training"，更加强调师资培养是一种技能上的训练，可以通过不断的实践进行优化；苏格兰则将"职前教师教育"一词表述为"Initial Teacher Education"，这意味着苏格兰地区认为教师的培养不仅仅是一种知识和技能的训练，同时也是职业价值观形成培养的关键期，在职前教师教育的过程中需要引导启发师范生建立科学的专业价值观和作出个体的承诺，为今后的职业发展打下基础。另外，在认证主体、认证机构等方面也存在着明显的差别：在认证主体上，英格兰强调对机构的认证，苏格兰强调对项目的认证；在认证机构上，英格兰政府主导，苏格兰专业团体主导；在师资培养重点上，英格兰强调教学技能，苏格兰强调专业价值观。

（一）认证主体的类型不同

英格兰的师资训练机构具有悠久的历史，提供职前教师教育机构服务的主体比较多元，有以大学为主导的职前教师教育培养模式，也有以中小学为主导的职前教师教育培养模式，因此，单一的专业认证根本无法满足多元的主体需要，需要通过对机构资格的认证来完成职前教师教育质量的监控。英格兰的认证主要在于提供职前教师教育专业培训的各类机构是否有资格进行师资训练，它会对课程设置、伙伴关系、财务状况等条件进行全面的评估，以确保机构的师资培养质量能够达到合格教师资格标准。通过对机构的认证，英国高等教育市场化的影响得到了更大的发挥，加强了各类培训机构间的市场竞争，强调绩效导向，并为师范生及其家长提供了更加自主的教育选择权。

苏格兰的职前教师教育提供者相对于英格兰地区来说则较为简单，主要是大学主导的师资培养项目的认证。苏格兰的认证主体是大学提供的具有特色的职前教师教育项目，例如，苏格兰爱丁堡大学的中小学融合教育教师职前培养项目由苏格兰政府资助，旨在促进特殊儿童回归主流教育以及满足儿童多元需要和个别差异，培养具有融合品质的中小学教师的项目。该项目与教育学研究生文凭相结合，教学时间为36周，通过融合教育研究生课程的学习培养融合教师的专业素养。课程经过项目组成员、大学、中小学、地方当局代表等多方利益团体的探讨和修订，具有很强的实用性和科学性。参与该项目的师范生通常花18周在爱丁堡大学学习，其学习内容包括专业学习、深度专业学习以及学校实践学习，然后花18周在中小学实习。通过该项目的认证和实施，苏格兰的融合教育取得了不错的成果。因此，苏格兰的职前教师教育培养紧贴教育实践的需要和发展，具有个性化的特点。

（二）认证机构的主体不同

英格兰的职前教师教育认证主要由英国教育部和教育、儿童服务和技能标准局共同完成，只有后者评估为良好及以上等级的机构才能进行职前教师教育认证的申请，对于机构的认证申请一般由教育部组派专门的市场监督小组进行管理和审核。英格兰的认证主要是由政府主导进行的，强调的是外部控制对职前教师教育的质量管理，起到监督的作用。

苏格兰的职前教师教育认证主要由专业的教学组织苏格兰教学专业委员会主导，负责职前教师教育项目的认证，并为苏格兰的教育大臣提供教师教育的相关报告和建议。苏格兰的认证由专业团体构成，在认证小组的构成中也以具有教育教学经验的一线教育工作者为主要力量，认证更加强调教师专业的持续发展和价值观念的培养。认证参考的教师标准是教师专业建设的一种策略和途径，将教师的专业建设视作一个系统，强调教师的专业性和发展性。

不同的组织机构背后折射出的认证理念和职前教师教育理念是有差别的，强调双向选择的英格兰职前教师教育引入了市场竞争，对职前教师教育机构施加外部刺激，促使其不断提升自身的服务质量，以保证公众对师资培养的信任；而强调专业发展的苏格兰职前教师教育更加注重人文的关怀和职业道德素养的培育，致力于通过激发师范生自身的意愿投入到教学服务中去，通过不同的职前教师教育项目培养各类教师服务于教育实践，以获得公众对于教师的尊重和信任。

（三）师资培养的重点不同

通过对相关认证标准分析，可以发现英格兰的师范生专业培养重点在于教学技能的发展，主要包括教师在激发学生学习积极性、课程设计、教学评价等方面教学能力的外显行为表现。英格兰职前教师教育强调可量化的行为指标，注重证据的收集与呈现，更加注重教师教育的实用性，带有一些功利色彩。苏格兰的师范生专业培养重点则在于专业价值观的培养，虽然标准中同样具有教学专业知识与能力的培养要求，但是价值观与信念的树立是培养的核心。由于苏格兰教育体系赋予了教师较大的自主权，每个教师能自主安排自己的课程，比如，教师可以决定用不用教材、采用什么教学模式、怎样规范学生行为等，教师都可以根据自己的工作风格去编排课程。因此，苏格兰的教师在具有极大自主权的同时，同样承担着重要的责任，职前教师教育培养只是被作为一个教师成长的起点，在学习和习得教学知识与能力的过程中更加不能忽视的是教师专业信念的培养，具备专业信念和保持学习精神的成长型教师才能应对社会的发展和巨变。

三 对英国职前教师教育认证的探析

整体而言，英国职前教师教育认证具有权威性、系统性、可操作性和实践性的表征。但在不断变化的教育实践中，英国的职前教师教育认证还有一些问题亟待解决。英国的职前教师教育认证的经验及教训同样可以为中国的师范类专业认证提供一些启示。

（一）主要特征

通过介绍英国英格兰和苏格兰地区的职前教师教育认证形势及对两者进行比较，可以总结出英国的职前教师教育认证具有以下特征：

1. 权威性

认证由具有行政权威的教育部或者具有专业权威的教师教育团体主导，国家力量与专业力量相配合，无论是哪方作为主导地位，都力图保障认证的有效性。行政权威通过教育经费的控制引领职前教师教育机构对质量的追求，而专业权威则是通过为教育大臣提供建议以实现认证的发展。由此可见，专业权威与行政权威的密切配合是确保认证成功的重要因素。

2. 系统性

职前教师教育认证根据相应的教师专业标准进行，目的在于以专业为导向，引领师范生的专业发展。此外，具有专门的组织机构负责认证的进行和维护，具备对应的认证程序供职前教师教育机构了解，认证的结果会通过电邮和专门的信息发布平台公布，这表明英国职前教师教育认证已经形成一个成熟完善的系统。英国职前教师教育认证尤为强调证据的收集和呈现，如需在计划中提交计划时间表、人员分配职责表、课程设计安排等，英格兰地区还需要提供财务状况的记录，这些数据有利于为认证提供丰富的、客观的一手材料。

3. 可操作性

英国职前教师教育认证的指标非常具体，有利于职前教师教育机构根据具体的指标进行自评和操作。无论是认证标准还是引领认证的教师标准，都具有自身的维度划分和具体的指标阐述，内容较为翔实，易于进行操作。英国的职前教师教育认证在评价的过程中，将自评与他评相结合，质性与量化相结合，过程性评价与终结性评价相结合，充分发挥评价对于学校内部质量控制的激发作用。

4. 实践性

英国职前教师教育注重教育实践，认证过程中强调对师范生实习过程和结果的记录和监督，关注师范生在培养的过程中是否能够将所学与教育实践相联结，能否胜任教育实践中遇到的挑战。通过对师范生"学到了什么"和"能做什么"的记录和评估，来评价教育产出，进一步判断职前教师教育机构教育质量的高低。

英国的职前教师教育是教师专业发展的起点，其在职教师培训已经形成了完整的体系。2007年，学校培训与发展处发布的《英格兰教师专业标准》，将教师分为五个等级：合格教师、普通教师、资深教师、卓越教师、高级技能教师，并制定了达到每个等级的详细标准，将职前教师教育纳入整个教师职业生涯发展过程。① 而苏格兰通过一系列的教师标准来引领教师职业生涯的发展。作为教师职业起点的职前培养，关系到教师准入机制的严格程度，通过认证能有效地从源头上保障教师教育质量。

（二）存在的问题

英国的职前教师教育认证虽然取得了良好的成绩，自2008—2017年在《新任教师年度调查》（Newly Qualified Teachers: Annual Survey）中师范生对于教师培养质量的满意度评价总体呈上升趋势。② 但是在其认证的过程中依然存在着一些问题。

第一，师范生准入条件规定的问题。英格兰的职前教师教育标准规定师范生的英语和数学普通中等教育证书考试达到4级标准或者有其他能够证明其知识和能力的文件材料，这一点旨在确保师范生具有良好的

---

① 赵敏：《英格兰与威尔士中小学教师职前教育政策发展研究（1944—2010）》，博士学位论文，华东师范大学，2019年。

② UK, "Newly Qualified Teachers: Annual Survey", (2018-09-05), https://www.gov.uk/government/collections/newly-qualified-teachers-annual-survey. (2020-04-15).

知识水平能胜任教育知识的学习，但是这个标准的制定是以何为依据得出的，目前尚无定论。人们普遍认为，高学业成就的学生从事教育工作将会取得更好的效果，职前教师教育质量能够提高，因此各国采取措施提升教师职业吸引力，尽量吸收高学业成就的学生参与到教育教学事业中。但是，高学业成就师范生是否与高水平教师呈正相关关系，还未得到实证调查的支持。另外，标准中还提到招募适合从事教学、具有教学意愿的学生开展职前教师教育工作，可是在实际评估的过程中，如何确保师范生的"适合性"，这一概念如何落实到具体操作并未提及和详述。

第二，测量指标和工具的可靠性问题。英格兰的认证制度强调师范生教学行为的表现，而苏格兰的认证制度则强调专业价值观的培育。仅测量行为是否能够反映其教学的成果、行为是否可教、专业价值观如何进行测量这些都是值得思考的问题。关于行为是否可教，目前学界仍然存在争议，关于专业价值观的测量，苏格兰教学委员会的文件要求职前教师教育机构列出致力于培育价值观的内容以及如何通过课程组织来进行价值观的培育。价值观属于非常重要但是又难以量化的概念，认证的时候如何进行组织和评价而不致其流于形式是一个难题。

第三，伙伴关系的有效性问题。伙伴关系在英国的职前教师教育中具有极其重要的作用，认证中也提及了对于职前教师教育计划中伙伴关系部分的介绍和信息呈现，但是伙伴关系是否具有有效性、伙伴关系的质量如何并未涉及。英国教育部最近意识到了伙伴关系的问题，并于2020年发布了绿皮书《职前教师教育考察框架和手册》（*Initial Teacher Education Inspection Framework and Handbook*），[①] 向公众征询意见。2020年4月意见征询截至，草案预计于2020年9月颁布。该草案由教育、儿童服务和技能标准局负责，主要是针对职前教师教育中伙伴关系的检查，文档的主要内容包含两个部分：第一部分是职前教师教育伙伴关系检查的框架，介绍了为什么进行职前教师教育合作伙伴关系的检查、检查职

---

① UK, "Initial Teacher Education Inspection Framework and Handbook 2020: Inspecting the Quality of Teacher Education", (2020 – 01 – 27), https：//www.gov.uk/government/consultations/initial-teacher-education-inspection-framework-and-handbook-2020-inspecting-the-quality-of-teacher-education. (2020 – 04 – 16).

前教师教育伙伴关系机构的目的和原则以及进行职前教师教育检查的法律依据，第二部分是职前教师教育手册，主要介绍了如何进行证据的收集和判断，职前教师教育合作伙伴关系检查之前、检查过程中和检查结束后的流程以及进行分级判断的评估标准。另外附录部分介绍了聚焦于主题学科或专业课程的检查和指导如何进行的内容，力图对合作伙伴关系中主题培训的质量、一致性和严谨性进行检查。该文件主要针对职前教师教育伙伴关系部分进行督察作出了详细的方案介绍，以通过对伙伴关系有效性的独立的外部评估进行诊断并给予其可以采取的改进措施，进而保证达到最低标准，通过问责进行教师教育质量的改善和提高。

目前中国已经完成了师范类专业认证的试点工作，教育部于2017年和2018年分别印发了《办法》和《指南》的文件，为中国的师范类专业认证工作的开展提供方向和要求。中国的师范类专业认证工作开展尚处于起步阶段，而英国的职前教师教育认证工作已经进行了长期的实践，其中有许多经验值得我们借鉴。首先，中小学与大学在师范生培养过程中应该是合作伙伴关系，而非依附关系。中国相关文件对于大学与中小学的"合作与实践"部分也有阐述，但是并未做到像英国一样有明确的职责划分和责任归属。英国职前教师教育认证体系中合作伙伴关系的构建需要有明确的协议，对认证过程中各主体的职责和角色有明晰的界定与分工，以确保在应对职前教师教育过程中出现的各种情况时可以作出一致的安排。此外，如何确保职前教师教育合作伙伴机构的质量也是应该考虑的问题。另外，英国要求合作伙伴关系的协议和补充文件需要在一定的时间间隔内更新，以保证教师教育的培养与时代的发展相契合。

其次，在统一标准下如何兼顾特色发展。苏格兰地区的职前教师教育专业认证标准是统一的，适用于苏格兰地区所有职前教师教育的认证。中国的师范类专业认证标准同样是统一的，用于指导全国的师范类专业认证工作的进行。在统一的认证标准下，如何利用制度设计避免各省高校在进行师范类专业认证工作的过程中出现同质化倾向也是一个值得思考的问题。苏格兰地区采用的是对职前教师教育培养项目进行认证，虽然项目需要按照认证标准的要求进行，但是同样可以具有自身的发展特色，如苏格兰的IPP项目。

最后，推动融合教育，促进教育公平。教育公平是各国普遍关注的重要教育问题,满足特殊儿童的学习需要,保护儿童的社会和心理健康,是社会义不容辞的责任。英国自 1978 年的《沃诺克报告》(*Warnock Report*)后开始进行融合教育的探索,对融合教师的培养主要放在职前教师教育阶段,在教师标准中强调教师要应对每个儿童的发展需要提供支持。苏格兰地区的职前教师教育项目中进行了融合教师的培养和认证,而这一点在中国的师范类专业认证中尚未得到关注。

英国职前教师教育认证的发展具有其特殊的历史背景,顺应了时代的潮流,在实践中不断改进,具有循证导向、问责导向、实践导向、持续改进的特点。其认证过程中极其重视师范生的教学实习,强调师范生培养中伙伴关系的建立、分工与保持,注重职前教师与在职培养间的衔接,强调教师生涯的可持续发展。中国的师范类专业认证中可以借鉴英国关于伙伴关系的规定,关注高校与中小学间的合作关系,将教学实践与教学导师的责任落实到具体的实践中,保障教学实习的效果。

第四章

德国师范类专业认证

随着欧洲一体化进程的逐渐深入，德国教师教育的发展也趋于国际化。德国师范类专业认证作为教师教育质量保证体系的重要一环，在其高等教育国际化进程中发挥着重要作用。值得注意的是，德国并未构建起专门的师范类专业认证体系，而是作为高等教育认证体系中的一部分不断进行发展的。

第一节 德国师范类专业认证的背景

德国是世界上最早创办高等教育的国家之一，延续了崇尚自由与真理的传统，在世界高等教育范围内保持着鲜明的特色。然而，进入20世纪以后，随着经济与生产力的发展，国际高等教育的发展重心与话语权已逐渐转移，德国传统的高等教育因难以适应潮流而被边缘于世界一流高等教育系统外。此外，20世纪末，德国学生在国际测试中的成绩均低于欧洲平均水平，更坚定了德国进行高等教育改革的决心，加速了其参与欧洲一体化进程的步伐。

一 外部动力：欧洲博洛尼亚进程发起与推进

博洛尼亚进程是欧盟成员国共同致力于高等教育一体化所形成的过程，旨在联合欧洲各国打破高等教育的壁垒，建立欧洲高等教育质量保障体系以促进高等教育高水准、高质量的发展。博洛尼亚进程的建立还可以加快人才流动速度，满足欧洲各国政治、经济、文化的发展之需，亦有助于欧洲各国在当今飞速发展的世界里集中力量形成双赢，以便在国际竞争中占领一席之地。

(一) 博洛尼亚进程的背景

第二次世界大战后,世界政治、经济、文化等进入急速发展时期,为了能在国际竞争中处于优势地位,欧洲国家开始联合起来以推动自身发展。1951年,法、德、意、荷兰、比利时与卢森堡共同签署《欧洲煤钢联营条约》,初步成立欧洲共同体。1957年六国又签署了《罗马条约》,建立起欧洲经济共同体。在欧洲共同体的基础之上,1993年欧盟正式成立,致力于推动欧洲政治、经济一体化。[①] 随着欧盟的成立与发展,欧洲各国政治、经济间的合作不断深入,各国间的摩擦也不断增多,因此它们对欧洲共同体的建设提出了更高的要求。

为了解决一体化进程中所面临的问题,欧盟各国间的交流深入到文化层面成了一种必然趋势。由于欧洲各国高等教育具有其独特的历史积淀与特征,不同国家间的学制、课程设置等都存在差异。因此,欧洲各国人才难以相互流通,不利于教育的互促发展。但高等教育机构作为推动文化交流的重要阵地,受到欧洲各国重视,高等教育体系间的相互认证与转化建设则被欧盟提上了日程。

此外,作为现代大学的发源地,欧洲各国高等教育是世界各地建设高等院校争相学习的模板。然而随着世界经济重心的转移,世界高等教育发展的中心也逐渐从欧洲转移到了美国。为了增强欧洲高等教育的话语权,欧洲高等教育一体化改革势在必行。

(二) 博洛尼亚进程的发展

1999年,欧洲29个国家于意大利博洛尼亚共同签署了《博洛尼亚宣言》,致力于用十年时间构建欧洲高等教育一体化系统。自签署了《博洛尼亚宣言》后,博洛尼亚进程又相继发布了《布拉格公报》(2001)、《柏林公报》(2003)、《卑尔根公报》(2005)、《伦敦公报》(2007)、《鲁汶公报》(2009)、《布加勒斯特公报》(2012)、《埃里温公报》(2015)。从《博洛尼亚宣言》至《埃里温公报》,揭示了不同阶段欧洲高等教育发展的需求与特征。至此,欧洲已建立起具备合作性、流动性、

---

① 杨天平、金如意:《博洛尼亚进程述论》,《华东师范大学学报》(教育科学版)2009年第1期。

可对比等特征的高等教育体系，不仅促进了欧洲地区高等教育的改革，更增强了国家间高等教育的合作，推动了欧洲地区文化的交流与融合。

二 内在动因：职前教师教育制度日益僵化

德国职前教师教育历经发展，形成了较为稳定的师资培育制度，为学校培养了大量高质量的教师。但随着欧洲共同体合作的逐渐深入，德国职前教师教育制度的弊端逐渐显露。一方面，德国师范人才的培养权长期被掌握在国家手中，地方与高校的自主权有限，不能根据学生、教师、环境等因素适时调整培养方案。另一方面，职前教师教育6年的修业年限相较于其他国家职前教师教育专业而言时间较长，与国际职前教师教育体制相脱轨。

（一）德国师范类专业质量保障制度单一

德国职前教师教育由来已久，早在17世纪就已出现了教书先生行会，一些地区还制定了行会章程，规定教书先生应在学习教书技巧后再从事教学工作，学习时间一般在6年以上，毕业前需进行考试，合格者可在行会附设的学校从事教学工作。1810年，洪堡进行教育改革，颁布了教师资格考试敕令，规定只有通过国家资格考试者才可获得教师资格证书。历经近两个世纪的发展，德国教师培养虽有局部调整，但却一直秉持着国家管控职前教师教育的宗旨。因此，德国师范专业质量保障主要依靠国家调控与高校内部自我监督，缺乏外部保障机制。20世纪末，在博洛尼亚进程的契机下，德国开始对师范类专业质量保证体系进行改革，从内部和外部两个方面加强了师范类专业质量保障的力度。

（二）地方与高校缺乏自主权

德国的职前教师教育由国家与政府掌控话语权，主要表现在国家制定统一的教师教育标准、学科教学内容及教师资格的认定等。虽然各州能根据地区特点制定不同的师范类专业政策，但需要以联邦制定的标准为基础。此外，地方政府和国家分别负责一次教师资格考试，且教师的学习内容由政府主导，高校所拥有的办学自主权较少，不能根据现实环境及时更新教师教育培养方案。

（三）师范类专业修业年限较长

德国师范类专业修业年限在不同的州具有不同情况，但一般为6年，主要包括修业与见习两个阶段。修业期限以不同州为单位而有所差异，基本为4年左右，课程内容主要为教育学知识、学科知识及学校实践。师范生在经过第一阶段的职前教师教育后，需进行第一次国家考试，考试主要以论文、笔试和口试的形式开展，顺利通过第一次国家考试的师范生将取得见习的机会。德国见习工作由州文教部主管，师范生需向文教部提交申请，文教部根据本州师资需求与申请者实际情况，分配申请者的见习岗位。见习阶段时间为两年，在见习结束前，见习教师须进行第二次国家考试。第二次国家考试主要包括毕业论文、口试和见习学校校长的评估报告，通过第二次国家考试后，见习教师才可向州文教部或学校申请教师职位，成为一名正式教师。

长时段的职前教师培养保证了德国教师的质量，但却使德国职前教师教育体系与国际脱轨，以至于在和其他国家进行高校合作时无法很好的对接，容易产生学位关系不对等的现象。如学生在其他国家修完教育学士课程后即可成为一名教师，而德国需修完教育硕士课程才能拿到教师资格证，因此在师范生交换时难以进行学分转换，不利于国际学生的流动，阻碍了德国职前教师教育的进一步发展。

三 深层原因：学生在国际测试中成绩不理想

在政治、经济全球化局势的影响下，国与国间的交流日益增多，一些国际组织计划并实施了部分国家和地区的测试，以横向测试的方式考查了国家间教育发展水平，其中测试范围较广的有"第三次数学和科学研究"（Third International Mathematics and Science Study，TIMSS）与国际学生评估项目。

（一）TIMSS测试结果带来的冲击

1995年国际教育成就评价协会（International Association for the Evaluation of Educational）测试了45个国家和地区的部分中小学学生的数学与科学成绩，被命名为TIMSS。参与测试的年级主要集中于小学的三、四年级，中学的七、八年级与高中的毕业班，测试题以选择题和问答题的形式呈现。[①] 根据测试结果所形成的报告对于各国的教育都产生了极大的影

---

① 李建华：《"第三次国际数学与科学研究"成果评介》，《比较教育研究》1999年第3期。

响。作为教育理念与实践经验较为先进的德国，在此次测试中成绩处于欧洲中下游，这一结果使德国教育界震动，令教育界开始对本国教育进行反思。

（二）PISA测试成绩排名较为落后

PISA是由经济合作发展组织开发的教育评价项目，目的在于测试15岁（中学毕业班）的学生是否掌握了阅读、科学和数学的核心知识与技能，自2000年以来每3年举行一次。德国自2000年OECD举行PISA测试以来，参与了每一次测试。在2000年的PISA测试中，德国的成绩排名与TIMSS测试类似，位于OECD国家中下游（见表4—1）。

表4-1 德国参加历次PISA测试成绩在OECD国家中的排名

测试年份	参加PISA测试的OECD国家数（个）*	德国各科目成绩在OECD国家中的排名（名）		
		阅读	数学	科学
2000	30	21	19	20
2003	30	18	16	15
2006	34	14	14	8
2009	34	16	10	9
2012	34	13	10	7
2015	34	8	11	9
2018	36	16	16	13

* 2000年的OECD国家数包含正式成员国28个和后来（2010年）加入OECD的智利与以色列；2006年、2009年均包含后来（2010年）成为OECD国家的智利、以色列、爱沙尼亚、斯洛文尼亚。2015年后又加入了拉脱维亚与立陶宛。

资料来源：李志涛：《PISA测试推动下的德国教育政策改革：措施、经验、借鉴》，《外国中小学教育》2017年第6期；OECD,"PISA 2018 Results", https://www.oecd.org/pisa/publications/PISA2018_CN_DEU.pdf.（2020-02-23）。

2000年，德国的PISA测试成绩低于OECD的平均值，这对其基础教育产生了极大的冲击，促使德国政府与教育部门对本国教育进行了调整以保证人才培养的质量。由于教师是教学过程中的主体之一，因此针对职前教师教育的改革成了教育改革的前提与基础。

四　法律支持：师范类专业认证的依据

1998年，在博洛尼亚进程的驱动下，德国对《高等学校基准法》进行了第四次大规模的修订。修订后法案的第十九条将"学士—硕士"二级学位制度引入德国高等教育体系，使高等教育学位制度与国际相接轨。不仅如此，为了使学分更容易兑换，《高等学校基准法》的第九条取消了德国原来的考试规程与框架，规定学程考试可以运用考试规程或其他方式（如经国家认证的考试规章等）进行。1999年，德国各邦文教部会议（Kultusministerkonferenz）通过了《引进学位和硕士学位课程结构计划》（*Einführung eines Akkreditierungsverfahrens für Bachelor/Bakkalaureus und Master/Magisterstudiengänge*），目的在于完善《高等学校基准法》中的第九条条例，确保二级学位制度与德国高等教育体系相适应。德国政府与文教部关于高等教育学位制度的立法为实施与开展高等教育认证扫清了障碍，在此之前，德国高等教育质量保障以高效内部管理与认证为主，缺乏外部保障措施。

此外，德国高等教育认证体系还受到欧洲高等教育领域所制定的法律的约束与保障，主要有《欧洲高等教育领域质量保证标准和指南》（以下简称《标准和指南》）[①]、博洛尼亚进程所包含的文件、《里斯本公约》与欧洲学分互证系统（European Credit Transfer and Accumulation System，缩写为ETCS）。依据欧洲高等教育领域制定的相关法律，德国制定并颁布了《关于建立德国大学学习与教学质量共同认证制度的国家条约》（*Staatsvertrag über die Organisation eines gemeinsamen Akkreditierungssystems zur Qualitätssi-cherung in Studium und Lehre an deutschen Hochschulen*，以下简称《国家认证条例》）、《根据〈国家认证条例〉第4条1—4制定的示范条例》（*Musterrechtsverordnung gemäß Artikel 4 Absätze 1 – 4 Studienakkreditierungsstaatsvertrag*，以下简称《认证示范条例》）等。《国家认证条例》以法律形式规定了质量保证的基础、原则、标准及措施，对专业认证机构（基金会、认证委员会、办公室等）作出了要求。并强调，大学的首要任

[①]《欧洲高等教育领域质量保证标准和指南》英文全称为"Standards and Guidelines for Quality Assurance in the European Higher Education Area"，ESG。

务是确保和提高教师教学和学生学习的质量。《认证示范条例》由文教部决议，规定了高等教育认证的正式标准、学术标准、体系认证的程序与规则等。

不仅如此，各州依据不同的高等教育发展环境，还制定了属于本州的认证法令。如《巴登符腾堡州科学部关于专业认证的条例》（Verordnung des Wissenschaftsministeriums Baden Württemberg zur Studienakkreditierung）、《巴伐利亚州根据〈国家认证条例〉制定的认证管理条例》（Bayerische Verordnung zur Regelung der Studienakkreditierung nach dem Studienakkreditierungsstaatsvertrag）、《关于柏林州专业认证要求和程序的条例》（Verordnung zur Regelung der Voraussetzungen und des Verfahrens der Studienakkreditierung im Land Berlin）等。①

除政府制定了德国高等教育认证的法律法规之外，认证委员会也制定了《关于认证委员会基金会的法案》［Gesetz über die Stiftung Akkreditierungsrat（Akkreditierungsratsgesetz）］以保障高等教育认证的顺利推进。《关于认证委员会基金会的法案》共 14 项细则，涵盖了基金会认证委员会的基本要求（如名字、地址、形式、成员等）、基金会、认证代理机构、认证费用、法令、基金会下设机构、董事会、基金会办公室、监督方法等。②

第二节 德国师范类专业认证体系

德国师范类专业认证体系由认证机构、认证方式、认证标准、认证程序等内容构成。在此节中，主要阐述德国师范类专业认证的组织机构，专业认证、体系认证和替代程序三种认证方式及其认证程序。

一 师范类专业认证机构

根据分工的不同，认证机构由认证委员会基金会、认证代理机构两

---

① Akkreditierungsrat, "Gesetze und Verordnungen", https://www.akkreditierungsrat.de/de/akkreditierungssystem-rechtliche-grundlagen/gesetze-und-verordnungen/gesetze-und-verordnungen. (2020-03-10).
② Akkreditierungsrat, "Rechtsgrundlagen der Stiftung", https://www.akkreditierungsrat.de/de/akkreditierungssystem/rechtliche-grundlagen/rechtsgrundlagen-der-stiftung. (2020-03-10).

个部分组成，认证委员会基金会由认证委员会、董事会、办公室等组织构成，共同负责德国认证工作的开展。

（一）认证委员会基金会及其附属机构

德国高等教育认证主要由认证委员会基金会负责总体事务，下设认证委员会、董事会、办公室及认证代理机构。

认证委员会基金会是由各州共同建立的联合机构，负责保证德国高等教育教学与学生学习的质量，参与认证体系目标与要求的设计和开发，完成《国家认证条例》中规定的任务。任务主要有：（1）致力于科学自由和大学自治，并承担保证德国大学教学质量的主要责任；（2）基金会应将认证过程视为常规的外部质量保障；（3）确保从认证委员会的申请到决定的整个过程，都能够快速、可靠、及时并透明地执行认证程序，尽量减少申请大学机构的管理工作；（4）基金会行为应符合其工作基础的法律条令；（5）确保认证决定是独立于第三方作出的，并采取恰当的措施防止可能出现的利益冲突；（6）促进参与认证过程的所有成员间的沟通，努力争取所有利益相关者的信任；（7）认证委员会基金会应对其任务的执行情况进行反思，定期评估大学和机构的反馈意见，并能以此经验为基础推动德国高等教育质量保证体系的进一步发展。①

认证委员会基金会下设认证委员会、董事会与办公室，其中基金会由 11 位成员组成，分别是 6 位来自州的代表与 5 位德国校长联合会代表，主要功能在于监督认证委员会与董事会所进行的基金会活动的合法性与运行效率。董事会负责执行认证委员会的决议，管理基金会的日常事务，办公室则负责支持执行基础任务。②

1999 年，德国文教部与高校校长联合会共同决定成立认证委员会以负责制定认证代理机构的认证标准，并监督认证代理机构的认证过程。截至目前，认证委员会是认证委员会基金会的中央决策机构，由它决定

---

① Akkreditierungsrat,"Leitbild der Stiftung Akkreditierungsrat", https：//www. akkreditierungsrat. de/de/stiftung-akkreditierungsrat/leitbild/leitbild. （2020 - 02 - 05）.

② Akkreditierungsrat, "Vorstand", https：//www. akkreditierungsrat. de/de/stiftung-akkreditierungsrat/vorstand/vorstand. （2020 - 02 - 05）.

对大学进行认证与再认证，认证委员会成员任期为四年。①

认证委员会由 8 位大学代表、1 位校长联合会议代表、4 位联邦政府代表、5 位专家、2 位学生代表与 1 位机构负责人共同组成。认证委员会规定成员在履行其职责时，需遵循以下原则：（1）认证委员会成员作为认证专家组专家时，作出的决定应仅基于大学教学质量，不受第三方指示的约束；（2）认证委员会成员应真诚地为基金会的利益作出决定；（3）认证委员会成员应对第三方保持机密；（4）认证委员会成员不得利用其特殊身份维护自己或第三方利益，并避免滥用其在工作过程中获得的信息；（5）认证委员会成员和候补成员在有利益冲突或对将要处理的项目有偏见时，他们将不得参与关于此问题的决定。成员不得对自己所属的州内大学进行投票；（6）拥有投票权的认证委员会成员不能同时参与以下活动：在认证委员会批准的认证机构中工作；或参与认证系统的其他认证组织，例如，在替代程序中工作；（7）拥有顾问身份的成员没有投票权，但可在认证机构中工作；（8）认证委员会成员仅在有适当理由和场合时才能接受第三方招待的礼物或服务，但成员不得给第三方留下影响或期望。②

此外，认证委员会还指出，高等教育认证的目的与用途在于：（1）德国高校教学质量得到明确与保障；（2）教育质量信息可视化，为感兴趣的公众与学生提供决策信息；（3）为潜在学生、在校学生提供"消费者保护"；（4）保证学位间的对等，促进教育内容与学习计划理念的多样性；（5）提高高校对教学质量的认识与自我责任感；（6）为提高学习质量，进行高校治理与管理的实践；（7）教育质量管理体系目的在于确保和提高高等教育质量；（8）增加区域与国际层次中的流动性；（9）提高研究计划的质量保证标准与程序的透明度；（10）确保德国研究计划得到国际法律上的认可。

（二）高等教育认证代理机构

截至 2019 年年底，德国共设立了 10 个认证代理机构，可分为专业导

---

① Akkreditierungsrat,"Akkreditierungsrat", https://www.akkreditier-ungsrat.de/de/stiftung-akkreditierungsrat/akkreditierungsrat/akkreditierungsrat.（2020-02-07）.

② Akkreditierungsrat,"Verhaltenskodex", https://www.akkreditieru-ngsrat.de/de/stiftung-akkreditierungsrat/verhaltenskodex/verhaltenskodex.（2020-02-08）.

向的质量保证机构和跨学科的质量保证机构,跨学科的质量保证机构有 6 个,分别为 ACQUIN、AQ Austria、AQAS、evalag、AAQ、ZEvA;以专业为导向的质量保证机构有 4 个,分别为 FIBAA、AHPGS、AKAST、ASIIN (详见表 4-2)。

表 4-2　　　　　　德国认证代理机构简写与全称

代理机构简写	代理机构全称
ACQUIN	Accreditation-, Certification and Quality Assurance Institute 认证、资格与质量保证协会
AQ Austria	Agency for Quality Assurance and Accreditation Austria 奥地利质量保证与认证代理机构
AQAS	Agency for Quality Assurance through the Accreditation of Study Programmes 专业认证与质量保证代理机构
evalag	Evaluation Agency Baden-Württemberg 巴登—符腾堡州评估代理机构
AAQ	Swiss Agency of Accreditation and Quality Assurance 瑞士认证和质量保证代理机构
ZEvA	Central Evaluations-and Accreditation Agency Hannover 汉诺威中央评估与认证代理机构
FIBAA	Foundation for Business Administration Accreditation 工商管理认证基金会
AHPGS	Accreditation Agency for Study Programmes in Special Education, Care, Health Sciences and Social Work 特殊教育、护理、健康科学与社会工作研究项目认证代理机构
AKAST	Agency for Quality Assurance and Accreditation of Canonical Courses of Studies in Germany 德国神学课程质量保证与认证代理机构
ASIIN	Accreditation Agency Specialized in Accrediting Degree Programs from the Fields of Engineering, Informatics/Computer Science, the Natural Sciences and Mathematics 工程、信息/计算机科学、自然科学和数学专业认证代理机构

资料来源:Akkreditierungsrat,"Agenturen",https://www.akkreditierungsrat.de/de/akkreditierungssystem/agenturen/agenturen.(2020-02-10)。

认证代理机构独立于认证委员会，拥有自制的认证法规与原则。如ACQUIN指出，作为自治机构，其发展不受国家影响，注重学术自由与精神的独立。汉诺威中央评估与认证代理机构作为欧洲认证联盟（European Consortium of Accreditation）的创始成员，成立于1995年，早于德国高等教育认证体系的创建。并在2008年通过下萨克森州政府的决议，成为一个独立的认证代理机构。①

然而，德国未专门设立负责师范类专业认证的代理机构，因此，师范类专业在选择认证代理机构时，需根据地区与代理机构的特点进行选择。代理机构在进行专业认证时应遵守认证委员会制定的标准与原则。认证委员会强调：认证的概念应基于"目的适度法"，即在认证过程中考虑高校制定的公开的预期学习结果，以及建议的学习概念是否可能达到有效学习成果的问题。基于此，认证委员会指出认证代理委员会在进行认证过程中，需考虑到以下5个原则，分别是目标的有效性、概念的适当性、实施的真实性、监督的诚实性、及时性。

二 师范类专业认证方式

德国高等教育认证主要通过三种方式完成，分别是专业认证（Programmakkreditierung）、体系认证（Systemakkreditierung）和替代程序（Alternative Verfahren）。

（一）专业认证

专业认证是指通过认证代理机构对高校学士/硕士学位课程进行评估，其程序是基于同行评审的多阶段过程。② 高校在委托认证代理机构进行认证时需先通过认证委员会的批准，得到批准后认证代理机构将成立专家组进行认证，专家组成员的素养既要能够反映学科重点，又要能够体现课程的具体情况。在认证过程中，专家组以《认证示范条例》的第3部分为标准对专业进行考查，考查结束后，还应撰写认证报告，对进行

---

① ZEvA，"Über die ZEvA"，https：//www.zeva.org/fileadmin/Downloads/Englische_Selbstdarstellung_der_ZEvA.pdf.（2020-04-25）.

② Akkreditierungsrat，"Programmakkreditierung"，https：//www.akkreditierungsrat.de/de/akkreditierungssystem/programmakkreditierung/programmakkreditierung.（2020-02-17）.

认证的专业提出建议。此外，一般情况下，专业认证以个体的形式呈现，但课程也能以有意义与合理的方式捆绑在一起，进行集群认证。但汉诺威中央评估与认证代理机构指出，如果一所大学或一个较大的学院对全部或大部分课程进行认证，通常还需先进行模型/系统评估。①

根据不同认证形式，专家组在撰写认证报告时需采用不同的认证报告模板。依据鉴定报告与专家意见，认证委员会决定最终的结果。顺利通过项目认证的专业，将会获得盖有基金会的质量印章的证书，认证委员会也会在网站公布其决定及专家意见。所有认证方式的期限皆为八年，认证到期前高校需及时进行再次认证。

（二）体系认证

体系认证是指认证代理机构对高校内部质量保障体系进行认证，通过体系认证的高校有权考查课程，若课程通过高校体系认证，高校可授予它们认证委员会的质量印章。体系认证亦是同行评审的多阶段过程，一方面需通过认证委员会的审核才有认证资格；另一方面只有取得专家组的认可、通过认证委员会的最终确认才能获得质量印章。②

专家组作为体系认证过程中的关键一环，在选择专家组成员时，需要考虑到专家组成员的构成。认证委员会明确到：体系认证专家组成员至少为5位，需包括（1）至少三名具备教学质量保障经验的大学教师；（2）专业实践代表；（3）学生代表。而专业认证的专家组成员则至少为4位，由至少两名大学教授、专业实践代表和学生代表构成。在认证过程中，专家组需以《认证示范条例》为标准展开评估，还可与大学代表进行现场考查以加深对于该校质量保障体系的了解，进而提出认证意见。

（三）替代程序

在专业认证与体系认证之外，认证委员会开发了替代程序以用于高

---

① ZEvA, "Programmakkreditierung", https：//www.zeva.org/programmakkreditierung. (2020 - 04 - 18).

② Akkreditierungsrat, "Systemakkreditierung", https：//www.akkreditierungsrat.de/de/akkreditierungssystem/systemakkreditierung/systemakkreditierung. (2020 - 02 - 18).

校认证。替代程序是大学独立开发的,并与专业认证和体系认证遵循着相同的质量标准,是常规认证方式之外质量保证的替代方法。[1] 在实施替代程序前,其本身应得到认证委员会的认可,只有成功通过认证的替代程序才具有自我评估、认证课程的权利。在对替代程序进行认证时,认证委员会可以执行全部或部分评估程序,但也可以将这些活动委托给第三方。认证委员会将根据自我评估报告和高等教育认证间的等效性、专家组意见作出评估决定。

替代程序通过认证后,认证委员会将授予它认证委员会基金会的质量印章,获得认证委员会基金会印章的替代程序所在大学,有权对其校内通过考核的课程授予印章。在使用替代程序前,还应获得主管科学的机构和认证委员会的批准。获得批准后,实施替代程序过程的细节应在认证委员会基金会和申请大学之间的协议中进行明确规定。此外,在认证期满前两年,替代程序应由一个独立的科学机构进行评估,认证委员会根据评估结果和程序检测结果,建议是否继续采用替代程序。

三 师范类专业认证程序

德国师范类专业认证的程序与其高等教育专业认证的程序保持一致,可以分为准备、评审、决定、反馈与调整四个阶段;专业认证程序又与体系认证程序相同,专业认证强调对某个学科的认证,体系认证强调对高校的教学系统认证,获得体系认证的高校可以对学校内通过《认证示范条例》的专业授予质量证书。

(一)准备阶段

对专业认证而言,高校需先撰写申请报告,然后向认证委员会提交申请。认证委员会批准后则寻找具体的认证代理机构进行认证。同时,认证代理机构将会详细审核高校所提交的申请报告。申请报告需对所认证课程进行简要介绍,重点突出与学科、课程相关的内容。认证代理机构通过初步审核高校认证申请后,将根据高校认证要求所需资源制定行程与费用。行程计划与费用需与高校进行协商后方可确认并签订合同。

---

[1] Akkreditierungsrat, "Alternative Verfahren", https://www.akkreditierungsrat.de/de/akkreditierungssystem/alternative-verfahren/alternative-verfahren. (2020-02-18).

对系统认证而言，高校联系代理机构共同商议认证行程与费用，达成一致意见后签订合同。随后，高校可向认证委员提交申请报告，若得到同意可进入下一阶段。

（二）评审阶段

在专业认证进行评审前，高校根据要求填报并提交自我报告，但在最终提交之前，认证代理机构将根据《认证示范条例》中的正式标准来举行一次会议以审核自我报告的完整性。在完成自我报告后，认证代理机构将组织专家组进行实地考查，一般为 1.5 天以上时间。专家组根据实地访查结果撰写认证报告，并对高校存在的质量问题提出建议。

体系认证的评审阶段与专业认证程序大体一致，不同之处在于体系认证中专家组需进行两次现场访问。在第一次访问中，专家组将通过与大学质量管理体系中的关键参与者交谈，深入了解质量管理体系的有效性与特征。第二次现场访问专家组将侧重于对质量保证体系的分析与评估，之后，专家组将依据大学自我报告与实地考查的结果撰写认证报告。

（三）决定阶段

对专业认证而言，认证报告在完成后需送到高校中接受学校意见，若无异议，则由认证代理机构将认证报告与自我报告一同提交到认证委员会，并申请认证。认证委员会依据专家报告与学校意见作出决定。决定、专家报告及学校意见将被共同送至认证委员会基金会，基金会将进行复议形成最终结论。认证基金会需在官网公布认证报告，并将报告送至受评高校及其所属地的文教部。

对体系认证而言，认证报告完成后需送到高校讨论，如果报告和/或测试报告表明尚未满足《认证示范条例》的个别（部分）标准，大学可以与认证代理机构一起进行修改。修改完成后，大学的自我报告与专家的认证报告将一起提交给认证委员会，从而申请体系认证。

（四）反馈与调整阶段

高校需根据专家组提出的认证意见进行限期修改，并将能够证明调整的证据递交到认证委员会，以说明师范专业及其所在高校已按照专家组意见进行了改动。认证委员会依据师范专业所提供的证据决定高校是否按照专家组意见进行了调整，若高校未进行调整，则将撤销其认证结果。

在这个阶段，体系认证与专业认证中的程序相同，就不再赘述。

第三节 德国师范类专业认证标准

德国认证委员会以欧洲高等教育相关组织制定的《欧洲高等教育质量保证标准和指南》为基础，构建了本国的专业认证标准——《认证示范条例》作为专业认证的框架与内容。此外，在进行师范类专业认证时，专家组还需参考《德国教师教育标准：教育科学》中关于教师教育制定的课程内容、能力目标等内容。

一 《欧洲高等教育质量保证标准和指南》

为了能令欧洲各国高校对于高等教育质量有共同的理解，2005 年，欧洲高等教育质量保证协会（European Association for Quality Assurance in Higher Education，ENQA）、欧洲学生联盟（European Students'Union，ESU）、欧洲高等教育机构协会（European Association of Institutions in Higher Education，EURASHE）及欧洲大学协会（European University Association，EUA）合作制定了一项提案，随后该提案被负责高等教育的部长们通过，成为《欧洲高等教育质量保证标准和指南》。随着欧洲高等教育质量保证的目的与意义不断变化和发展，2012 年负责高等教育机构的部长们邀请"E4"（ENQA，ESU，EUA，EURASHE）及国际教育组织、欧洲商业银行、欧洲高等教育质量保证注册机构合作修订了《欧洲高等教育质量保证标准和指南》。经过几轮主要利益相关者与部长们的磋商，合作小组更新了《欧洲高等教育质量保证标准和指南》，该指南于 2015 年 5 月通过并发表。作为欧洲高等教育质量保证的基础，《欧洲高等教育质量保证标准和指南》（以下简称《标准和指南》）由三部分组成，分别是欧洲高等教育内部、外部和机构质量保证的标准和指南。

（一）欧洲高等教育内部质量保证的标准和指南

欧洲高等教育联盟提出了十项欧洲高等教育内部质量应达到的标准与为了能够更好达到标准而提供的指南。这十项标准与指南涵盖了政策、课程、学生、教师队伍、学习资源、信息管理、公共信息等领域,[①] 从多个维度规定了高等教育内部应达到的标准,并对如何达到此标准提供了建议。

1. 质量保证政策

在质量保证政策中,《标准和指南》指出各个高校应制定一项公开的质量保证政策,并使其成为战略管理中的一部分。质量保证政策应规定各部门、学校、院系和其他组织单位、机构领导、个别工作人员和学生所应承担的质量保证责任,并需保障学术诚信与自由,警惕学术造假。

2. 课程的设计与认可

《标准和指南》强调,机构应具有设计和批准其课程的流程。同时,设计的课程目标不仅应符合机构战略、具有明确的预期学习成果、能够反映欧洲高等教育委员会的目的,还要促使学生顺利升学,在一定情况下提供良好的工作机会。

3. 以学生为中心的学习、教学与评价

以学生为中心的学习和教学在激发学生的学习动机、自我反思和参与学习过程中起着重要的作用。这意味着需要认真考虑课程的设计和实施以及对结果的评价。基于此,《标准和指南》指出,在实施以学生为中心的学习和教学时,教师需注意尊重与关注学生的多样性和需求、酌情考虑和使用不同的授课方式、灵活运用多种教学方法、定期评估与调整授课方式和教学方法、确保提供给学生充分指导和支持等。

在对以学生为中心的学习和教学进行评价时,评价者需熟悉现有的测试和考试方法;提前公布评价标准、评价方法和评分标准;向学生提供反馈且与学习过程的建议联系起来。《标准和指南》强调,评价应能够公平地适用于所有学生,并按照规定的程序进行。

4. 学生入学、升学、认可与认证

为保证学生的顺利发展,《标准和指南》强调机构应为学生在学术生涯中取得进步提供必要的条件和支持,符合学生个人、项目、机构和系

---

① European Association for Quality Assurance in Higher Education, et al., *Standards and Guidelines for Quality Assurance in the European Higher Education Area* (ESG), European Association of Institutions in Higher Education, May 14 – 15, 2015, pp. 11 – 16.

统的最大利益。尤其是当学生在高等教育体系内或跨高等教育体系流动时，采取有针对性的录取、认可和结业程序是至关重要的。此外，机构也需承认高等教育学历、学制、在线学习、正规和非正规学习，因为多样的学习方式是确保学生学业进步、促进流动的重要组成部分。

5. 教师队伍

《标准和指南》要求各个机构都应保证教师的能力，可采用公平、透明的程序来招聘与发展教师。机构还需为教师提供支持性的发展环境，如建立并遵循明确、透明和公平的招聘流程和就业条件；为教师队伍的专业发展提供条件；鼓励学术活动的开展以及教学方法和新技术的创新。

6. 学习资源与学生支持

《标准和指南》提出，机构应为教学活动提供适当的资金，并确保提供充足且易于获得的学习资源和学生支持。如图书馆、学习设施和信息技术基础设施等有形资源，以及以导师、顾问和其他顾问形式提供的人力支持。在分配、规划和提供学习资源和学生支持时，应考虑到不同学生群体（如成年、兼职、就业和留学生以及残疾学生）的需要，以及向以学生为中心的学习、灵活的学习和教学模式的转变。

7. 信息管理

机构收集、分析和使用相关信息能够有效管理其计划和其他活动，需收集的信息则以机构的类型和任务为标准。但主要应包括以下几项：关键绩效指标；学生人口概况；学生进步、成功率和辍学率；学生对课程的满意度；提供学习资源和学生支持；毕业生的职业道路。

8. 公共信息

各机构应公布自身的活动信息，这些信息应清楚、准确、客观、最新和易于获取。机构所公开的信息既要包括所提供的课程和选择标准、课程的预期学习成果、所使用的教学、学习和评估程序，还应涵盖通过率、学生可获得的学习机会以及毕业生就业信息等内容。

9. 课程的持续监测与定期审查

《标准和指南》指出，机构应监控并定期审查其课程，以确保它们实现为其设定的目标。课程持续监测的指标不仅包括社会需求的变化、学生的工作量、进步和完成情况、学生评估程序的有效性，还要观测与课程相关的学生期望和满意度、学习环境和支持服务及其对课程的适用性。

10. 周期性外部质量保证

各种形式的外部质量保证可以验证机构内部质量保证的有效性，起到促进改进的作用，为机构提供新的视角。因此，各机构应依照《标准和指南》的要求，按周期进行外部质量保证。机构在参与周期性的外部质量保证过程中既要考虑到它们运作的立法框架的要求，还应确保在准备下一次外部质量保证活动时，考虑到自上次外部质量保证活动以来取得的进展与经验。

（二）欧洲高等教育外部质量保证的标准和指南

欧洲高等教育外部质量保证的标准与指南和内部质量保证的标准与指南有着密切的关联，它首先应能够确保内部质量保证过程的有效性，以便更好地承担起外部质量保证的责任，同时应能避免内部与外部质量保证间的标准和指南产生矛盾。欧洲高等教育外部质量保证的标准与指南共有七项，包含了关于保证内部质量的有效性、外部质量保证的目的和目标、实施过程、同行评审专家、结果标准、专家报告、投诉与上诉。[1]

1. 考虑到内部质量保证

高等教育的质量保证是基于机构对课程质量和其他责任的规定，因此，外部质量保证必须承认并支持机构对质量保证的责任。为了确保内部和外部质量保证之间的联系，外部质量保证包括对第一部分标准的考虑。

2. 外部质量保证的目的和目标

《标准和指南》强调应对外部质量保证进行定义和设计，以确保其符合相关规定的目的和目标。在制定外部质量保证的目的和目标时，应考虑到外部质量保证给机构带来的工作量和费用、支持机构提高质量的需要、允许机构展示改进的内容、得到关于结果和后续行动的明确信息。

3. 实施过程

外部质量保证过程应是可靠的、有用的、预先定义的、一致实施的

---

[1] European Association for Quality Assurance in Higher Education，et al.，*Standards and Guidelines for Quality Assurance in the European Higher Education Area*（ESG），European Association of Institutions in Higher Education，May 14 – 15，2015，pp. 18 – 20.

和公开的，需包括自我评估或同等评估、实地考查的外部评估、外部评估报告、持续的跟进。因此机构应收集自我评估报告或其他材料为外部质量保证提供基础，通过实地访问期间与利益相关者的访谈来补充，撰写专家报告为机构行动提供明确的指导，采取一致的后续进程保障外部质量保证过程。

4. 同行评审专家

外部质量保证应由包括学生成员在内的外部专家小组进行，专家组成员应具备适当的技能且有能力执行任务，并受到恰当的培训。同时，机构需要通过实施无利益冲突的机制来确保专家的独立性，也可以邀请国际专家参与外部质量保证。

5. 结果标准

为了具有公平性与可靠性，外部质量保证的结果应以预先公布的标准为基础，这些标准需基于证据得到一致的解释。根据外部质量保证体系，结果可能采取不同的形式，例如，建议、判断或正式决定。

6. 专家报告

《标准和指南》指出，专家的完整报告应公开发布，并向学术界、外部合作伙伴和其他感兴趣的个人提供清晰的信息。代理机构根据报告作出的正式决定应与专家报告一起发布。专家报告需清晰、简明，并应包括背景描述（帮助高等教育机构确定其在特定背景下的位置）、个人信息的描述、证据、分析、发现、结论与建议等内容。

7. 投诉和上诉

为了维护机构的权利并确保公平的决策，外部质量保证是以开放和负责的方式运作的；机构有权使用流程，使其能够向代理机构提出应关注的问题；申诉程序允许机构陈述其对程序的实施或执行过程的不满。

（三）欧洲高等教育质量保证代理机构的标准和指南

欧洲高等教育质量保证代理机构作为第三方机构介入高等教育质量保证体系中，能够保障高等教育质量保证的质量。欧洲高等教育质量保证代理机构的标准和指南共有七项，分别为代理机构质量保证的活动、政策与过程，官方地位，独立性，专题分析，资源，内部质量保证，代理机构的周期性与外部审查。①

1. 质量保证的活动、政策与过程

为了确保外部质量保证的意义，应公布质量保证活动的目标和目的、代理机构与高等教育利益相关者（特别是高等教育机构）之间互动的性质、代理机构工作的范围。为了实现不同的目标，各代理机构需开展各种外部质量保证活动。其中包括评价、审查、审计、评估、认可或其他可能以不同方式进行的类似活动。当代理机构还开展其他活动时，需要明确区分外部质量保证和其他工作领域。

2. 官方地位

代理机构应具有明确的法律基础，由主管的公共机构正式认证为质量保证机构。以便于代理机构所进行的质量保证结果在其高等教育体系中被国家、利益相关者和公众所接受。

3. 独立性

代理机构应自主行事，不受第三方的影响，并对自己的行动及结果负完全责任。《标准和指南》指出，代理机构的运作及形式结果具有独立性，官方文件（如政府文件、立法法案或组织章程）应规定代理机构的工作独立于第三方，如高等教育机构、政府和其他利益相关组织。

4. 专题分析

机构在其工作过程中，能够获得有关课程和机构的信息，这些信息可以超越单一进程的范围，为整个高等教育系统的结构化分析提供材料。因此，代理机构应定期发表报告，说明其外部质量保证活动的一般结论。

5. 资源

代理机构应当有足够和适当的人力和财力资源来开展工作，这些资源使它们能够有效率地组织和运作外部质量保证活动，改进、反思其做法并向公众通报其活动。

6. 内部质量保证

代理机构需要对其利益相关者负责。因此，较高的专业标准和诚信

---

① European Association for Quality Assurance in Higher Education, et al., *Standards and Guidelines for Quality Assurance in the European Higher Education Area* (ESG), European Association of Institutions in Higher Education, May 14 – 15, 2015, pp. 22 – 24.

在该机构的工作中是必不可少的。内部质量保证政策应包括内部和外部反馈机制，促使机构内部的持续改进，还需确保参与其活动的所有人员都具有能力，能以专业和道德的方式行事。

7. 代理机构的周期性外部审查

定期的外部审查提供了一种确保代理机构及其利益相关者继续遵守《标准和指南》原则的方法，有助于代理机构反思其政策和活动。因此，代理机构应至少每五年接受一次外部审查，以证明其遵守《标准和指南》。

二 《认证示范条例》

2017 年，德国文教部在《国家认证条例》的基础之上制定了专业认证标准，即《根据〈国家认证条例〉第 4 条 1—4 制定的示范条例》，其重要性与特殊性在于认证代理机构与专家组需以此法中的细则为标准进行认证。《认证示范条例》由七部分（共 37 条）构成，分别为：总则（第 1 条和第 2 条）、专业的形式标准要求（第 3—10 条）、专业和质量管理体系的技术与内容标准（第 11—21 条）、专业认证和体系认证的程序规则（第 22—31 条）、特殊专业类型的认证程序规则（第 32—33 条）、替代认证程序（第 34 条）、其他（第 35—37 条）。

（一）总则及专业的形式标准要求

《认证示范条例》的第一部分为总则，由应用范围和认证形式构成。条例 1 应用范围规定了《认证示范条例》的来源及其适用于州认可的职业技术学院与大学的课程，条例 2 指出认证形式主要包括专业认证、体系认证和替代程序三种形式。[①]

第二部分为专业的形式标准要求（第 3—10 条），包含了专业结构与学制、学位和学位名称、入学要求和专业计划之间的过渡、学位与毕业证、模块化（学习/课程单元）、欧洲学分互证系统、与非大学机构合作的特殊标准、联合学位课程的特殊规定。

条例 3 "专业结构与学制"规定了在分层的课程体系中，学士学位是

---

① Kultusministerkonferenz, *Musterrechtsverordnung Gemäß Artikel 4 Absätze 1—4 Studienakkreditierungsstaatsvertrag*, Boon：Kultusministerkonferenz, 2017, p. 2.

首个专业资格，硕士学位则是进一步的专业资格。全日制学士学制为6—8个学期，即三年以上，全日制硕士学制为2—4个学期，意味着硕士生应修读一至二年。就连续教育课程①而言，全日制常规课程时间为五年（10个学期）。针对非全日制、远程学习、双学位的学生，如果州法律对此有所规定，可以根据适当的课程组织来缩短或延长课程时间以使学生达成学习任务。②

条例4"学位和学位名称"指出硕士学位可分为"应用型"和"研究型"，高校在设置硕士学位课程时，应确定是连续教育还是继续教育。其中继续教育硕士学位的课程需符合标准的学习期限，并且毕业论文的撰写要求与标准应与连续硕士相符。条例5"入学要求和专业计划之间的过渡"规定了硕士生入学的前提是获得学士学位，继续教育硕士生还需有不少于一年的合格的工作经验，艺术硕士生需证明自身所具有的特殊艺术才能才能获得毕业证书。条例6"学位与毕业证"规定了学士和硕士学位所应使用的名称，主要包括文学、理学、工学、法学、艺术、音乐、教育学士和硕士，跨学科与组合课程的学位名称取决于占据主导地位学科所属性质。条例7"模块化"亦可被称为课程单元，是按照课程内容的主题与时间而划分的。通常情况下，一个模块内容最多在两个连续的学期内进行教授，但在特殊且合理的情况下，一个模块内容可以超过两个学期。此外，针对每一模块还需撰写一份模块说明，模块说明一般必须包括模块的内容和资格目标、教学形式、参与要求、模块的使用、根据欧洲学分互证系统制定学分的要求、互证学分和成绩、工作量和模块的教学时间。

条例8"欧洲学分互证系统"是欧洲高等教育机构间相互承认学分的体系，规定了有关学分的具体事项。根据学生工作量的差异模块会被分配不同的互证学分，一般来说，每个学期学生最多能够获得30个学分，1个学分对应学生的工作量为25—30个小时。获得学士学位要求不少于

---

① 连续教育课程是指拿到学士学位后继续攻读硕士学位的课程，继续教育课程是指学生在修完学士学位后参加工作，然后再攻读硕士学位的课程。

② Kultusministerkonferenz, *Musterrechtsverordnung Gemäß Artikel 4 Absätze 1—4 Studienakkreditierungsstaatsvertrag*, Boon: Kultusministerkonferenz, 2017, pp. 2 - 3.

180 个互证学分，硕士学位需拿到 300 个互证学分（在学士学位基础之上），学士学位论文一般范围为 6—12 个互证学分，硕士学位论文的范围为 15—30 个互证学分，而艺术专业在特殊情况下，学士学位论文的互证学分最高可达 20 个，硕士学位论文的互证学分最高可达 40 个。在职业院校中，三年制学士学位的互证学分通常为 180 个，其中理论内容不得低于 120 个互证学分，实践内容不得低于 30 个互证学分。

条例 9 "与非大学机构合作的特殊标准"规定了大学在与非大学机构合作时，合作的范围与类型应考虑到非大学的学习地点、学习比例及教学语言，还指出大学应与非大学机构签署带有合作范围与合作类型的合同，并在大学的网站上进行说明。条例 10 "联合学位课程的特殊规定"指出，联合学位课程是由国内大学与来自欧洲高等教育领域的国外一所或多所大学合作并提供的，具备以下几点特征：综合课程、一所或多所外国大学的学生比例至少为 25%、合同规定下的合作、协调访问和检查系统、共同进行质量保证。联合学位课程还需根据 1997 年 4 月 11 日《里斯本公约》的法律，对学历和学习期限进行确认。此外，高校可根据《认证示范条例》的条例 7 和条例 8 使用欧洲学分互证系统学分，并对学分的分配进行监管。联合学位课程基本的学习信息也应及时发布并可供学生访问。如果一所国内大学与不属于欧洲大学区的一所或多所外国大学（非欧洲合作伙伴）合作，应按照国家高等教育机构的要求，与国家高等教育机构签订合作协议。

（二）专业和质量管理体系的技术与内容标准

第三部分为专业和质量管理体系的技术与内容标准（条例 11—21），① 具体包括：资格目标与学位水平、合理的人才培养方案和相应的实施措施、专业与内容设计、学业成功、性别平等与不利补偿、联合学位课程的特殊规定、质量管理体系（目标、过程、手段）、实施质量管理理念的措施、与非大学机构的合作、与大学间的合作、职业院校学士学位培训课程的特殊标准。

条例 11 "资格目标与学位水平"指出高校在制定资格目标时应考虑

---

① Kultusministerkonferenz, *Musterrechtsverordnung Gemäß Artikel 4 Absätze 1—4 Studienakkreditierungsstaatsvertrag*, Boon: Kultusministerkonferenz, 2017, pp. 9 – 16.

到高等教育目标，学生作为未来的公民，应能具有承担社会义务的责任感，并能批判、反思、积极地参与到社会进程中。学士学位课程旨在传授专业领域的科学基础、方法技能和能力。硕士学位课程应设计深入、宽广、跨学科及其他特定学科的课程。此外，专业课程在设计过程中，应凸显专业能力与课程知识间的关系。

条例12"合理的人才培养方案和相应的实施措施"强调学位目标、课程设置、学位和模块概念应以连贯的方式联系在一起，学位目标应包括广泛的教学形式，这些形式与各自的专业文化和学习形式相适应，并包括实践部分。课程应由掌握了充分技术、方法与教学能力的教学人员实施，教学与科研间的关系根据大学类型调整，还应由担任本科生与研究生课程的教授进行确保。不仅如此，课程实施还需有足够的资源来进行保障，尤其是非科研人员、空间和教学设备。在对学生进行考核时，需结合模块以能力为导向展开。为了能够保证学生学习能力的发展，高校所制定的人才培养方案至少要包含以下要素：（1）学习过程的计划性与可靠性；（2）课程安排与考试时间不冲突；（3）合理的学习任务；（4）适当的考试安排。

条例13"专业与内容设计"强调教学设计与教学方法应定期审查以便适应教学的发展。在审查教学计划时，既要基于对教学内容与方法的科学评估，又要依据国家对于教学与教师教育结构的具体要求。在审查教师教育课程方面，需注意在学士与硕士阶段应至少开设两门教育科学的综合研究课程（艺术与音乐学科允许例外）。条例14"学业成功"是指为了确保学生学习取得成功而采取的措施，强调高校应不断检查教学结果，以便于总结促进学生不断发展的有效措施，进而应用于课程的进一步开发。条例15"性别平等与不利补偿"指出高校应具有两性平等的概念，并在特殊情况下为特殊学生讲授平等概念。条例16"联合学位课程的特殊规定"要求课程能够实现理想的学习效果，并在设计课程和选择教学方法时，尊重学生的多样性及其要求，且能考虑到流动学生的需求。

条例17"质量管理体系"是由高校成员与外部专家共同参与下制定的，旨在不断提高教学质量。质量管理体系以一套封闭的规则为基础，涵盖了与学习和教学直接相关的所有领域。质量管理体系不仅能够确保质量评估的独立性、处理高校的内部冲突，还是内部申诉制度。此外，《认证示范条例》强调，高校应制定并公布质量管理体系框架内的学习计划。条例18"实施质量管理理念的措施"指出质量管理体系应对课程和相关领域的教学与学习成果进行定期评估，评估对象包括国内外学生、学术界专家、专业实践界代表和毕业生。高校需记录对内部质量管理体系课程的评估过程，包括外部利益相关者的投票、向高校成员、公众和机构等所采取的措施。

条例19"与非大学机构的合作"要求高校遵守《认证示范条例》的第二、第三部分的规定，授予学生学位的高校可以决定课程内容和组织、学生录取、专业认证、学分分配、考试方式和频率以及学生资料管理等事项。条例20"大学合作"强调如果一所大学与另一所大学进行与课程相关的合作，那么授予学位的大学或高等教育机构应确保课程的质量与实施，并且双方需签订合作协议。此外，如果通过体系认证的大学与另一所大学进行课程相关的合作，则通过体系认证的大学可以根据《认证示范条例》第22条的规定授予课程认证委员会的质量印章，但前提是另一所大学本身授予学位，并能保证学位课程的质量。如果大学在质量管理体系层面进行合作，则需要每个参与的大学进行体系认证。

条例21"职业院校学士学位培训课程的特殊标准"指出，根据1999年1月19日发布的《高等学校基准法》（*Hochschulrahmengesetz*）第44条，学院的专职教师必须满足应用科学大学教授的就业要求，专职教师提供的教学工作比例不得低于40%。

（三）认证程序规则、替代认证程序及其他

第四部分为专业认证和体系认证的程序规则（条例22—31），[①] 包含了认证委员会的决定与授予印章；需要提交的文件；认证代理机构、认证报告与检验；专家小组的组成；认证有效期、延长；要求条件；通知变更的义务；捆绑认证与部分体系认证；随机抽查。条例22认证委员会的决定与授予印章强调，认证委员会需依据《国家认证条例》决定认证结果，认证结果以纸质形式呈现。如果认证结果与大学和专家意见有较

---

① Kultusministerkonferenz, *Musterrechtsverordnung Gemäß Artikel 4 Absätze 1—4 Studienakkreditierungsstaatsvertrag*, Boon: Kultusministerkonferenz, 2017, pp. 16–22.

大差别，可在认证委员会正式宣布认证结果的前一个月进行讨论。

条例23"需要提交的文件"主要包含：（1）大学在申请专业认证时提交的大学自我报告；（2）认证代理机构在认证结束后需出具认证报告，由测试报告和专家意见组成。条例24"认证代理机构、认证报告与检验"规定了大学需向经认证委员会批准的认证代理机构提交自我报告，自我报告需包含《认证示范条例》中第二部分与第三部分的内容。此外，大学在撰写自我报告的过程中，应有学生代表参与进来。认证代理机构出具的认证报告需依照《认证示范条例》第二部分中规定的正式标准撰写，同时应给大学提出改进的建议。条例25"专家小组组成"与对专家组的要求在"德国师范类专业认证的体系"一节中已有论述，此处不再赘述，但值得注意的是，专家小组的专家不能是申请认证大学的工作人员，也不能是联合学位课程中任意一所大学的工作人员。

条例26"认证有效期"指出，初始认证的有效期为八年，从通知认证结果的学期或季度开始算起。如果对尚未开设的课程进行专业认证，则该认证从首次开设该课程的学期或第三个学期开始生效，但不得迟于宣布认证结果后的第二学期或第三个学期。认证有效期结束前，应当立即进行再次认证，再次认证有效期为八年。如果已认证的课程在有效期后未进行再次认证，则有效期可延长至仍在就读的学生毕业。如果认证有效期结束时，大学正在准备捆绑或体系认证的申请书，则该课程的认证最多可延长两年；如果正在申请捆绑或体系认证，则课程的认证可临时延长一年。条例27"要求条件"规定，大学应根据认证委员会专家组提出的建议进行整改，限期一年。在合理的特殊情况下，可根据大学的要求延长这一期限，结束后应向认证委员会证明其符合条件。

条例28"通知变更的义务"是指在认证有效期内，如果认证内容发生重大变化，大学有义务立即通知认证委员会，认证委员会决定重大变化是否被包含在现有认证中。条例30"捆绑认证与部分体系认证"中指出，如果一些课程在内容与方法上高度接近，则可进行捆绑认证，但在捆绑中也需对每门课程检查其内容是否符合认证标准，且捆绑认证的课程不得超过十门。条例31"随机抽查"规定，应对体系认证和子体系认证进行随机抽查，以此来审查质量管理体系质量是否符合标准。

第五部分特殊专业类型的认证程序规则包含了第 32 和第 33 的条例①，分别是组合课程与联合学位课程。条例 32 "组合课程" 指出，学生可以从众多合格的组合课程中选择单个课程进行学习，但组合课程需通过所属的大学的质量管理。条例 33 "联合学位课程" 指出，德国大学与欧洲高等教育中其他大学的联合课程如果通过《认证示范条例》第二部分和第三部分的联合学位课程标准，则可被授予认证印章。

第六部分 "根据《国家认证条例》第 3 条第 1 款第 3 项的替代认证程序" 包含了第 34 条条例，即替代认证程序。② 条例规定，实施替代程序需要事先获得认证委员会和各自国家相关科学机构的批准，只有在替代程序不符合《国家认证条例》和《认证示范条例》规定的原则时，方可拒绝批准。替代认证的时间最长不超过八年。

第七部分其他包含了第 35 至 37 的条例，分别为与专业学习课程的适用性有关程序、评价及生效。条例 35 与专业学习课程的适用性有关程序指出，认证程序需要与确定课程专业资格的程序相联系。条例 36 评价规定在《认证示范条例》生效之日三年后，应对其应用效果进行审查，并将结果向德国文教部常设会议报告。

三 《德国教师教育标准：教育科学》

2004 年德国文教部制定了《德国教师教育标准：教育科学》(*Standards für die Lehrerbildung: Bildungswissenschaften*，以下简称《教育标准》)用于规范教师的培养，《教育标准》的颁布使德国教师教育的发展迈入新的时期，推动了教师教育的可持续发展。2019 年 5 月 16 日，文教部公布了新修订的《德国教师教育标准：教育科学》，共分为三个部分，分别阐述了《标准》的重要性与原则、制定的依据及内容。在认证代理机构对师范专业进行认证时，专家组需以此为标准进行评估。

（一）《教育标准》重要性与原则

文教部将《德国教师教育标准：教育科学》视为确保学校教育质量

---

① Kultusministerkonferenz, *Musterrechtsverordnung Gemäß Artikel 4 Absätze 1—4 Studienakkreditierungsstaatsvertrag*, Boon: Kultusministerkonferenz, 2017, pp. 22 – 24.

② Kultusministerkonferenz, *Musterrechtsverordnung Gemäß Artikel 4 Absätze 1—4 Studienakkreditierungsstaatsvertrag*, Boon: Kultusministerkonferenz, 2017, p. 25.

的一项中心任务，因为《教育标准》不仅明确了教育过程的目标，还为系统地审查目标达成情况提供了基础。此外，它对教育过程、教育系统提出了具体的要求，有助于教师教育工作的开展与推进。

依据文教部会议主席与教师协会主席的联合声明，《教育标准》对教师提出了具体要求。第一，教师是教与学的专业人员，其核心任务是对教学过程有针对性、科学性的规划、组织与反思，并对教学过程进行个体评价和系统评价。此外，标准中还显示，教师的专业素质决定着教学质量。第二，教师们需意识到教育任务与学校生活息息相关。而且教师与家长间的合作越密切，教育任务就越能够实现。如果在教育过程中出现教育问题或学习上的失败，教师与家长必须达成一致，并随时准备寻找建设性的解决办法。第三，教师要公平且负责任的在教学过程中对学生培训和职业资格方面发挥评估与资讯作用，这就要求教师要具备较高水平的教学和心理的诊断技能以促进学生发展。第四，教师需要与其他职业一样具备继续发展的能力，并能利用继续教育和培训活动促进自身科学知识的发展。此外，除教育系统外，教师应与课外机构和整个工作领域保持联系以便于更好地发展。第五，教师需参与学校的发展，不仅要参与有利于学校文化发展的活动，也需帮助构建激励学生学习的校园环境，这包括准备参与内部和外部的评估。[①]

（二）能力领域

《教育标准》的能力领域由制定的依据、教师教育的重点与方法三方面构成，制定的依据主要是从德国教师教育的制度特点出发的。德国教师教育可以划分为三个阶段，分别为大学教育阶段、准备服务阶段与继续教育阶段。大学教育与准备服务阶段由国家负责，《标准》根据这两个阶段的内容重点来选取标准。大学教育阶段与准备服务阶段皆需要学习理论与实践知识，但所占有的权重有所差异。第一阶段以理论为重点，逐渐开展教育实践，第二阶段强调对理论与实践的反思。

《教育标准》指出，德国教师教育大学教育与准备服务这两个阶段教学理论所需包含的重点内容有：教育与培训；教师职业及其作用；教学

---

① Kultusministerkonferenz, *Standards für die Lehrerbildung: Bildungswissenschaften*, Bonn: Kultusministerkonferenz, 2019, p. 3.

方法；学习、发展与社会化；学习动机；差异化、融合化与提升化；教学诊断、评估和建议；交流；媒体教育；学校发展；教育研究。①

针对教育科学的内容与特点，标准中提出了相应的教学方法，如情境教学法、案例与实践法、问题教学法、项目教学法、传记反思法、语境法、现象法、研究导向法。此外，教师的能力还可以通过以下途径得到增强：（1）理论概念在描述或构造实例上的具体化；（2）在文学或视听实例、角色扮演和教学模拟中演示概念；（3）对模拟、试听或真实观察到的复杂学校和教学情况进行分析及系统性解释；（4）在书面练习、角色扮演、模拟课程、自然教学情境下或在非学校学习场所对理论概念进行反思；（5）用理论概念分析和反思自己的学习经历；（6）用不同的阅读方法和媒体在备课、教学中进行测试与运用；（7）参与学校发展进程以及教育研究；（8）对课程规划中的合作进行观察与反思；（9）师范生在第一阶段和第二阶段学习需合作与协调；（10）实践阶段的研究性学习。②

（三）能力维度

根据教师教学活动的要求，《教育标准》指出教师应具备四个维度的能力，分别是教学、教育、评估及创新，每个维度下分设不同的标准，每一个标准又从理论与实践两个方面进行分述。

1. 教学领域

《教育标准》中指出，教师应是教学领域的专家，应具备顺利开展教学活动的理论知识与实践能力，主要有以下三个方面。③

能力1：教师应根据不同的学习要求和发展过程，以专业的方式规划课程、开展教学。其中，在理论培训阶段，教师需了解相关的教育理论；一般和专业的教学技术；不同的教学方法、工作方式或任务形式；媒体教学的概念以及制定评估教学绩效和教学质量的程序。

---

① Kultusministerkonferenz, *Standards für die Lehrerbildung：Bildungswissenschaften*, Bonn：Kultusministerkonferenz, 2019, pp. 4 – 5.

② Kultusministerkonferenz, *Standards für die Lehrerbildung：Bildungswissenschaften*, Bonn：Kultusministerkonferenz, 2019, p. 6.

③ Kultusministerkonferenz, *Standards für die Lehrerbildung：Bildungswissenschaften*, Bonn：Kultusministerkonferenz, 2019, pp. 7 – 8.

在见习阶段，教师需能够从教育理论中得出客观的观点和行动原则，结合科学和教育观点计划和设计课程并考虑到它们的异质性。不仅如此，教师还要以合理的方式使用数字媒体，反思自身媒体应用与教学的水平，思考学生的学习需求。

能力 2：教师应通过创设学习情境支持学生学习。因此，在理论培训阶段，教师需掌握学习理论、学习形式、数字媒体、学校和教学研究的基础知识与成果、学习迁移、学习动机与成就动机的理论，以便能在教学中使用这些理论。

在见习阶段，教师需鼓励和支持学生采用不同学习形式，增强学生的学习和表演兴趣，组织、参与学习小组，批判性地反思日益增长的媒体供给，独立设计教材及模拟使用数字媒体，并将数字媒体的学习理论和教学方法运用于学校教学和学习过程，特别是针对个人或团体、特殊教育的推广。

能力 3：教师应具备提高学生自主学习与工作的能力。在理论培训阶段，教师不仅要了解对成功学习和工作有积极影响的学习和自我激励策略，还需掌握促进学生自主、负责、合作学习和工作的方法，懂得如何在课堂中发展学生终身学习的兴趣并为此打下基础。

在见习阶段，教师应掌握促进学习与工作的策略，了解学生使用数字媒体进行自主学习的可能性和条件，使学生有意识地在数字空间中处理媒体和数据。

2. 教育领域

《教育标准》强调教师需执行教育任务，并根据教师在教学过程中必须处理的问题，制定了 3 项标准，以便师范生们能够恰当的处理教学中遇到的问题。[①]

能力 4：教师需了解学生在学校中可能存在的社会、文化和技术生活条件，以及学生可能遭受的不利、退化和障碍。在理论培训阶段，教师需熟悉有关儿童与青少年时期发展和社会化的教育学、社会学和心理学理论，了解学生在学习过程中可能会面临的问题，并能够为学生们提供

---

① Kultusministerkonferenz, *Standards für die Lehrerbildung：Bildungswissenschaften*, Bonn：Kultusministerkonferenz, 2019, pp. 9 – 10.

教育支持和预防措施。教师也应认识到性别对教育和培训过程的影响及其重要性，熟悉数字媒体教育与计算机教育的概念，以促进自身数字媒体素养的增长。

在见习阶段，教师要能够发现学生在学习过程中面临的障碍，提供教育支持和预防措施，还可与家长合作支持学生的独立学习。同时也需考虑到学生学习群体的社会和文化的多样性，开发和测试能够塑造学生批判性思考数字世界的概念。在提供教育支持和预防措施的过程中，也可以借助与其他专业和机构合作的机会。

能力5：教师应教导价值观和规范，并以欣赏和认可多样性的态度，支持学生自主决定和反思的判断与行动。在理论培训时期，教师需了解民主价值观和规范，多样性对成功开展学习和身份建构工作的重要性，数字媒体在价值观、意见形成和决策过程中的价值，以及如何帮助学生处理危机和决策情况。

在见习阶段时，教师可与学生一起分析和评估数字媒体，激发他们对自己的数字媒体活动进行反思。不仅如此，教师也需培养学生独立判断和行动的能力，采用建设性的方式处理冲突。

能力6：教师应掌握一些应对学校冲突的适当手段，如沟通的知识（特别是师生互动），在课堂、学校和家长工作中重要的对话规则及与他人打交道的原则，儿童期和青春期可能存在的危险和潜力，处理暴力和歧视的方法，媒体在情感、行为和态度方面的机会和风险，以及处理这些机会和风险的措施等。

在见习阶段，教师需制定与实施有价值的与学生互动规则、应对数字媒体使用风险的方案，并能在特定情况下使用预防和解决冲突的策略与形式。

3. 评价领域

《教育标准》指出，教师需具有提供专业的建议、能以公平和负责的方式进行评价的能力。[1]

能力7：教师应掌握针对性的方式支持学生，并向学习者及其家长提

---

[1] Kultusministerkonferenz, *Standards für die Lehrerbildung：Bildungswissenschaften*, Bonn：Kultusministerkonferenz, 2019, pp. 11 – 12.

供恰当建议。在理论培训阶段，教师需要了解异质性或多样性的概念和特征、影响学习过程的各种因素及其对学习成绩的影响、不同的学习环境如何影响教学以及如何在异质学习群体的教学中积极利用这些环境。在此基础之上，教师还应掌握各个类型的学生的表现形式、学习过程诊断的基本知识和形式，以便为学生和父母提供良好的建议和方法。

在见习阶段，教师应掌握学生的发展水平、学习潜力、学习障碍和学习进度，并能了解学生的学习起点，进而采取专门的措施促进学生学习。除此之外，教师还需具备认识富有天赋的学生、区分咨询功能和评价功能、与同事和机构进行合作、反思自己教学活动的能力。

能力8：教师需记录学生的表现与发展，并在透明的评价标准基础上评价学生的学习过程和成就。在理论培训阶段，教师需掌握对学生成绩评价和反馈的不同形式、效果、功能以及优缺点，了解不同的学生成绩评价标准，并能对评价标准进行权衡。

评估作为教学活动反馈的一部分，在见习阶段，教师应既要能够根据课程标准设计考试方式与内容，根据不同的专业与情境选择不同的评价模型与评价标准，还要掌握使用数字进行记录、诊断和评估的技能。

4. 创新领域

《教育标准》强调，教师们需不断发展他们的技能，并认识到自身的责任与使命。[1]

能力9：教师应意识到教学专业的特殊性，并在他们的教学活动中考虑到社会、文化和技术的发展。他们也需认识到教师这一职业是具有特殊责任与义务的，因此应了解教育和学校系统以及学校是一个组织的基础和结构，认识到社会、文化和技术变革过程对学校的影响，还需熟悉学校活动的法律框架（尤其是《基本法》《学校法》《人权公约》学校相关数据保护和媒体法），并通过反思的方式加以应用。

参加见习阶段的学习后，教师将具备有效的利用工作时间与工作资源、应对压力的能力，并能在组织教学和学校活动的同时，满足有关隐

---

[1] Kultusministerkonferenz, *Standards für die Lehrerbildung: Bildungswissenschaften*, Bonn: Kultusministerkonferenz, 2019, pp. 13–14.

私的法律要求。

能力10：教师应不断地进行学习知识与发展能力。因此，在发展和确保教学质量和学校质量的背景下，教师需了解自我和外部评价的方法、接受并吸收学校及教育研究的成果、掌握学校的组织情况与合作模式、认识到处理方式的多样性和异质性的专业要求以及数字技术的基本原则和所用的工具。

在见习阶段，教师应将教育和学校研究中的知识用于自己的教学工作中，记录自己的工作过程和结果，并反思自己的专业基础、经验、能力及发展，利用他人的反馈来优化教学工作。此外还应抓住每一次机会，如合作培训、继续教育等。

能力11：教师需参与学校和教育发展，了解不同类型学校和教育课程的具体教育使命，知晓学校和教育发展的目标、方法、框架条件和过程，并从学校全面发展的角度思考挑战。

在见习时期，教师应能够将学校、教学和教育研究的成果应用于学校的组织和教育发展中，还可使用内部评估的方法和工具，促进教育和学校的质量发展。不仅如此，教师应能与他人合作进行规划并实施学校的项目，以帮助学校进行创新。

第四节 德国师范类专业认证报告及案例

德国师范类专业认证的报告由专家组进行撰写，在撰写的过程中，需以认证委员会基金会制定的认证标准为依据。认证报告不仅能体现专家组在认证过程中判断的标准，还能反映出专家组所关注的专业发展要素。德国师范类专业认证报告共分为两类，不同的认证类型需选取不同的报告方式，具有较强的针对性。

一 师范类专业认证报告内容

专业认证报告根据不同的认证类型而有所差异，在认证委员会基金会官网上所公布的认证类型有单个专业、捆绑专业、组合专业的专业认证及体系认证。四种认证方式的报告流程基本相同，但认证标准和专家组具体要签订的内容有所差异。

（一）专业认证报告

在专业认证报告中，可分为单个专业认证报告、相近专业捆绑认证及组合专业认证报告。① 单个专业认证报告模板共分为两大部分，第一部分为总体内容，涵盖了专业认证的结果、专业简介与专家组质量评估的摘要；第二部分共有五个小节，分别是（1）正式的测试报告；（2）满足技术和内容相关标准的专家意见；（3）评估程序；（4）数据表；（5）附录。

其中正式的测试报告里应包括专业结构与学制、专业简介、入学要求和学习计划之间的过渡、毕业要求与学位、模块化、欧洲学分互证系统、与非大学机构合作的具体标准；满足技术和内容相关标准的专家意见是由评估的主要重点/质量发展的重点、满足技术和内容相关标准两个小节构成，在第二小节满足技术和内容相关标准中，包含有资格目标与学位水平、人才培养方案和相应的实施措施、学位与内容设计、联合学位课程的特别安排、与非大学机构的合作等；评估程序包括一般说明、法律依据与专家组；数据表包括有效认证期间的课程数据和认证数据；附录则根据具体情况而定。

捆绑专业和组合专业的认证报告与单个专业认证报告的要求大体一致，差别仅在于捆绑专业和组合专业应具有两个及以上的专业信息表与认证结果决议表。

（二）体系认证报告

体系认证报告（Typ Systemakkreditierung）内容与专业认证报告在结构与章节分布上是类似的，但认证的标准间存在差异。体系认证报告模板也可分为两部分，第一部分为总体内容的概括，第二部分则详细阐述了认证重点、标准等。② 其中在第一部分的总体内容概括在体系认证的总体内容之上增加了质量管理体系的概述。第二部分亦包含五节，与专业认证报告相同。

---

① Akkreditierungsrat, "Raster Programmakkreditierung", https：//www.akkreditierungsrat.de/sites/default/files/downloads/2020/Raster% 2001% 20Programm% 20Einzel% 20Fassung% 2002. pdf. （2020 – 03 – 26）.

② Akkreditierungsrat, "Raster Systemakkreditierung", https：//www.akkreditierungsrat.de/sites/default/files/downloads/2020/Raster% 2004% 20System% 20Fassung% 2002. pdf. （2020 – 03 – 27）.

其中满足技术和内容相关标准的专家意见由主要重点/质量发展的重点、满足技术和内容相关标准、考查结果三个小节构成。在第二小节满足技术和内容相关标准中，由质量管理体系（目标、过程、工具）、实施质量管理理念的措施、高等教育间的合作三个方面构成。质量管理体系中包含着指导原则、在课程一级所应执行的系统标准、决策过程、职责和责任、内部成员团体和外部专家的参与、质量评估的独立性、性能范围和资源设备、进一步的发展；实施质量管理理念的措施包含定期评估学位课程、文件和出版物；高等教育间的合作包括学位与质量管理体系层面的合作。第二部分的评估程序、数据表与附录和专业认证报告模板相同。

二　师范类专业认证报告案例

德国师范类专业可根据地区或其他因素选择认证机构，在此选取了汉诺威中央评估与认证代理机构代理机构认证的三所大学的师范专业为例，分别是哥廷根大学教育科学专业、马格德堡大学人文学院的教育科学专业、达姆施塔特工业大学职业教育专业。

（一）哥廷根大学教育科学专业

哥廷根大学教育科学专业（硕士学位）以研究为导向，专注于社会背景下的教育问题，专业发展的重点在于"教育、社会化与专业化"。教育科学专业的培养目标在于使学生们具备从事专业内部或跨学科研究、将科学发现应用于实际问题的能力，培养学生获得自主发展、思考和实践自己理念的能力，并具备独立从事研究工作与简要汇报研究结果的能力。同时，也希望学生对教育科学专业当前的研究成果、专业话语、研究热点及其研究方法有足够深入的了解。

汉诺威中央评估与认证代理机构所提交的认证报告主要包括两个部分，分别是专家与认证委员会的决定结果、专家评审报告。第一部分专家与认证委员会的决定结果中指出，认证委员会基本同意专家评审报告，决定通过教育科学专业的认证。专家的评审结果与建议为"哥廷根大学的教育科学专业应加强教学的研究性，并应将最新的研究方法和科学知识直接转移到教学中。此外，实习应该在大学以外进行。"① 第二部分专家评审报告包括五个方面，分别是专业目标/预期学习成果、专业设计与内容、学习能力、教学设备、质量保证体系。

1. 专业目标/预期学习成果

在专业目标/预期学习成果中，专家组指出，哥廷根大学教育科学的专业目标为"提供深入的科学和技术知识，培养学生独立开展跨学科工作，并将科学知识应用于实际问题的能力"②。这一目标充分考虑了专业资格，目标制定基本合格，教育科学专业提供的知识和关键能力使毕业生有资格接受进一步的科学培训和教育部门的研究活动。在教育科学专业的学习计划框架内，学生不仅将获得工具性、系统性和交际性技能，具备在社会政策背景下分析教育问题、社会多宗教和多民族结构中解决问题的能力，还能拥有充分的知识，用以面对人口变化带来的教育任务和挑战。

2. 专业设计与内容

在专业设计与内容中，专家组认为，哥廷根大学教育科学的专业理念是成功的，符合德国高等教育文凭资格框架的内容要求。这一理念包括专门知识和跨学科知识的转移，以及在硕士学习期间获得专业方法和一般能力等内容。专业方法包括教育理论和研究方法的必修模块，以及社会科学学院方法中心提供的侧重于掌握工具性技能的模块。同时，教育科学专业希望培养学生们对当前教育研究的各种方法、方法论以及理论研究进行反思并实践的能力。毕业论文撰写也是学生课程中的一部分，能够帮助学生整合复杂知识进行独立的研究。此外，不同课程模块的组合是连贯的，有计划的学习和教学方法十分充分。但专家们也建议，在学习过程中，要有一种更为强烈的研究性教学取向，将最新的研究方法和科学知识应直接转入到课程内容中。

---

① Akkreditierungsrat, "Akkreditierungsbericht zum Akkreditierungsantrag der Universität Göttingen Sozialwissenschaftliche Fakultät", https://www.zeva.org/programmakkreditierung/akkreditierte-studiengaenge, pp. I -8. (2020-04-01).

② Akkreditierungsrat, "Akkreditierungsbericht zum Akkreditierungsantrag der Universität Göttingen Sozialwissenschaftliche Fakultät", https://www.zeva.org/programmakkreditierung/akkreditierte-studiengaenge, pp. II -6. (2020-04-01).

3. 学习能力

在学习能力方面,哥廷根大学为其学生提供了专业的服务以发展他们的能力。首先,设立了学生咨询办公室,主要负责为学生学习、出国、考试、实习和学术写作等方面提供建议。学生咨询办公室作为大学服务不断专业化的一部分,其目的在于为学生所有的学习阶段提供最佳支持。这种支持从学生入校前就已开始,如在开学前的入学建议、学生信息平台的建设等。在学生入学培训的阶段,也会提供与学习相关主题的各种信息活动。不仅如此,学生们还能通过学生咨询办公室了解到他们的学习过程。学生在进行实践研究与职业选择方面也能得到学生咨询办公室人员的帮助,比如学生咨询办公室开展的校友系列讲座活动、实习、招聘会及有关此类主题的研讨会。其次,哥廷根大学还为学生提供学术写作建议作为写作方法与工具的补充,学术人员与教授也能为学生提供与学习相关的技术问题的研究。最后,哥廷根大学还考虑到了少数学生群体的利益,如他们为身患残疾的学生在礼堂、研讨室、图书馆等设置了无障碍通道。

但专家组也建议,外国学生的德语知识不足以支持他们进行深入的学习,应特别注意外国学生入学的语言水平;考试采用的标准应进行内部讨论;学生自学工作量的数据是不相同、不系统、不全面的,应进一步完善。[①] 但总体而言,专家组认为哥廷根大学所采取的措施与开展的工作是值得认可的。

4. 教学设备

在教学设备方面,专家组指出哥廷根大学具备良好的人员配置和空间设备,大学定位明确,现有资源能够促进课程的多样性研究。然而,虽然教师具备较强的专业性,但教师数量配置不足。哥廷根大学的图书馆设备充足,在下萨克森州立大学图书馆的支持下拥有德国规模最大的学术图书馆之一,学习资源中心则为学生提供现代化的学术服务。此外,学生们还可以使用经济与社会科学图书馆查阅特定主题

---

① Akkreditierungsrat, "Akkreditierungsbericht zum Akkreditierungsantrag der Universität Göttingen Sozialwissenschaftliche Fakultät", https://www.zeva.org/programmakkreditierung/akkreditierte-studiengaenge, pp. II-3. (2020-04-03).

的资料。① 图书馆的硬件设施也十分完善，具备现代化的单人工作室 220 个，小组工作室 120 个。

5. 质量保证体系

在质量保证体系中，专家组指出，哥廷根大学再次进行认证的是教育科学课程修订后的概念，该课程于 2016/2017 冬季学期开始实施。主要变化有：将课程更名为"教育科学"，并引入了"学校与教学研究"和"教育社会化和专业化研究"等研究领域，放弃了需求不足的非专业模块。在首次认证时，课程名称是根据教育科学专业的研究重点而定制的。随着引入了五个新教授，研究重点领域发生了变化，新重点领域的推出说明了这一点。并且在课程概念的进一步发展中，教育科学专业充分考虑了学生的意愿和建议。此外，学生参与研究项目的时间更加灵活，内容分析更加清晰。专家组认为，这些变化对课程质量有着积极的影响。

（二）马格德堡大学人文学院教育科学专业

马格德堡大学位于德国萨克森—安哈克州，是一所成立于 1993 年的综合性大学，由马格德堡工业大学、马格德堡教育学院和马格德堡医学院合并而成。马格德堡大学人文科学科学院的四个教育类专业于 2016 年进行了再次认证，分别是教育科学（学士学位）、媒体教育（学士和硕士学位）和成人教育（硕士学位）。在此主要阐述教育科学（学士学位）专业的认证报告内容。

马格德堡大学专业认证报告亦由两个部分组成，即专家与认证委员会的决定结果、专家评审报告。认证委员会通过了专家组的评估报告，并提出了马格德堡大学人文学院需进一步改进的建议：一是明确考试要求、评价标准和考试成绩，以提高教学的统一性和透明度，并指出可以让学生参加教学会议；二是应承认并适应 1997 年《里斯本公约》中关于学习与考试的条例。同时令人文科学学院必须明确规定，如果大学对于其他大学的学术成就存在质疑，那么就要承担举证的责任；三是大学必须系统地记录学生的学分，以便 ETCS 学分间的对比；四是大学需要证明

---

① Akkreditierungsrat, "Akkreditierungsbericht zum Akkreditierungsantrag der Universität Göttingen Sozialwissenschaftliche Fakultät", https://www.zeva.org/programmakkreditierung/akkreditierte-studiengaenge. pp. II -4. (2020 - 04 - 03).

学习和考试规定已经发布并生效。① 根据专家评审报告呈现的具体情况，认证委员会决定通过教育科学的专业认证，但专家组指出，马格德堡大学需依据认证委员会的建议在九个月内进行调整，如果到时未能提供符合要求的证据，认证可能会被撤销。

专家评审报告的结构与哥廷根大学教育科学专业相同，包括五个方面的内容，分别是专业目标/预期学习成果、专业设计与内容、学习能力、教学设备、质量保证体系。

1. 专业目标/预期学习成果

在专业目标/预期学习成果中，专家组指出，教育科学专业所培养的能力为学生们将来从事工作提供了良好的条件。教育科学专业希望培养学生获得良好的专业知识与技能，能按照科学的方法独立工作，能应对职业生活中频繁变化的任务，能将教育、社会培训过程中与发展相关的活动内容整合到实践中。② 不仅如此，教育科学专业还培养学生规划、组织、实施与评估教学活动方面的技能。在学习的过程中，学生能够形成评估研究计划科学可行性的能力、收集信息和使用媒体的能力、适当编写科学和其他文本的能力、抽象能力、对问题与解决方案的独立认识的能力、对文化背景的整体考虑和批判性评估能力、组织和转移能力、调解能力以及跨学科能力。

2. 专业设计与内容

专家组认为，马格德堡大学人文学院的教育科学课程符合德国文教部的结构要求。专业课程共 180 个 ECT 学分，学习时间一般为六个学期。课程共包括四个部分：必修模块、实习、学术研讨会与学位论文，其中必修模块为学生提供了基础的教育学和职业教育学、教育史、未来教育、差异性学习与教育环境、培训教育等课程，这些课程给学生提供了基本的理论与实践教学方法。在必修模块之外，学校还提供了 2 个选修领域

---

① Akkreditierungsrat, "Akkreditierungsbericht zum Reakkreditierungsantrag der Otto-von-Guericke-Universität Magdeburg Fakultät für Humanwissenschaften (FHW)", https://www.zeva.org/programmakkreditierung/akkreditierte-studiengaenge, pp. I -4. (2020 -04 -06).

② Akkreditierungsrat, "Akkreditierungsbericht zum Reakkreditierungsantrag der Otto-von-Guericke-Universität Magdeburg Fakultät für Humanwissenschaften (FHW)", https://www.zeva.org/programmakkreditierung/akkreditierte-studiengaenge, pp. II -8. (2020 -04 -07).

（22个选修模块）供学生学习，选修领域是指学生可以通过课内或课外（在国外的学期或教育实践项目中）活动完成课程。丰富的选修课程为学生提供了深化专业知识、跨学科学习的机会，有助于培养学生的交流能力。

3. 学习能力

在学习能力方面，专家组强调，人文学院为教师和学生提供了充分的信息。教职人员将所有的课程都输入学校信息系统以供教师和学生使用，考试委员会与学生课程顾问为学生提供课程选择方面的建议，帮助他们构建个性化课程。但专家们建议，应明确考试要求、评价标准和学生成绩，以便于提高统一性和透明度，并尽量让学生参加教学会议。①

4. 教学设备

在马格德堡大学提供的文件与现场讨论的基础之上，专家们认为，无论是硬件设施还是教职人员的配备，教育科学专业的教学均得到了保障。一方面，教师数量与人员构成满足了教学需求；另一方面，教室设有视听设备能为师生提供较为先进、便捷的教学环境。学校设有专业学科实验室、语言实验室、运动室、PC池等供学生进行使用，还有46个教室，每个教室平均可容纳30名学生。许多教室都安装了波束器与音频设备，学生们还能在教室中使用大学数据中心的数据。此外，新建的礼堂可容纳300名学生。学院还提供了更多的房间和设施，以供教师进行教学和科研工作。从专家的角度来看，教育科学的教师结构足以顺利完成课程。但尽管如此，专家们还是建议大学管理层应通过大学特殊计划对教育科学的课程提出高需求，以此来稳定当前可用的人力资源。

5. 质量保证体系

教育科学专业的质量保证由教职管理人员通过学生调查进行，它基于大学教学质量保证法规，并使用标准化问卷评估。在学期结束时，教育科学课程将根据学生学习水平进行评估。质量保证的另一个要素是参加学术讨论会，这是完成最终论文的前提，目的是解决学生存在的疑惑

---

① Akkreditierungsrat, "Akkreditierungsbericht zum Reakkreditierungsantrag der Otto-von-Guericke-Universität Magdeburg Fakultät für Humanwissenschaften (FHW)", https：//www.zeva.org/programmakkreditierung/akkreditierte-studiengaenge, pp. II - 10. (2020 - 04 - 08).

与问题，帮助学生顺利获得学位。该专业还以学生团体为代表，促进学生和老师之间的调解和交流。

（三）达姆施塔特工业大学职业教育专业

达姆施塔特工业大学进行认证的职业教育专业（硕士学位）属于联合专业认证，参与认证的专业有德语、伦理学、历史、数学、信息学、物理、政治经济学及宗教。认证报告亦分为专家与认证委员会的决定结果、专家评审报告两个部分。在专家与认证委员会决定结果中指出，认证委员会基本同意专家的认证报告。专家认证报告仍由五个部分组成。

1. 专业目标/预期学习成果

专家们认为职业教育专业符合教育硕士课程的目标，它们强调发展或加深学生的专业知识，并在职业学校、公司、机构或协会等场所进行教学实践，以培养学生的专业能力。

2. 专业设计与内容

在专业设计与内容中，专家组指出，达姆施塔特工业大学专业所提供的课程内容及相关教学方法是合适的。职业教育专业的培养方案中，特定学科的教学知识占 20 个互证学分，其中有 10 个学分针对专业领域，10 个学分针对教学领域。此外，不论哪个方向的职业教育专业，教育和社会科学领域的互证学分都为 25 个，最终的硕士论文有 15 个互证学分。①

在具体的德语教学课程中，学生需要学习的专业知识有语言学、文学研究、多媒体研究以及相应的教学法。通过学习这些知识，学生们将能够独立地开发新的学科领域。此外，学生需对职业学校学生的语言和文学能力概念、方法与结论有深入了解。在伦理学中，学生们需学习理论与实践哲学的基础以及相关学科的教学思路，他们还可从选修领域的七个模块中选择三个以深化理论和实践哲学知识，也可选择其他领域以拓宽知识，如科学、历史等课程。在历史学科中，学习的中心在于不同时期历史纪元与技术史的知识，还有历史学科的相关教学法。数学专业

---

① Akkreditierungsrat, "Akkreditierungsbericht zum Akkreditierungsantrag der Technischen Universität Darmstadt Zentrum für Lehrerbildung", https://www.zeva.org/programmakkreditierung/akkreditierte-studiengaenge, pp. II -15. （2020 -04 -10）.

的学生需学习教育科学知识、参与实习，必修课程有概率论、几何学等，选修课程学生可以选择与专业相关的理论或应用知识。在物理专业中，必修课程包括物理入门、力学、光学、经典粒子、量子力学及相关教学知识等，不仅如此，学生还需参与基础实习、研讨会等活动。政治经济学包括政治学和经济学两个领域，在政治学方面，学生需要学习政治学/社会学的基础知识，包括四门课程与两次研讨会，经济学领域包括宏观经济学等内容。宗教专业的课程内容包括旧约、新约、教会历史、宗教改革以及教派，此外，与学科相关的教学法始终与专业内容相伴。[①] 专家组认为达姆施塔特工业大学专业所提供的课程内容及相关教学方法是合适的。

3. 学习能力

专家组指出，由于组织原因达姆施塔特工业大学的部分课程存在重叠现象，这一问题可能导致学生学习能力受到限制，因此他们建议，高校与学生可以选择恰当的学习结构以减少课程的重叠。此外，专家组提出，部分课程内容设置与考试规则存在偏差，学生们认为实际考试数量多于学校所提交的文件，不过专家组也意识到不同的学科性质会影响学生对于考试负担的主观感觉。[②]

4. 教学设备

专家组指出，尽管在职业教育专业中，学科教学法的工作人员较为稳定，但技术教学与科研人员方面的师资存在不足。专家人员建议：既要保持专业人才资源的优势，在教学领域具有示范、引导作用；又需提升通识课程教师的能力素养。

5. 质量保证体系

专家组认定达姆施塔特工业大学质量保障体系较为优秀，因为达姆施塔特工业大学拥有质量保证体系、指标体系、第三方评估机构监督教

---

① Akkreditierungsrat, "Akkreditierungsbericht zum Akkreditierungsantrag der Technischen Universität Darmstadt Zentrum für Lehrerbildung", https://www.zeva.org/programmakkreditierung/akkreditierte-studiengaenge, pp. 16 – 18. (2020 – 04 – 11).

② Akkreditierungsrat, "Akkreditierungsbericht zum Akkreditierungsantrag der Technischen Universität Darmstadt Zentrum für Lehrerbildung", https://www.zeva.org/programmakkreditierung/akkreditierte-studiengaenge, pp. II – 10. (2020 – 04 – 11).

学质量。但并非所有的学生都会得到质量保证体系的反馈结果，这可能导致学生缺乏参与中期评估的动力，专家们建议学校对结果进行更多反馈。

第五节　德国师范类专业认证探析

德国师范类专业认证具有十分鲜明的特征，它不仅具有一般立法的支持，还有特殊立法的保障，同时大量的认证机构为德国师范类专业认证提供了较多的选择。但也存在着认证经费高昂以至于部分高校难以负担、认证后缺乏监管等困境亟须进一步解决。

一　师范类专业认证的特征

德国师范类专业认证于 20 世纪末受欧洲高等教育一体化影响而开展，在欧洲高等教育质量体系的支持下逐渐走向成熟。但德国师范类专业认证在发展过程中也凸显了自身的独特性。

（一）兼具一般立法与特殊立法双重支持

欧盟教育资料纲在 2006 年所做的欧洲各国师资认证机制的研究中，从立法层面将各国分为三种类型，分别是一般立法、特殊立法、一般立法和特殊立法兼顾。德国师范类专业认证不仅有一般法律《国家认证条例》《认证示范条例》《欧洲高等教育质量保证标准和指南》作为依据，同时还有特殊法律《德国教师教育标准：教育科学》作为保障。不仅如此，德国师范类专业认证还受到《大学基准法》《高等学校基准法》《专科教材教法》等相关法律的支持。各州还可组织专家根据当地特殊的职前教师教育特征制定特殊的法律法规。多重法律保障为德国师范类专业认证提供了系统、全面、稳定的认证环境，保证了认证过程的公平公正。

（二）采用内外评估结合加同行评审的认证方式

德国高等教育以自我评估与外部评估相结合的方式进行认证，既能令高校对自我发展进行反思，又能客观地反映出高校专业发展水平。在认证前，高校需提交自我报告对专业进行简要介绍。自我报告是专家组与认证委员会作出最终决定的重要依据，能反映出外部评估难以观察到的专业特点。认证代理机构则组织专家组从外部对高校专业进行审核，保证了认证的客观性、专业性、全面性。

此外,德国师范类专业认证还采用同行评审的方式以确保认证的专业性。认证代理机构在组织专家组时,需选择与专业领域中密切相关的校内外教师。同行评审能使高校获得专家与利益相关者结合的意见,既能客观呈现专业发展的真实样态,又可满足多方利益需求。

(三) 多方共同参与认证的混合认证模式

在国际高等教育专业认证的影响下,德国师范类专业认证结合自身特征形成了由国家与第三方认证机构共同参与的认证模式。虽然具体的认证过程由第三方认证代理机构负责执行,但认证标准由文教部负责制定,认证结果最终也经过认证委员会决定。

(四) 认证过程的多元化

德国师范类专业认证过程的多元化体现在三个方面,一是认证机构具有多种选择,高校可根据自身所处地区或其他因素选择认证机构。德国为专业认证提供了10个认证代理机构以供高校选择,其中6个认证代理机构可以提供多学科认证,4个认证代理机构仅认证特定的学科。二是认证方式的多元化,高校可根据所需认证专业的特点选择专业认证、体系认证或替代程序认证。不仅如此,高校还可将几个相近的师范专业放在一起进行聚类认证,也可只认证一个师范专业。与其他高校合作的课程也有具体的认证方式,文教部还依据高校是否位于欧洲高等教育区对合作高校进行了分类。三是专家组构成的多样化,《认证示范条例》明确规定了专家组的成员构成,强调专家组不仅要有专业领域的资深教授,还要有学生代表与利益相关者。成员构成较为复杂、多样,能够更加公平、公正、客观的开展认证工作。

(五) 认证报告的公开性与透明性

德国师范类专业认证的代理机构及专家组需撰写认证报告,并将报告提交给认证委员会,认证委员会在审核之后在官网上公布以供人们浏览。相对于其他国家的师范类认证而言,德国师范类认证结果较为透明,无论是机构还是个人,都能够以此数据为参考作出自己的选择。

二 师范类专业认证的困境

德国师范类专业认证不仅为教师教育的高质量发展提供了保障,还为教师队伍建设持续输送着人才，但也存在着一些问题亟须进一步解决。

（一）未制定专门的师范类专业认证标准

德国师范类专业在进行认证时，以《认证示范条例》为主要依据，《德国教师教育标准：教育科学》为参考，主要原因在于撰写认证报告时，需以《认证示范条例》规定的标准为依据，并按照认证委员会提供的认证报告模板填写认证内容与建议。《认证示范条例》所制定的标准针对的是德国所有专业，尽管其中有特意提及师范专业，但内容较少。《德国教师教育标准：教育科学》是师范专业培养学生能力的指南，应在师范类专业认证中发挥重要的作用，但《德国教师教育标准：教育科学》并未完全融合进师范类专业认证的实践过程中。

此外，德国师资培育以两次国家考试为基础保障了教师教育的质量，学士与硕士学位的师资培育目标、内容、方式等都存在差异，但在进行师范类专业认证时，德国并未根据学位差异而制定不同的认证标准。不仅如此，由于各州都拥有不同的教师培育传统，因此制定了独特的师资培育准则，而认证委员会及专家组仅以《认证示范条例》为基准进行认证，并不能够全面地揭示各州教师教育的真正发展水平。

（二）认证经费昂贵

德国师范类专业认证费用较为高昂，一门进行专业认证的课程需支付350欧元，体系认证需3500欧元，替代程序认证则需要20000欧元至40000欧元，认证代理机构的认证为2500欧元。已有一门课程经过认证的大学在进行认证时的基本费用根据不同学生数量有不同的收费标准，超过两万名学生的大学每年需支付2000欧元，5000—20000名学生的大学每年需支付1000欧元，1500—4999名学生的大学每年需支付500欧元，少于1500名学生的大学需支付250欧元。师范类认证对于德国师范类专业是强制性要求，但政府不发放补贴，因此如果一所大学需进行多门课程认证，其费用是相当庞大的。

（三）认证程序缺乏监管和保障制度

德国师范类专业认证虽有完整的机构与体系，但缺乏专门的监管系统来监督师范类专业认证过程。此外，德国专业类认证的期限为八年，到期后才需进行再次认证。相对于其他国家的认证期限而言，认证期间较长，且在认证期间没有认证代理机构工作人员或专家进行回访。可见，德国师范类专业认证结束后并无后期监管制度以保障其认证的有效性，不利于高等教育质量保证体系的进一步完善与发展。

德国师范类专业认证随着欧洲高等教育一体化的发展而不断深入，经过二十多年的发展，已经形成了较为系统、完备的专业认证体系。在师范类专业认证的支持下，德国教师教育质量得到了保障，取得了长远的发展。德国师范类专业的发展不仅为师范专业提供了外部质量保障体系，还打破了传统的师资培育体系，构建了国际化的师资培育制度，为教师教育的发展提供了更为广阔的空间和平台。相较于其他国家的师范类专业认证而言，德国师范类专业认证起步较晚，发展速度迅速。但德国并未为师范类专业认证组织专门的认证机构、认证标准，其发展依附于高等教育专业认证之中，不利于对师范类专业进行较为准确的评估。纵观世界其他国家，师范类专业认证既拥有独立的认证部门、认证网站，还有分层级、分学科的认证标准，强调科学性与实践性。观此而言，德国师范类专业认证的发展尚处于起步阶段，还有继续前行的空间。

第 五 章

日本教师教育认证

日本作为教育大国在国际上享有盛誉，得益于其教师培养制度的完善和成熟，而完善的教师培养制度又离不开系统的教师教育认证体系。经过官方及第三方机构的认证，开设教师教育课程的各类大学培养出大批高素质的教师，他们投身于一线教学，有力地保证了教学质量。从第二次世界大战前封闭的教师培养体系到战后逐渐开放的教师培养体系，从专门师范学校培养教师到"大学培养"教师原则，在此过程中，教师教育认证制度也应运而生。经过几十年的探索，2004年日本国立大学法人化改革后，文部科学省逐渐授权第三方认证机构对日本各级大学的教师教育课程进行认证。究其本质，日本教师教育认证就是对教师教育课程的认证，奠定了日本教师教育认证的基础。本章将从背景、认证的对象及标准、认证的主体等维度对日本教师教育认证的产生、发展及主要内容进行深度探析，总结出日本教师教育认证的显著特征，为中国师范类专业认证提供借鉴信息。

第一节　日本教师教育认证的背景

日本历来是一个重视教育的国家，自明治维新时期就开始大力革新教育制度，向西方学习先进的教育理念，师范教育领域也不例外。战后尤其是经历了20世纪70年代世界金融危机和国内经济泡沫破灭的打击后，日本在经济、政治等方面陷入困境。反映到教育领域，表现为教师培养质量低下、校园病理现象严重、社会各界对学校教育感到困惑和不信任。与此同时，新自由主义理念与教师资格证制度的变革也为教师教育认证制度的构建提供了理论支撑和制度基础。这些因素共同构成了日本教师教育认证体系变革与完善的内部张力和外部推力。

一 教师教育认证的孕育

从明治维新时代到 20 世纪 70 年代，日本教师培养体系经历了数十年的变革与发展，逐渐从封闭式培养走向开放式培养。随后在 20 世纪 80 年代蔓延的社会危机意识中，教师教育又得到迅速发展，最终形成了官方认证与第三方认证共存的教师教育认证体系。可以说，20 世纪 80 年代是日本教师教育认证的孕育点，其认证理念与实践发端与此。

（一）从"封闭"到"开放"的教师培养体系

在经历了近百年的发展后，日本逐渐从"封闭式"国家控制体系走向"开放式"教师培养体系。明治维新时期，日本对师范教育进行全面改革。1872 年，日本近代教育史上第一所专门师范学校"师表学校"在东京创立，标志着教师行业由封建寺子屋的"师匠"转变为"小学教员"。在随后的 1886 年，文部科学大臣森有礼颁布了《师范教育令》，正式确立了师范学校封闭式管理的模式。区别于一般学校，师范学校属于独立的单一体系，培养具有顺良、信爱、威重三种品德的"示范型"教师。1890 年日本政府颁布了《教育敕语》，将义务教育的年限延长至 9 年，初等教育体制逐步确立。文部科学省根据新的教育需求调整了政策，开始强调教师的专业知识和自身素质。1907 年，日本颁布了《师范学校规程》，明确指出教师的主要任务就是培养学生"忠君爱国"的思想。

第二次世界大战前日本军国主义思想盛行。为了笼络人心，控制舆论，日本建立专门学校培养教师。这些学校受政府统一管理，以培养"国家教师"为目的，形成了封闭的教师培育体系。所谓"封闭式"教师培养体系，就是加强对教师的思想控制，统一教师的思想。日本政府专门培养一批指导人员，这些指导人员会对各地方的教师再进行统一的教导。培养出来的教师被称为"完成式教师"，而当时的师范教育也就成为"完成式教育"，即封闭式的师范教育。

第二次世界大战结束后，日本社会各界指责师范教育是军国主义的宣传物和工具，培养出来的教师只是忠于天皇国家、把青少年送上战场的恭顺的臣民，这种封闭式的教师培养体系严重坑害日本年青一代的国民。因此，战后改革者深刻认识到需要从教师培育制度入手，只有在一种开放的自由教育环境下才能培养出符合日本战后民主国家国情的教师，才能培养出追求科学精神和自由思想的青年教师。这类新式教师必须拥有渊博的知识，启发人的智慧，不仅有所教授学科的技巧，还要有科学研究的精神。所谓"开放式"教师培养体系，首先就是指除少数培养专门教师的师范大学外，教师培养都是在综合性大学里进行，大学可以设置教师教育课程，培养合格的教师；其次，无论学生主修什么专业，只要修满教育法律规定科目的学分，就可以申请教师资格证。由此可见，这个时期的日本大学只要经过文部科学省认证就可以开设教师教育课程，认证主要由文部科学省进行，认证程序较为简单。

随着教师专业化程度的不断提升，到了 20 世纪末，日本开设的教师教育课程包括基础教育学科、公共教育学科和专修专业学科。1997 年教员养成审议会提出《面向新时期教师培养的改善对策》，要求对教师教育进行改革。该文件明确提出要重新设立教师培养目标，改善教师教育课程内容，鼓励教师学习硕士、博士课程，提高教师的专业素养。根据 1998 年颁布的《部分修改教职员免许法》显示，教师专业课程比重得到增加，学生拥有充足的时间进行教育类专门课程的研修学习，教师教育的职业特点进一步加强，教师队伍不断发展壮大。

"开放式"教师培养体系在一定程度上让日本政府的财务负担得到减轻，多样化的培养方式也让教师的专业素养得到了提升，有效地遏制了学校教育质量下滑的趋势。然而，开放式的教师教育模式也有其弊端。首先，没有明确的专业机构进行课程认证，因此几乎所有的大学都可以设立教育类专业课程。修完专业课程之后，学生会获得相应的教师资格证，这也导致获得资格证书的条件较为宽泛。甚至许多学生获得了资格证书后并不选择作为教师，滥发资格证现象严重。其次，各个学校设置的教育课程并不一样，每个学校培养教师的质量也不在同一水平，在一定程度上阻碍了师资水平的进一步提升。最后，部分院校的教育类学生毕业后没有选择从事教育行业，因此这些院校在教育课程设置上重视专业知识和学术素养，却忽略了对教师职业素养和品格的培养。这类课程对教师在具体的教学实践中展现出来的教学技能不够重视，没有让青年教师形成职业认同感和自豪感，这样的教师培养注定是行将淘汰的。

进入 21 世纪后，2005 年中央教育审议会提出《在教员养成中增加专门教职研究生院的基本想法》，① 明确指出在扩充和强化本科教育阶段教师教育的同时，也必须对研究生教育阶段的教师培养以及教师在职再教育制度进行重新研究和探讨。

（二）"日本处于沉没之中"的危机意识

在美国的帮助下，日本战后经济得以在废墟上重建。20 世纪 60 年代末，池田内阁发表了"国民收入倍增计划"，提出在十年内使每个国民收入翻一番的目标，显然日本顺利完成了任务。1953 年日本人均国民生产总值是 3600 美元，到 1970 年已经达到了 11500 美元，1973 年的 GDP 是 1960 年的 301%，日本经济真正踏上了快车道。到了 80 年代初期，日本连续赶超意大利、法国、英国和德国，成为亚洲第一强国和仅次于美国的世界第二大强国。然而就在一派欣欣向荣的景象背后，却是新一轮的金融崩盘和社会顽疾。

在经济方面，自 20 世纪 80 年代启动金融自由化改革以后，日本金融机构面临的环境发生了翻天覆地的变化。在没有做好风险管理的情况下，大批资本投入到不动产和金融资产领域。1985 年到 1990 年，在以法人企业为对象的银行贷款中，建筑业、不动产、非银行金融机构等不动产领域的贷款占了一半以上，直接导致了地价大幅上升。一方面为了抑制这种情况，大藏省于 1990 年 3 月 27 日以银行局局长的名义发布了名为"关于抑制土地行业融资"的通告，宣布实施土地融资的总量管制。结果就是大量企业因筹资困难而倒闭，引爆了经济泡沫。另一方面，在 1985 年签订的广场协定②中，美国要求日本将外向型为主导的贸易策略变为内需型为主导的贸易策略，进一步刺激了日本股票市场的表面繁荣。1990 年 12 月 28 日，东京证券交易所股票指数下跌到 2.3 万点，与上一年相比，整整下跌了 40%。1992 年，股票指数下跌至 2 万点以下，创下了十多年来的最低点。股票市场人心惶惶，投资者纷纷抛售手中的股票，更进一

---

① 许晓旭：《日本教师教育政策研究》，硕士学位论文，东北师范大学，2011 年。
② 广场协议（Plaza Accord）是 1985 年美、日、法、英、德在纽约广场饭店签订的协议。20 世纪 80 年代初期，美国财政赤字剧增，对外贸易逆差大幅增长。美国希望通过美元贬值来增加产品的出口竞争力，以改善美国国际收支不平衡状况，所以签订此协议。

步加剧了股指的下跌。持续繁荣十几年的日本股市彻底崩盘，也标志着日本持续十几年的泡沫经济破灭。

在政治方面，日本民众表现出的最大特点就是政治意识保守化趋势的持续和新保守主义的出现。日本广播协会舆论调查部于1986年10月进行的"保守意识的结构"和1988年6月进行的"日本人的意识"调查结果显示，超过60.6%的人未参加任何政治活动，有48.5%的人认为政治中最重要事项是"提高福利"，大多数日本人在政治上还是表现出了"观众式民主主义"的态度，政治意识保守化的趋势依然在持续。1989年，日本进入"平成"年代，柏林墙在同一年被拆除，美国总统与苏联领导人戈尔巴乔夫会面，宣布结束冷战，国际政治局势发生了巨大变化。日本政府更加积极地履行西方一员和日美军事同盟的"义务和责任"。而在日本国内，"泡沫崩溃"的巨大经济阴影形成混合作用，使日本人从虚幻的大国梦和极度繁荣的假象中惊醒，带来了对未来的忧虑不安和寻找出路的思想躁动，催生出新保守主义。但仍没有改变战后民主改革带来的和平民主主义理念，也没有改变以个人主义与私生活中心主义的人生观为总体特征的国民意识。

在社会价值观方面，20世纪90年代的金融危机极大地打击了日本人的民族优越感，高失业率、高自杀率、社会福利制度的不完善、生活压力过大等因素一步步的摧残着日本的年青一代。20世纪末日本青年最具标志性的精神特点就是远离政治、注重享乐，虽然高等教育的普及以及小家庭结构的客观环境使日本年轻人在独立思考、自律行动等方面比他们的父辈有所加强，但在价值取向上已没有了体系性和明确性，流于直感性和相对主义，最显著的现象就是少子化。据日本文部省统计，1992年日本18岁人口为205万，达到历史顶峰。随后逐年下降，2000年缩减至146万人。2002年日本国立社会保障人口问题研究所发布的未来人口预测显示，2032年18岁适龄人口将低于100万人。

进入20世纪90年代后，起始于金融业的崩盘，日本在经济、政治和社会文化等方面都出现了空前的危机。这种"日本处于沉没之中"的危机意识也提醒日本政策制定者，全方位的改革完善势在必行。早在20世纪60年代日本就提出教育立国的口号，在教育领域的改革尤其受到重视，而教师教育则首当其冲，为后来教师教育认证制度的构建做好了外部准备。

二 日本教师教育的困境

经历了经济泡沫破灭和政治新保守主义的洗礼后,日本民众对社会产生了极大的危机感,反映到教育领域,就是严重的不信任。再加上传统的教师培养制度无法满足当前的教育需求,培养出来的教师在能力和责任感等方面都难以让民众满意,教师培养制度受到了前所未有的挑战。

(一) 教育缺乏社会信任

一直以来,日本都对教师质量提出了较高的要求,政府视提高教师资质能力为重要课题。第二次世界大战后,尤其是1971年《人才确保法》颁布以来,教师职业一直受到社会的高度尊重。然而,进入20世纪80年代后,日本经济泡沫现象严重,政治经济的变动影响着社会观念,"少子化"现象逐渐成为困扰日本的社会问题。紧随其后,校园欺凌、拒绝上学、自杀等现象也不时出现,学校和教师由此成为众矢之的。教师在人们心目中的地位开始动摇,家长和社会对教师的不信任日积月累,以致达到不满的程度。

日本有学者认为,教育难以满足大众需求的主要原因有以下三点。"第一,教育病理现象的频繁发生引发人们对学校和教师的不满;第二,教师队伍中出现了所谓指导力不足、热情和使命感下降等问题,更加深了社会的不信任和不满,以致教师成为激烈评判的对象;第三,伴随社会的高学历化和家长受教育水平的提升,社会和家长对教师的要求日趋提高,看待教师工作的眼光也越来越苛刻。"[①]

(二) "指导不得力"教师数量增加

教师素质的持续下降也让文部科学省不得不反思教师培养制度,为了回应社会各界对教育的不信任,文部科学省专门将一批教师定义为"指导不得力"教师。所谓"指导不得力"教师,是指"在知识、技术、指导方法等方面的资质和能力存在问题,被认为需要通过研修来改善指导,但尚未达到调离教师岗位程度的教师"[②]。日本各级学校对"指导不

---

① 饶从满:《变动时代的日本教师教育改革:背景、目标与理念》,《比较教育研究》2014年第8期。
② 文部科学省,「指導が不適切な教員に対する人事管理システムのガイドライン」,(2017-01-25), http://www.mext.go.jp/a_menu/shotou/jinji/08022711.htm. (2020-03-15).

得力"教师的界定也很明确：首先，教师教学知识匮乏，教授错误知识，无法回答学生提问；其次，呆板的教授书本知识，没有正确的教学方式；最后，无法理解学生的心理健康发展，或者无意愿主动去了解学生的心理状态，拒绝与学生对话。

为了加强对"指导不得力"教师的管理，文部科学省要求各级学校针对不同情况，实行包括持续指导、参与研修、酌情免职、调离教师岗位等不同处置办法的管理制度。通过一系列关于教师教育的法律法规的修订或制定，日本建立了比较完备的指导不得力教师管理体系，从法律上对指导不得力教师的认定、研修内容、研修时间、研修效果认定、研修后的处置等都作了具体规定。建立"指导不得力"教师管理体系，不仅可以直接促进教师专业水平的提高，培养教师从职业新手到熟练教师的主动提升意识，同时也从教育行为上促进了教师自我发展的自觉性和主动性，还可以提高学生的学习质量，有力地消解社会各界对教育的负面印象。

（三）效绩表现主义盛行

20世纪90年代以来，社会各界对教育的不信任以及对教师培养机构的质疑声不断，加上社会结构变动带来的一系列变化，最终导致日本学校承担起巨大的效绩责任压力。效绩表现主义在教师队伍内盛行，最终引发了以捍卫"对教师无可动摇的信赖"[①]为目标的教师教育改革。实行开放式教师培养体系后，提供教师教育课程的大学数量急剧增加，这必然会导致参加教师录用考试的竞争性大幅提升。不仅准入门槛得到了提高，入职后由于巨大的绩效压力，教师们为了满足效绩评估系统的要求，往往表现出明显的商业性的身份认同，他们努力迎合外部评价指标，追求市场效率。效绩表现主义让教师群体将注意力放在教学活动的标准化和商业化上，容易忽视学生的个体成长，也让教师在低信任度的环境中迷失职业素养。

三　新自由主义理念的兴起

受西方新自由主义理念的影响，20世纪80年代以来，日本高等教育

[①] Linda Valli and Rennert Ariev, "New Standards and Sessments? Curriculum Transformation in Teacher Education", *Journal of Curriculum Studies*, Vol. 34, February 2002, p. 201.

领域开始自由化改革。随着信息科技的迅速发展,知识经济呈指数式增长,在国际竞争日益激烈的背后,高等教育成为推进社会发展、带动科技革命的重要力量。经济全球化对教育领域的传统观念发起了挑战,大学的教学研究方法、人才培养模式、经营管理机制等逐步走向市场化。大学市场化的背后推手是新自由主义,它伴随着全球化而产生,向世界各国传播,并在教育领域产生了广泛影响。对于教师教育认证而言,在其影响下,第三方认证机构逐渐得到文部科学省的授权,进入教师教育认证领域中。

(一)新自由主义

新自由主义最早被应用于阐述经济和政治间的关系,发展于亚当·斯密的古典自由主义思想。以英国哈耶克为代表的伦敦学派、美国弗里德曼(Milton Friedman)为代表的货币学派以及卢卡斯为代表的理性预期学派构成三大理论,具体内容虽较为不同,但殊途同归,其根本观点还是追求经济自由化,摆脱国家宏观调控。新自由主义者批判继承古典主义的基本观点,在强调经济自由的基础上,致力于将市场经济理论与自由竞争原则扩大到社会领域。该理论在欧美经历了启蒙—学术讨论—政治化—国家意识—范式化的过程。

第二次世界大战后,欧美国家长期实行国家资本主义,政府权力空前集中,加之福利政策饱和,社会大众的公共服务需求难以得到满足。20世纪50年代,新自由主义首先在欧美国家的经济领域兴起,但是其概念过于庞大,在当时并没有明确定义,因此影响力较小。进入20世纪70年代后,在西方国家财政陷入"滞涨"的背景下,以石油危机爆发为契机,新自由主义理念开始受到重视,逐渐进入大众视野。新自由主义者强调运用市场竞争机制,反对国家过度干预经济,他们发起了"政府改造运动",席卷欧美等老牌资本主义国家。在其影响下,行政管理中显现出了解除管制—民营化—市场化的基调。"政府通过一系列改革,将国有事业民营化,引入非政府组织,减轻政府的财政负担,提高公共服务的效率。"①

---

① 戴晓霞、莫家豪、谢安邦主编:《高等教育市场化》,北京大学出版社2004年版,第45页。

苏联解体后，世界进入多极化格局，国际区域性组织日渐增多，国际交流日益频繁。新自由主义者反对贸易保护主义，提倡各国应该减少关税，鼓励跨国交流和贸易。同时，新自由主义主张私有化与非调控化，信奉以个人价值为核心的自由主义价值观，主张严格保护私有产权，使生产资料归个人所有。在市场经济条件下，个人可以自由地开展经济活动，政府需要做的就是创造良好的市场环境，保护私人财产，刺激生产与消费。此外，新自由主义还要求重新考虑国家福利政策，推动社会福利私有化，强调福利应与个人能力相匹配。

（二）新自由主义在日本教育界的兴起

第二次世界大战后，日本经济在美国的扶持下得到了跨越式发展，一跃成为世界前列的资本主义强国。然而，20世纪70年代的石油危机让日本经济遭受重创，国家财政陷入停滞状态，加之现代化发展速度过快，长期存在的官僚主义导致社会不公平、不合理现象增多，以政府为主导的经济模式受到挑战。在此背景下，日本国内的新自由主义势力开始抬头。他们提倡经济自由化，增强市场活力，要求政府放松对市场的管控，精简行政机构，宣扬自由竞争的理念，推动政府改革。

除国内矛盾外，日本新自由主义的崛起还深受欧美国家政策导向的影响。新自由主义扩展到政治领域后，欧美国家倡导"强市场、弱政府"政策，日本紧跟欧美国家脚步，尤其是首相中曾根康弘上台后，以"小政府、体制松绑、民营化"的新自由主义改革路线为起始，提倡私有化、自由化、市场化，并逐渐将这种理念延伸至教育领域。1984年，中曾根康弘设立了由首相直接管辖的临时教育审议会，并任命主张新自由主义的学者作为临时教育审议会的委员，基于新自由主义理念的教育改革拉开序幕。日本高等教育界针对教育理念、教育形式、教育管理模式、教育财政制度等一系列问题实施了重大变革。

（三）新自由主义对日本教育的影响

新自由主义对日本教育的影响首先表现在教育理念上。第二次世界大战后初期，日本提出"教育立国"的口号，实行教育体制改革。在短时间内义务教育年限增加，国民受教育普及率上升，人口素质得到较快提高。但进入20世纪70年代后，教育问题逐渐出现，如教育政策受美国影响过大、学校教育模式过于单一、学生创造力被完全漠视、校园暴力、欺凌现象严重等。为解决上述问题，以新自由主义理论为导向，中央教育审议会于 1996 年提出"宽松的教育"理念，希望增加市场竞争，降低市场准入门槛。随后在 1998 年，日本又依据"宽松的教育"理念对《学习指导要领》进行了修改，在政策层面对此教育理念进行了肯定。至此，日本在教育理念上充分体现出新自由主义思想，在自由发展和无外界干扰的环境中追求市场竞争。

其次，在新自由主义理念的引导下，日本加快了国立大学法人制度的建立。日本大学主要有国立大学、公立大学、私立大学和短期大学四种形式。国立大学由国家直接接管，类似于国家行政机关，经费由政府拨款，教师属于国家公务员。其财政收入不能直接应用于学校的管理运营上，需要上交文部科学省。一方面国家对国立大学提供了充足的资金，然而日本社会却对国立大学提出了种种质疑，如没有为社会的发展提供动力、教师服务社会意识淡薄、较高的财政支出增加了政府的负担。另一方面，在相对较长的时间里，国立大学一直受制于文科省，运行机制也逐渐出现僵化的现象。政府对国立大学管理严格，造成大学缺乏管理自主权，决策效率低下，加之受到私立大学不断施加的压力，国立大学的发展变得困难重重。

在此背景下，国立大学法人化的建议逐渐浮出水面。2002 年，国立大学法人化的提案得到通过，2004 年以法律形式颁布了《国立大学法人法》，正式对日本 89 所国立大学进行法人化改革。从此，日本国立大学由原来的政府行政机构转变为独立的行政法人。国立大学对其内部结构进行全面调整，在管理层上设置役员会、经营审议会和教育审议会，治理模式发生了根本变化。其中役员会由校长和理事会构成，属于决策机构，经营审议会负责管理学校的日常运营，教育审议会则负责教务有关的事务。在新自由主义理念的影响下，通过国立大学法人化改革，明确了大学各部门职责，校长作为法人总代表，也兼任经营审议会和教育审议会的议长，最终建立了以校长为中心的行政决策机制。国立大学摆脱政府管理，实现自主管理，不仅增加了大学的办学灵活度，还更加关注自身的运营效益，提升了办学质量。

再次，新自由主义加快了日本大学效绩评估模式的转型升级。国立大学法人化改革后，政府要求各大学根据实际情况自行制定为期六年的中期目标，并由政府委托的第三方评价机构——国立大学法人评价委员会进行定期评估，根据中期目标的达成情况，文部科学省相应的拨付教育经费。因此，政府与各国立大学之间形成了类似于"契约"的管理模式。此举使得国立大学备感压力，必须积极与企业开展合作，树立竞争意识，争取办学经费，以获得较好的生源和地位。

为提升大学科研水平，2002年日本在高等教育领域启动了"21世纪COE计划"（21st Century Center of Excellence Project），即在大学中建立以学科方向为单位的卓越科研基地，并专门设立科研基地建设补助金制度，保障科研工作的顺利进行。日本在该计划中也引入了第三方评价机制，由全球COE计划委员会制定评价规则并实行评价，具体流程为三步：前期评价、中期评价和事后评价。首先，申请科研项目的大学根据本校特点设立研究项目，其次，评价委员会会对该大学进行前期评价，项目进行两年后再进行中期评价，如未通过中期评价则直接被淘汰，最后，对于合格的项目，科学文部省会拨款资助。项目正式结束后，委员会进行事后评价，针对项目目标的完成程度进行综合评价，最终将结果向社会公布。

新自由主义所倡导的放宽政府控制、运用市场机制自由竞争的理念，为高等教育的改革指明了方向，帮助日本高等教育由政府控制转向市场控制，政府主要通过第三方评价的方式起监督作用。宽松的教育理念、国立大学法人制度、中立机构的效绩评估模式等措施都促进了大学的办学质量，增强了学校的国际竞争力。"虽然新自由主义思想在经济上已经被证明是失败的，并注定会走向衰亡"[①]，但其在日本教育改革中起到的作用仍是建设性的，关键就在于如何处理好政府在教育改革中的作用。

四 日本教师资格证制度

第二次世界大战后，文部科学省将资格证书划分为两个等级，进入20世纪80年代后又调整为三个等级，不同种类的资格证均需修够最低学分才有条件获得。进入21世纪后，文部科学省致力于推进教师资格证更新制度，于2005年发布《关于今后教师培养、许可制度的应有状态（中

---

① 梅荣政、张晓红主编：《论新自由主义思潮》，高等教育出版社2004年版，第19页。

间报告)》,正式宣告了教师资格证更新制度的确立。教师资格证更新制度的导入不仅践行了教师终身学习理念,也更加适应现代教育环境,为构建教师教育认证制度提供了坚实基础。

(一)教师资格证制度的发展

总体上来讲,日本教师资格证制度经历了数十年的改革发展,形成了较为完善的体系。日本教师资格证制度经历了三次大变革,第一次是在第二次世界大战后,第二次为20世纪80年代,第三次为20世纪90年代。

第二次世界大战后,日本制定了新的教师资格证制度。1949年制定的《教师资格认定法》规定,除大学教师外,幼儿园、中小学教师都需要获得教师资格证后方可上岗。教师资格证书分为一级和二级,大学本科毕业生可以获得一级证书,短期大学毕业生可以获得二级证书,同时还需要进行二到四周的教育实习,才可以成为一名教师。

20世纪80年代后期,在明治维新以后的第三次教育改革中,教师资格证书制度被列为教育改革的一项重要内容。"随着《教职员工资格证书法》以及《教育公务员特例法》的修改,20世纪80年代后期的改革可以说是战后以来对教师培养、证书以及进修制度进行的最大修改。"[①] 1988年通过的《教职员工资格证书法》,目的是要建立一种崭新的教师资格认证制度。具体做法是,将一级与二级教师资格证改为"专修许可证""一种许可证"和"二种许可证",从原先的两级证书增加到三级证书。其中,"专修许可证"程度最高,硕士研究生教育课程结业后方可获得,以此鼓励研究生进入中小学任教,提高教师整体学历水平。"一种资格证"和"二种资格证"分别是大学本科毕业程度和短期大学毕业程度,此外,教师可以通过进修获得加分,以此升级证书等级。

进入90年代后,日本教师专业化程度不断提高,教师资格证书的完善主要集中在教师的培养、任用和进修三个阶段。1997年7月教师养成审议会向文部省提出了名为《面向新时代的教师养成改革策略》咨询报告,主要改革目标为教师应有的素质能力、教师培养制度的改善和资格证书制度的更新等方面。1999年,教师养成审议会再次提出了《关于养成、录用、研修制度的顺利合作》的咨询报告,该报告指出应加大对教

---

① 李国丽:《日本教师资格证书制度发展研究》,硕士学位论文,华中师范大学,2007年。

师形象、专业能力、社会知识等方面的考核,尽量减少代课教师的数量,取消一些不合格教师的教师资格。

日本教师资格证书按照学校的种类而分为小学教师资格证书、初中教师资格证书、高中教师资格证书、特殊教育教师资格证书、养护教师资格证书、幼儿园教师资格证。教师获得资格证所取得学分或学历的最低要求如表5-1所示。

表5-1 教师取得资格证所需条件

种类资格		基础资格	大学必修教育专业科目最低分(分)			
			关于教科	关于教职	教科或教职	关于特殊教育
小学教谕	专修	有硕士学位	18	41	24	
	一种	有学士学位	18	41		
	二种	在大学二年以上,取得62分以上学分	10	27		
初中教谕	专修	有硕士学位	40	19	24	
	一种	有学士学位	40	19		
	二种	在大学二年以上,取得62分以上学分	20	15		
高中教谕	专修	有硕士学位	40	19	24	
	一种	有学士学位	40	19		
盲人学校、聋哑学校、养育学校教谕	专修	有硕士学位及有幼儿园或中小学教谕的普通许可证				47
	一种	有学士称号及有幼儿园或中小学教谕的普通许可证				23
	二种	有幼儿园或中小学教谕的普通许可证				23
幼稚园教谕	专修	有硕士学位	16	35	24	
	一种	有学士学位	16	35		
	二种	在大学二年以上,取得62分学分以上	8	23		

资料来源:文部科学省,「教員免許制度の現状」,(2001-01-12),http//www.mext.go.jp/b-menu/public/2001/011206/011206a2htm.(2020-03-24)。

随着日本教师资格证制度的不断完善，教师的学历水平也在稳步提升。中央教育审议会在 2005 年 12 月发布《关于今后教师培养、许可制度的应有状态（中间报告）》，公布了 1989 年至 2005 年日本各级学校教师所拥有的资格证种类的占比情况。幼儿园教师以二种资格证书为主，小学和中学教师以一种资格证书为主，高等学校教师专修资格证数量明显增多，但仍以一种资格证为主，特殊教育学校以一种、二种资格证为主。从总体趋势来看，各级各类学校教师的资格证等级都在稳步提升，二种资格证逐渐减少，一种资格证和专修资格证逐渐增多，但专修资格证仍是由学校高层领导或高级教师所持有。

（二）教师资格证更新制度的导入

中央教育审议会于 2002 年发布《今后教师资格证书制度的发展方向》咨询报告，其主要指导思想是将教师资格证书制度引入任期制，朝着综合化和弹性化的方向发展，即引入教师资格证更新制度。随后又在 2005 年《关于今后教师培养、许可制度的应有状态（中间报告）》中指出，近年来日本学校教育的状况发生了很大的变化，即使教师取得教师资格证后，其所需的资质能力也在不断变化。学习指导理念正在不断地进行修改，"学生的学习期望、学习能力、体力、精力不断下降，伴随着各种各样的实际体验的减少而产生的社会性和交流能力低下，层出不穷的欺凌和不上学等现象，学习障碍、注意力缺陷多动性障碍等症状的产生等，都对教师的水平和素质提出了更高的要求"[①]。总体而言，教师资格证更新制度产生的背景可分为外部原因和内部原因。外部原因来源于政治、经济等因素，包括政权的更替、能力本位观、学校屡屡发生教育问题等方面；内部原因来源于制度本身，包括教师资格证制度设计不合理，导致教师业务范围不明确，还包括政策跟不上现实社会发展，培育理念落后等方面。

2005 年，中央教育审议会正式公布教师资格证更新制度方案。所有类型的教师资格证有效期限一律为十年，所有持有资格证者需要在有效

---

① 中央教育审议会,「今後の教員養成・免許制度の在り方について（中間報告）」,（2005 - 12 - 08）, https://www.mext.go.jp/b_menu/shingi/chukyo/chukyo0/toushin/05120802.htm.（2020 - 03 - 21）.

期内接受更新课程的学习，一般在资格证到期前的一至两年内接受课程。除了在当地的大学进行更新课程之外，教师们还可以在都道府县的教育委员会接受学习。"更新课程由大学根据具体情况开设，其中必须包括教育实践讲习、学校教育所面临的课题、顺应社会变化所要求的资质与能力等领域。教师必须接受8个课时以上的必修课、8个课时以上的限定必修课和14个课时以上的选修课，共计需要接受30个学时以上的课程。"①

教师资格证更新包括九个过程，认证管理十分严格。第一，确认教师资格证的有效期限。持有资格证的教师需要确认所持证书有效期限，如果拥有多个教师资格证，则以最后到达期限的资格证书时间为准。第二，确认听课资格。只有符合课程要求的教师才能参加相应的资格证更新课程。第三，选择意向课程。根据自身的实际情况和资格证书种类，选择有意向的课程。第四，申请大学听课资格。通过登录大学官网进行申请，申请对象是持有普通资格证或专修资格证的教师，包括在职教师、实习教师、教育指导人员和教育管理人员。第五，学习课程。在相应的大学接受教师资格证更新课程。第六，结束课程。完成30学时以上的课程后，各个大学进行结业认定，并发行结业证明书。第七，确认课程。向更新对象就职学校所在的都道府县教育委员会或更新对象住所地的都道府县教育委员会提出申请，以结业证明书或合计30学时以上的学习证明书为依据，确认完成了更新课程。第八，发行更新证明书。更新证书的管理者确认申请人已经完成了资格证更新课程，并发放有效期更新证明书或更新课程结业证明书。第九，确认下次的有效期截止日或结业确认期限。到下一个有效期或者结业确认期限（一般为10年后）为止，持有者的所有教师资格证都有效。

从2009年4月1日开始，日本全面实行教师资格证更新制度，② 从幼儿园到高中的所有教师不再是取得教师资格证后就可以高枕无忧。但需要指出的是，教师资格证更新制度的出发点是为了保持教师所必要的

---

① 余赛月：《日本教师资格证书更新制度构建研究》，硕士学位论文，东北师范大学，2019年。
② 文部科学省，「教員免許更新制」，(2009 - 04 - 01)，https：//www.mext.go.jp/a_menu/shotou/koushin/index.htm.（2020 - 04 - 15）.

资质能力，定期掌握最新的知识技能，使教师自信自豪地站在讲台上，以获得社会的尊敬和信赖为目标，而并非是以排除不合格教师为目的。

(三) 教师培养机构类型

在"开放式"教师培养体系理念影响下，日本教师培养机构主要有国立大学、私立大学、短期大学、专修学校、研究生院以及专攻科。其中，义务教育学校的教师，尤其是小学教师资源主要由国立大学教师培养学部提供。日本的各市县都有一所以上的国立大学，因此也至少有一个教师培养学部，文部科学省与国立大学的教师培养学部密切联系，共同致力于培养合格的小学教师。相对来讲，虽然私立大学文学部或家政学部以及短期大学也设置有小学教师培养课程，但其培养规模较小，远不如国立大学。但是因为私立大学的文学部、理学部、法学部、经济学部、工学部等除教育学部以外的一般学部也承担起培养初、高中教师重要的任务，所以私立大学的初中以及高中教师培养规模较大。总体来说，国立大学教师培养学部承担了绝大部分的师资培养，私立学校则集中于初高中教师的培养，其规模和人数都低于国立大学。日本教师培养机构各具特点，"可以分为一般大学教师培养学部、短期大学教师培养学部、研究生院以及专攻科四大类"[①]。

第一类是一般大学教师培养学部，包括国立大学教师培养学部、准教师培养学部、教育学部、一般学部。国立大学教师培养学部以培养高中以下（含高中）所有种类的学校教师为目的，从北海道到冲绳几乎所有县都有一个学部；准教师培养学部设立于国、公、私立大学，培养小学和幼儿教师；教育学部主要设于国立的研究型大学，进行教育学和心理学的教学研究，但不以教师培养为目的；一般学部包括国、公、私立大学的文学部、理学部、法学部、经济学部，以培养初中和高中教师为主，也实施特殊教育教师培养。

第二类是短期大学教师培养学部，包括幼儿教育学科和国文科等部分。其中，幼儿教育学科几乎都是私立学校，进行幼儿教师和小学教师的培养；而国文科、英文科、家政科主要进行初中教师的培养。

第三类是研究生院，包括教职研究生院、教育学研究科和一般研究

---

① 山崎博敏：『教員需要推計と教員養成の展望東京』，協同出版社 2015 年版，第 32 页。

科。教职研究生院设立于国立大学教师培养学部或私立准教师培养学部，进行研究生层次的教师培养；教育学研究科进行教育学、心理学、教学研究，同时也进行各种学校教师的培养；一般研究科进行文学或理学等教学研究。

第四类是专攻科，包括特殊支援教育专攻科和短期大学专攻科。特殊支援教育专攻科是指教师在完成教师培养学部的学士课程后，再进行为期一年的特殊支援教育教师培养；而短期大学专攻科以短期大学毕业生为对象，进行为期一年的小学教师培养。

第二节 日本教师教育认证的课程标准

根据《教职员免许法》，"只有在通过文部科学大臣认证的大学接受教师教育课程学习，才可以获得相应的教师资格证"[①]。由教师养成部会下辖的课程认证委员会对教师教育课程进行认证审查，各类大学所开设的教师教育课程成为认证对象。教师教育认证标准在参照《教职员免许法》实施规则外，还由教师养成部会颁布的"教职课程认定基准""教员免许课程认定审查基准""教育免许课程认定审查之营运规程"以及"教育免许课程认定之大学实地视察规程"共同组成。

一 教师教育的认证对象

截至2019年，日本共有1296所大学（包括短期大学）设有教师教育课程。在国民和社会的需求背景下，日本教师培养历来以本科阶段为中心，在本科阶段让学生切实掌握教师所必需的资质能力。因此，教师教育课程质量就决定了教师培养质量，教师教育课程认证成为教师教育认证的具体对象。

（一）教师教育课程设置

中央教育审议会在2004年发布的《改善和充实教师课程——充实教师指导和完善大学的组织指导体制等》指出，教师培养机构开设的课程

---

① 教員養成部会，「教職課程の基準に関するワーキンググループ（第1回）」，(2019 - 05 - 07), https://www.mext.go.jp/content/1419016_009.pdf. (2020 - 12 - 17).

应由学校与第三方评价机构共同认证。文件在制度建设上提出明确方案，"要求推进课程认证大学的积极性，加快设立教师培养课程委员会，促进合理的编排教师课程"①。

首先，各个大学需要在学生接受课程之初就为之提供教育实习或体验真实学校的机会。比如与孩子接触的机会、与现任教师交流的机会等，可以以课外活动的形式有系统、有计划的加强教师指导能力。大学在设置课程时应着重强调教育实习，让学生在学习课程的时候体会到真实的教育情境。教育实习课程的功能就在于确认学生是否掌握了教学技能，在学生通过教育实习达到了一定的基础后，再进行实际教学。

其次，增加课程编排的科学性、系统性。接受课程认证的大学应以自身教育理念为指导，编制相应的课程。在20世纪90年代末中央教育审议会就提议建立"教师培训学校"和"课程委员会"，设置新的必修科目，确保该科目和其他科目的关联性。随后文部科学省根据学校教学的实际情况进行教学计划的改善，实施课程模型的开发研究。被认证的大学通过教学课程进行计划性的教学指导，以进行教师培养的大学为中心，借助国家的力量开发具有构造性、系统性的教育课程。在设置课程时需要寻求多方面意见，与学校相关人员和教育委员会进行意见交换，寻求有经验的教师和校外人员的意见。

最后，应扩充教师教育课程的社会实践活动。在日新月异的社会环境以及学生复杂多样的心理特征等因素影响下，教师需要掌握比以往更广泛、更丰富的知识与能力。在课程中，应重视体验活动、志愿者活动、实习等社会实践活动，还要充实自然科学、人文科学、社会科学等科目的教育内容。通过这些实践教育活动，提高教师解决实际问题的能力和教材解释能力。

（二）教师教育课程认证制度构建

文部科学省指出，为了维持和提高教师教育课程的质量，使教师教育课程在培养高素质的教师方面起到最优效果，应加强课程认证相关的

---

① 文部科学省，「教職課程認定基準」，https://www.mext.go.jp/content/1413324_004_1.pdf.（2020-03-21）.

审查和评价，将评价结果与教师培养现状联系起来，确立适当的评价系统。在课程认证前，首要目标是充实"教师指导能力"，提高教师的实践教学能力，帮助学生有机整合所学到的知识和技能。在课程认证中，需要考查课程是否正确运营，是否建立起事后评价、持续检查、促进改善的机制。在课程认证后，若发现课程在后续审查的过程中有违反法令的情况，则需采取纠正或取消等措施。

首先，需要处理好教师教育课程评价与其他高等教育项目评价之间的关系，在不给大学增加过重负担的同时进行高效灵活的自我检查。严格高效的评价系统是保障教师培养质量的重要手段，各类大学不仅要进行自我评价，还要站在需求侧，从家长、学校机构、当地政府以及受培养教师的角度接受建议，提高评价的客观性和实效性。其次，应加强教师教育课程认证的审查，以"教职课程认定基准"为认证标准，对科目设置、教师配置、机构设备等项目进行认证。最后，对于已经通过认证的课程，要加入到课程认证委员会的实地考查对象中。定期对教师教育课程的运营情况进行报告，一旦发现课程违反相关法律和审查标准，应采取纠正或取消课程开设资格的措施。

（三）教师教育课程认证制度实施

在课程认证实施过程中，首先由开设教师教育课程的国、公、私立大学向文部科学大臣提交申请，文部科学大臣向中央教育审议会发起咨询，并由中央教育审议会初等中等教育分科会教师养成部会发起认证。教师养成部会将具体认证实施交付给下辖的课程认证委员会负责，由课程认证委员会认证后形成结果报告，最终向文部科学大臣答申。具体关系如图5—1所示。[①]

根据教师养成部会2019年发布的课程认证大学现状显示，共有1296所大学通过了课程认证，获得教师教育课程的开设资格，占日本所有大学总数的68%。其中，大学获得开设教师教育课程资格的比重最高，达到了80.2%，短期大学专攻科比重最低，为16.2%（见表5—2）。

---

① 教員養成部会，「教職課程の認定制度について」，（2019-04-01），https：//www.mext.go.jp/content/1414717_005.pdf.（2020-12-17）.

```
                    答申
┌──────────────┐  ──────→  ┌──────────────┐
│ 中央教育审议会 │           │              │
│(教师养成部会) │  ←──────  │  文部科学大臣  │
└──────────────┘   咨询     └──────────────┘
   ↑     │                     ↑       │
 结果   托付                   申请    认证
 报告    │                     │       ↓
   │     ↓                     │       
┌──────────────┐            ┌──────────────┐
│ 课程认证委员会 │            │ 国、公、私立大学│
└──────────────┘            └──────────────┘
```

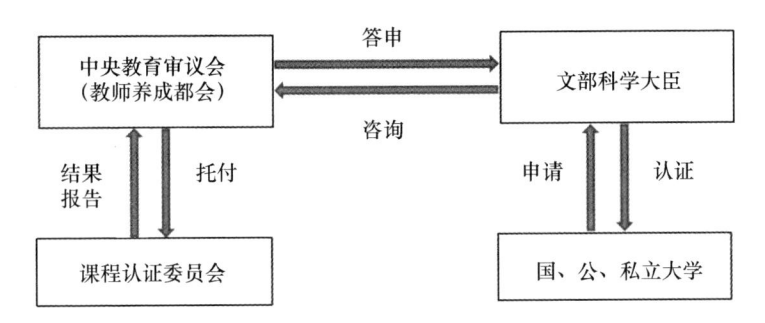

图 5—1　教师教育课程认证关系

表 5–2　　　　　　大学实施课程认证的比重（2019 年）

大学类型	大学数量（所）	通过课程认证数量（所）	所占比例
大学	756	606	80.2%
大学院	623	413	66.3%
大学专攻科	79	32	40.5%
短期大学	332	228	68.7%
短期大学专攻科	1895	1296	16.2%

资料来源：教員養成部会，「教職課程の認定制度について」，(2019 - 04 - 01)，https：//www.mext.go.jp/content/1414717_005.pdf. (2020 - 12 - 17)。

二　普通学校教师教育的认证标准

日本教师培养机构由各级高等学校组成，各校开设的教师教育课程成为培养教师的核心要素，教师教育认证实质上体现在对教师教育课程的认证。根据"教职课程认定基准"，教师教育课程认证标准适用于所有类型的大学，包括短期大学、大学院的教职特别课程、特别支援教育课程等。自教师养成部会于 2001 年颁布标准以来，已经经历了 7 次更改，最新的认证标准公布于 2019 年。"教师养成部会作为主要负责机构，明确了教师教育认证的具体事项，并按照教师资格证的种类，提出不同的认证标准。"[①] 教师培养机构只有通过了认证，并在后续的审查中满足了

[①] 初等中等教育局教職員課，「教職課程認定申請の手引き」，(2018 - 01 - 16)，https：//www.mext.go.jp/component/a_menu/education/detail/__icsFiles/afieldfile/2018/01/16/1399047.pdf. (2020 - 12 - 17)。

条件，方可继续开设教师教育课程。

教师教育课程分为"教学科目"和"教育理论科目"两类，"教学科目"指数学、英语等具体的学科，"教育理论科目"指教育学原理、教育研究方法等科目。具体的认证事项包括科目设置、培养人数、最低教师配置人数等。

（一）普通学校学前教育阶段认证标准

不同种类的教师教育课程有着不同的认证标准。同样，不同学段的教师教育课程也会因最终取得的资格证书不同，认证要求也不相同。一般来说，一种、二种资格证要求较低，专修资格证要求最高。

一种、二种资格证的"教学科目"应开设国语、算术、生活、音乐、图画工作、体育等科目。首先，接受一种许可证的课程需要开设至少5门以上的科目，接受两种许可证的课程需要开设至少4门以上的科目。其次，课程需要合理设置教师人数，在入学名额为50人以内的情况下，"教学科目"中每门科目至少需要1名教师，"教育理论科目"中每门科目则至少需要2名教师。当入学人数超过50人时，每超过50人，就必须增加1名"教学科目"和"教育理论科目"的专职教师。

获取专修资格证的学前教师教育课程需配置合适的专职教师人数。开设的"教学科目"与"教育理论科目"必须设置3人以上的专职教师。当该课程的入学名额为50人时，教师人数为3人；当入学名额超过50人时，每超过入学名额50人，必须增加1名专职教师。

（二）普通学校初等教育阶段认证标准

首先，一种、二种资格证的"教学科目"需要包括国语（书写）、社会、算术、理科、生活、音乐、图画工作、家庭及体育等基础课程；"教育理论科目"需针对"教学科目"开设，其中必须包括道德教育、学生指导、教育咨询等课程。其次，在所需教师数量方面。当入学名额在50人以内时，对于"教学科目"，培养机构必须开设5门以上的教学课程，每门课程至少需要一位教师；对于"教育理论科目"，培养机构必须开设3门以上的教学课程，每门课程至少需要一位教师。当入学名额超过50人时，每超过入学名额50人，必须增加1名专职教师。

获取专修资格证的小学教师教育课程需配置合适的专职教师人数，当同时开设"教学科目"以及"教育理论科目"的课程时，必须设置4

人以上的专职教师。当该课程的入学名额为 50 人时，教师人数至少为 3 人；当入学名额超过 50 人时，每超过入学名额 50 人，必须增加 1 名专职教师。

（三）普通学校中等教育阶段认证标准

一种、二种资格证的"教学科目"与"教育理论科目"中的每门课程需设置 1 个学分以上，此外，专职教师人数根据不同的学科要求也不同。需求最少的科目需要两位教师，如职业指导科；需求最多的科目需要四位教师，如社会、理科等科。其他外语课程如法语、德语等，所需专职教师数量与英语课程相同，都为 3 人以上。

取得专修资格证的中学教师教育课程需配置合适的专职教师人数，开设的"教学科目"与"教育理论科目"专职教师人数与一种、二种资格证课程的要求保持一致。

（四）普通学校高等教育阶段认证标准

一种、二种资格证的"教学科目"与"教育理论科目"中的每门课程需设置 1 个学分以上。在"教学科目"上，具体包括国语、地理、历史、公民、数学、理科、音乐、美术、工艺、书法、保健体育、保健、护理、家庭、信息、农业、工业、商业、水产、福利、就业指导、英语、宗教等科目，各个科目至少需要专职教师 3 人以上。

与中等教育阶段的专修资格证课程一样，取得专修资格证的中学教师教育课程需配置合适的专职教师人数，开设的"教学科目"与"教育理论科目"专职教师人数与一种、二种资格证课程的要求保持一致。

三 特殊学校教师教育的认证标准

特殊学校认证标准的内容包括特别支援教育、养护教育、营养教育、教育实习、函授教育，每一种类型的教育所涵盖的资格证要求也各有不同。

（一）特别支援教育认证标准

对于一种、二种资格证而言，"特别支援教育相关科目"需要按照"特别支援教育的基础理论相关科目"的规定，开设两种类型的许可证项目。第一种类型主要包括视觉障碍者的教育、听觉障碍者的教育、智力障碍者的教育、残疾者的教育以及病弱者的教育，在开展教育时必须以明确的教育问题为中心进行教学，明确该科目的教学内容和范围。第二种类型的科目包括重复障碍、语言障碍、情绪障碍（自闭症）、学习障碍、注意力缺陷多动性障碍等。在课程配置的专职教师数量方面，视觉障碍者的教育、听觉障碍者的教育、智力障碍者的教育、残疾者的教育以及病弱者的教育这四个科目都至少需要 1 名以上的教师。

对于专修资格证而言，每门课程需要设置 3 人以上的专职教师，包括智障者教育、残疾者教育以及病弱者教育等。此外，如果本校的其他专业也开设了以上科目，那么可以允许其他专业的教师兼任本专业的课程。

（二）养护教育认证标准

获取一种、二种资格证的养护教育课程需开设 2 个以上的科目。此外，养护教育课程至少需要 3 名以上的专职教师。其中，护理学（包括临床实习及急救处理）课程必须设置 1 名以上的专职教师。

获取专修资格证的养护教育课程的专职教师人数应不低于 3 人。

（三）营养教育认证标准

一种、二种资格证的营养教育课程所需的专职教师数量根据课程入学人数有不同要求，入学人数在 800 人以下，需要 2 名专职教师，入学人数在 800—1200 人，需要 3 名专职教师，入学人数在 1200 人以上，需要 4 名以上的专职教师。

专修资格证的营养教育课程的专职教师人数应不低于 3 人。

（四）教育实习认证标准

实习学校应根据课程学习人数设置适当规模的实习班级。小学阶段的实习以每 5 人为一个班级的比例分配，中学阶段的实习以每 10 人为一个班级的比例分配，特别支援学校的实习以每 5 人为一个班级的比例分配，养护学校的实习以每 5 人为一个班级的比例分配。教师培养机构应妥善与实习学校达成协议，完成教育实习后，原则上应取得都、道、府、县、市教育委员会的实习结业证明。

（五）函授教育认证标准

函授教育课程设置以普通全日制学生的教育课程为准，因此，在普通全日制课程与函授课程相同的情况下，函授课程的教师可以由全日制课程的专职教师担任。

第三节 日本教师教育认证主体

日本教师教育认证类型包括资格认证与评鉴认证,资格认证是门槛而评鉴认证则相当于质量评估。具体的认证实施则在经文部科学省授权的官方机构及第三方认证机构中进行,如课程认证委员会等。这些机构在认证过程中各具特点,展现出教师教育认证的多样性。

一 认证类型

根据《咨询报告2006》中的提议,文部科学省将教师教育认证类型分为资格认证与评鉴认证。资格认证作为准入标准具有筛选功能,主要负责机构为课程认证委员会,评鉴认证作为长期考核具有监督功能,主要负责机构为第三方认证机构。

(一) 资格认证

资格认证是指教师培养机构首次就其所提供的教师教育课程向有关机构申请认证,是获得培养教师资格的首要一步。资格认证具有两层含义,首先是确认该机构具有提供某类教师教育课程的资格,即学校办学的资质;其次是确认通过该教师教育课程的学习者,是否满足某类教师资格证的基本学分和学历要求。作为敲门砖的资格认证,由文部科学省辖下的课程认证委员会具体负责。课程认证委员会主要负责开设课程的资格审查,包括对教师培养机构进行实地考查,保持和提升已通过认证课程的水准。

(二) 评鉴认证

评鉴认证是指对通过资格认证之后的后续营运所进行的评鉴性考核,即通常所说的质量评估。评鉴认证的目的在于检测已经具有培养教师资格的机构在运营过程中是否符合标准,检测对象为教师教育课程。文部科学省要求所有已经通过资格认证的教师培养机构要定期进行自我评鉴并向外界(包括第三方认证机构)公布其自评报告,邀请有关认证机构进行实地巡访,作出评鉴性认证。对于评鉴的主体区别,也会分为两种不同类型的评鉴形式:一种为内部评鉴,另一种为外部评鉴。

内部评鉴即教师培养机构自身对教师教育课程的评价，通过建立校内评价制度并设置负责评价的专门机构——教师培育课程委员会，以不断检视和反思师资培育课程，并根据学校和社会的需求，不断调适、发展和改革课程。外部评鉴则是教师培养机构根据办学层次选择具有相关认证资格的第三方认证机构，在此过程中，日本政府并不是直接参与，而是通过直接或间接的方式授权第三方认证机构进行评鉴认证。

二 认证过程

官方认证机构为教师养成部会下辖的课程认证委员会。"该委员会目前包括44名成员，其中常委约30名。其中担任会长的是日本兵库教育大学的校长，担任副会长的是东京教育委员会的会长，委员组织成分广泛，包括国立、公立、私立大学的校长、教授；幼儿园、小学、中学校长或理事长；教师专业协会会长、行政官员、财经界人士和博物馆馆长等。"①

为了加强对教师教育课程认证的管理，提高认证的规范性和科学性，教师养成部会下辖的课程认证委员会作为审查主体，制定了严格的审查运营规则。根据审查运营规则，课程认证委员会对教师教育课程的资质进行审查，在提交审查过程及结果报告后，由教师养成部会进行最终判定。

课程认证委员会以书面审查、面试审查和实地审查的方式进行审查，以三项审查的综合结果作为审查报告，教师养成部会参考审查报告，作出最终判定。

（一）认证项目

课程认证委员会的主要认证项目包括五方面：②

①科目与许可证的关系：主要考查教师教育课程的设置目的、编排方式与教师资格证之间的联系；②教育课程：主要考查科目是否根据《教育职员许可法》实施规则合法开设；③教师组织：主要考查专职教师的教育研究成果是否合格以及是否拥有符合要求的专职教师数量；④设

---

① 张倩：《日本教师教育认证的制度建构及其启示》，《教师教育研究》2012年第3期。
② 教員養成部会，「教職課程の認定制度について」，（2019-04-01），https://www.mext.go.jp/content/1414717_005.pdf.（2020-12-17）.

施：主要考查是否配备了必要的校园设施、课程设备、图书资料等；⑤教育实习学校：主要考查是否具备符合学生人数要求的教育实习学校。

（二）认证程序

第一步为书面审查，即审查学校相关文件。在规定日期之前让申请者进行申请书的补充或订正，进行初步的审查之后再根据需要进行面试审查和实地审查。参与审查的委员需要对有利害关系的大学进行避嫌。在书面审查过程中，可根据需要对未通过的文件进行订正，得到修订后的课程可以继续审查。如果仍没有得到充分的改进，则予以保留或者建议撤回。由文部科学省明确公布书面审查不合格者的名单，如存在疑问则由教师养成部会最终判定。

第二步为面试审查，通过书面审查的课程需要进行面试审查。面试审查是根据书面审查的结果，由课程认证委员会的主审指派2名以上的委员及文部科学省负责人一同出席，听取关于申请课程的说明。最终，面试审查的结果向部门会议报告。

第三步为实地审查，根据文件审查的结果，由课程认证委员会的主审指派2名以上的委员及文部科学省负责人一同出席，现场核实申请书中记载的事实。最终，实地审查的结果向部门会议报告。

（三）认证结果

教师养成部会的最终判定依据是以三种审查方式的结果为核心的课程认证委员会报告，委员会的报告由委员会的主审汇总进行，如果主审不能出席会议，则由主审指定的委员进行报告。最终判定的意义在于决定所接受审查的课程是否符合标准及条件，除去特殊情况，将委员会的审查作为最终判定。

在课程认证后到下一年度的课程开始之间，如果变更专职教师、专职教师的授课科目发生变化或者专职教师的授课科目内容发生变化，可以重新申请书面审查。最终变化后的教师教育课程是否通过审查由课程认证委员会决定。

（四）实地调查认证

实地调查认证是课程认证委员会认证过程的重要组成部分，是为了

配合书面调查而进行的辅助性调查。主要包括以下内容：①

1. 实地调查宗旨

为了维持和提高教师培养课程的水平，对开设教师课程的大学进行实地考查。确认该大学所开设课程是否符合法令，或是否达到合格的教学课程水平。

2. 调查组人员构成

调查组由教师培养部会、课程认定委员会、文部科学省三方组成，每个调查组至少需要两名以上的委员。

3. 调查事项

调查事项包括培养理念、课程设置及学习方法、教师组织结构、学校硬件与软件设施、实习计划、实习学校规划、学习规则、学生就业情况等方面。

4. 调查流程

实地考查大学事先提交实地考查调查表，提前通知实地考查的日期和视察事项。随后实施调查，最后撰写报告书，宣布结果。

5. 撰写报告书

实地考查结果报告书由委员会负责人撰写，随后报告书提交部会。经批准后公布，送往实地考查大学，最后在文部科学省主页上公布实地考查的结果。通过报告书，教育委员会、学生、监护人可以了解该大学教师培养课程的特色和内容。

6. 未通过者处理办法

如果实地考查的课程处于比认证标准低的状态，课程认证委员会可以向文部科学大臣提出取消该大学开设教师培养课程资格的建议。

7. 注意事项

①委员不能实地考查与自身利益相关的大学；②实地视察时需要有文部科学省负责官同行；③实地考查过程中可根据需要邀请都道府县及市区町村负责人同行。

---

① 教員養成部会,「教職課程の基準に関するワーキング グループ（第 3 回）」,（2019 - 09 - 24）, https://www.mext.go.jp/kaigisiryo/2019/09/__icsFiles/afieldfile/2019/09/24/1421561_10.pdf.（2020 - 12 - 17）.

三 第三方认证机构

经文部科学省审批的第三方认证机构对教师培养机构的活动状况实施定期评价,并将结果向社会公布,接受认证的大学则须根据认证结果切实开展自我改善。第三方认证机构作为教师教育认证的主力军,在认证过程中发挥着不可替代的作用。自国立大学法人化改革以来,根据《学校教育法》,第三方认证机构主要包括公益财团法人大学基准协会、独立行政法人大学改革支援与学位授予机构、公益财团法人日本高等教育评价机构。[①]

(一) 认证项目

根据《学校教育法》的规定,"大学、短期大学、高等专门学校必须以7年为一周期接受评鉴认证,专门职大学、专门职大学院必须以5年为一周期接受评鉴认证"[②]。第三方认证机构在大学自我评价以及课程认证委员会实地调查的基础上,根据大学评价基准进行认证评价。其中,认证项目主要包括以下十项:教育研究基本组织、教师组织、教育课程、设施及设备、事务组织、毕业认证方针、教育课程实施以及接纳入学者方针、公布教育活动信息、教育研究活动改善机制、学校财务。

(二) 认证程序

虽然个别机构在认证程序上存在差别,但从总体来看,PDCA认证模式几乎应用于所有第三方认证机构。PDCA认证循环又称戴明循环,[③] 是美国学者戴明(William Edwards Deming)最早提出的一种全面质量管理模式。它是一种对制度自身进行评价的活动,并在评价的基础上提出改

---

① 公益财团法人大学基准协会的英文全称为"Japan University Accreditation Association",缩写为JUAA;独立行政法人大学改革支援与学位授予机构的英文全称为"National Institution for Academic Degrees and Quality Enhancement of Higher Education",缩写为NIAD-QEHE;公益财团法人日本高等教育评价机构的英文全称为"Japan Institution for Higher Education Evaluation",缩写为JIHEE。

② 教員養成部会,「教職課程の基準に関するワーキング グループ(第3回)」,(2019 - 09 - 24),https://www.mext.go.jp/kaigisiryo/2019/09/__icsFiles/afieldfile/2019/09/24/1421561_10.pdf. (2020 - 12 - 17).

③ "戴明循环"英文缩写为PDCA,分别是英语单词Plan(计划)、Do(实践)、Check(检查)和Action(改善)的第一个字母。

善措施。

第一个环节是计划，计划既是教师教育认证的起点环节，也是反思环节。在本环节中，接受认证的大学需要根据认证机构提供的文件模板，提交《课程认证申请书》及相关认证材料，"申请书内容应包括教师教育课程的简介、新旧课程设置对照表、教育实习计划文件、实习学校接收承诺书、学则以及学分互换协议书等"[①]。文件准备完善后提交给相应的第三方认证机构。

第二个环节是实践，实施立足于计划之上，作为认证的核心环节，主要包括认证机构实施的书面认证与实地视察。首先，第三方认证机构在参考大学自我评估以及课程认证委员会的认证基础上，根据认证大学所提交的申请书进行书面审查。随后在 6 个月的时间期限内，第三方认证机构对认证大学进行实地视察。

第三个环节是检查，检查阶段即认证机构根据书面审查和实地视察，拟定出认证结果。随后第三方认证机构再将结果寄送至接受认证大学，在听取大学多方面意见的基础上，修订认证结果。

第四个环节是改善，改善环节作为认证的终点，同时也是持续认证的起点。经过修订的认证结果由第三方认证机构以《大学教师教育课程认证结果书》的形式寄送至大学，并通过网络以及刊物等形式向社会公开。此外，认证机构通过持续性的事后审查与评价制度，不断督促通过认证的教师教育课程持续改进。

PDCA 认证模式在认证过程中紧紧围绕计划、实践、检查、改善四个环节，不仅实现了对教师教育课程的设置、内容以及后期运营状况的全覆盖，还有力地遵循了公平公正原则，防止在认证过程中出现标准不一、程序混乱等现象，保证了第三方认证机构认证结果的科学性与权威性。

(三) 公益财团法人大学基准协会

成立于 1947 年的日本大学认证协会是由日本众大学组成的一个自愿组织，刚组建时的公益财团法人大学基准协会只有 46 个成员（涵盖了

---

① 初等中等教育局教職員課,「教職課程認定申請の手引き」, (2018 – 01 – 16), https://www.mext.go.jp/component/a_menu/education/detail/__icsFiles/afieldfile/2018/01/16/1399047.pdf. (2020 – 12 – 17).

国、公、私三种性质)。它以各会员大学的自身努力及相互援助为基础，共同致力于日本大学教育质量的提高。该协会的会员分为两种：正会员与副会员。正会员指入会时接受并通过了协会常任认证委员会的评估，副会员则仅指赞同或支持协会各种项目和活动的成员，他们可以不接受协会常任认证委员会的评估。1951 年该协会开始对申请入会的大学实施认证。1996 年，协会对认证体系进行了修改，增加了大学自我审查及评价环节。2002 年，日本修改了《学校教育法》，引入了认证评价制度，这使日本所有大学从 2004 年 4 月起每七年就得接受一次经文部科学省审批过的认证机构实施的认证。2004 年，该协会被文部省确定为可对大学实施认证评价的机构，并在日本实施了第一次大学认证，2006 年及 2008 年又获得了对短期大学、法律大学及研究生商学院实施认证的资格，共有超过 400 所大学接受了它的严格认证。

公益财团法人大学基准协会具有鲜明的认证特点。第一个特点是参与认证的大学数量较多，第一期认证时间跨度为 2004—2010 年，共有 324 所学校参与认证。2011—2016 年，又有 346 所学校申请认证，其中私立学校占大多数，国立和公立学校数量较少。第二个特点是该协会十分重视内部质量保障体系，认为能够保障学生学习质量的是大学自身，因此需要强化大学培养人才的过程。为了完善内部质量保证体系，该协会提出要设定内部保障方针，推进教育的"计划设计—运用—检查—改善"，还要设立管理组织，对学部、研究科等组织进行的教育活动进行监督和管理。第三个特点是重视同行评审，来自会员大学的人员直接参与对教师教育的认证无疑可以提高认证的精确性和有效性。"出于对客观性及公正性的考虑，认证成员的核心力量则是由一些来自社会的、各成员大学以外的知识渊博且有认证专长的人员组成。"[①]

（四）独立行政法人大学改革支援与学位授予机构

2016 年 4 月，日本政府将大学评价与学位授予机构、国立大学财务和经营中心合并，成立大学改革支援与学位授予机构。在依托两者成立

---

① 公益財団法人大学基準協会，「教職課程の質の保証・向上を図る取組の推進調査研究報告書」，(2019 – 08 – 02)，https：//www. mext. go. jp/a_menu/shotou/sankou/__icsFiles/afieldfile/2019/08/02/1419858 – 2. pdf.（2020 – 04 – 12）.

以来的各项成果的基础上，明确了机构应履行的使命和基本目标，将机构章程作为全体成员的指导方针，以履行职责为己任，回应社会的信任和期望。独立行政法人大学改革支援与学位授予机构的功能主要体现在大学评价、学位授予、质量保障合作、相关的调查研究以及国立大学设施费用的借贷与支付业务等方面。

该授予机构作为一个致力于促进日本高等教育发展的认证组织，具有鲜明的使命。首先，它实施国际通用的评价，开展具有国际先进水平的评估认证。在对教师教育认证方面，进行自我评价的同时，积极与国外认证机构保持合作，在认证体系中发挥主导作用。其次，它是除大学以外唯一能够颁发学位的机构，肩负起向多元化学习者提供取得学位的机会，极大地促进了终身学习社会的发展和高等教育多样化发展。最后，它积极与大学和质量保障机构合作，在与国内外大学和质量保障机构合作时收集相关信息，帮助质量保障工程的开发与建设，为日本高等教育发展作出贡献。

该授予机构的认证过程分为两个部分——自我评价和 NIAD-QEHE 评价。在自我评价阶段，接受认证的教师培养机构需要根据《自我评价要领》进行自我评价，最终形成报告。《自我评价要领》由 NIAD-QEHE 在《学校教育法》第 109 条第 2 项的规定基础上实施，是针对国立、公立、私立大学的教育研究活动所制定的标准。评价包含 10 项内容：大学的目的、教育研究机构、教员和教育志愿者、学生的接收情况、教育内容和方法、学习成果、设备及学生服务、教育内部质量保障机制、财务及管理、教育信息的公布等。随后该授予机构进行认证，又分为书面认证和实地考查。书面认证基于大学自身提供的自我评价报告书，结合机构自身收集的数据进行分析；而实地考查则基于单独制定的《访问调查实施要领》，调查书面认证中遗漏的问题。最终结果在书面认证和实地考查的基础上达成，提交到评价委员会进行审议。

独立行政法人大学改革支援与学位授予机构有两个显著的认证特点。其一，认证大学以国立大学为主，该授予机构最初只是专门针对国立大学的评价机构，随后才扩大到其他高校。"作为国立的评价机构，NIAD-QEHE 在资金方面有着独特的优势，人力、物力资源比较丰富，在日本的评价机构中发挥着主导作用。"① 其二，重视院校的自我评估。在评估过程中该授予机构并不是对所有大学采取同样的标准，更多的是通过大学自主和自律的形式确保教育质量。"在此基础上通过书面审查和实地调查方式对高校进行评价，以实现大学自主性和能动性的最大化，促进大学建设自身的特色和优势，以此提高高等教育的质量。"②

（五）公益财团法人日本高等教育评价机构

2004年日本国立大学实现法人化，高等教育评价机构开始组建财团法人机构，具体的评价过程是自下而上的。该认证机构分为评议委员会、理事会和事务局三个组织。最高决议机构为评议委员会，主要负责认证机构的运营方针，掌控着理事、监事以及评议员的选任和罢免。理事会共有理事12—18人，包括理事长、副理事和常务理事，决定包括评估工作在内的机构业务的实施，另设2名监事检查理事的职务工作。事务局协调各方，负责协助各委员会议的召开。评价机构决策的核心会议为企划运营会议，其下辖三个评价判定委员会根据评价报告等材料进行判定评价，其结果经过理事会审议后公开发布。其中，大学评价判定委员会、短期大学评价判定委员会和服装商业领域专门职业研究生院评价判定委员会分别下辖小委员会，进行意见申述、评价之后材料审查、评价员培训及完善评价体系等工作。具体操作人员为评价员，评价员首先进行书面调查、实地考查，经过多次会议探讨，形成调查报告书案。

公益财团法人日本高等教育评价机构在评价过程中具有独特的特点，首先，重视同行评议。该评价机构在面对复杂的教师教育评价时，为了更好地提高认证水平和质量，十分重视以大学教职员工为主体的同行评价。因此，机构邀请对教师教育认证活动有相关见解的专家加入到"大学评价判定委员会"中，听取多方面的意见，保证认证过程的客观性，体现出认证过程中的多元性评价模式。其次，该评价机构在认证过程中注重避嫌原则。认证委员会委员包括公立大学、私立大学利益相关者以及高校官员、学术团体和经济组织等成员，人数不得超过18人。认证大学的毕业生、在接受认证的大学里就职或兼职的工作人员、认证学校的

---

① 天野郁夫、陈武元：《日本的大学评价》，《教育发展研究》2006年第21期。
② 汪辉、李志永主编：《日本教育战略研究》，浙江教育出版社2014年版，第165页。

教育研究或管理相关事务的组织者以及与认证大学有竞争关系的邻近大学在内的利益相关者，不得参加认证工作。这些限制性条款在一定程度上保障了教师专业认证的公平公正，符合专业认证的科学性要求，增加社会大众对评价机构的信任度。

第四节　日本教师教育认证的特征及启示

回顾日本教师教育认证的发展历程，从1949年《教师资格认定法》颁布以来，师资培育的大学化和师资培育的开放制持续至今。受困于20世纪80年代日本社会对教师培养质量的不满，日本开始实行以新自由主义理念为主导的教师教育改革。日本政府的教育行政角色得到调整，从过往通过行使国家权力来保证均等划一，转向建立社会机制来调控自由竞争。自2004年引入第三方认证机构以来，日本教师教育认证体系得到了完善与发展，形成了官方机构进行资格认证、第三方认证机构进行评鉴认证的架构。以学习的眼光来看，日本教师教育认证无论在制度构建还是在认证标准、程序等方面，都对中国师范类专业认证具有借鉴意义。

一　教师教育认证特征

从1999年进入动议阶段，到2004年在标准本位的开放性教师教育体系中建构教师教育认证制度，经过数十年的发展，日本教师教育认证已经走过从传统的行政管理过渡到制度化的绩效保证的探索之路，基本体系已经形成。形成了以教师教育课程认证为对象的教师教育认证体系，构建出官方机构进行资格认证、第三方机构进行评鉴认证的认证主体，健全了从资格认证到评鉴认证的认证类型，建立了从书面审查到实地调查的认证程序。综合来看，日本教师教育认证表现出来以下四个特征。

（一）认证标准可行性强

明确且完善的教师教育认证标准保证了认证的可行性。"教职课程认定基准"与"教员免许课程认定审查基准"共同构成了教师教育认证的核心标准体系，对获得一种、二种以及专修资格证类型的教师教育课程有详细且明确的课程标准，体现出标准本位的认证观。此外，认证标准设置完善，从幼儿园教师教育课程到高等学校教师教育课程，涵盖了所有学段的教师教育课程以及所有类型的教师种类。

(二) 认证主体权责分明

日本官方指定的认证机构为教师养成部会下辖的课程认证委员会，非官方认证机构为公益财团法人大学基准协会等，官方机构与第三方机构在认证过程中起到相互弥补、相互借鉴的交互性作用。作为官方认证机构的课程认证委员会负责资格认证工作，对申请教师教育课程的各类大学进行资格审查，强调师资培育机构是否具有相应的办学资质和条件，侧重对投入的审查。而作为非官方认证机构的第三方认证机构则负责评鉴认证工作，侧重对教师教育机构效能和办学水平的审查，强调师资培育机构的运作绩效和职前教师的专业表现。两者之间的合作体现出认证主体之间资料互通、权责分明的特征。

(三) 认证项目涵盖面广

无论是课程认证委员会还是第三方认证机构，其认证项目都涉及课程、教学、学校运营等方面。如课程认证委员会的认证内容包括办学理念、管理体制、办学条件、课程规划与实施、教育实习与就业辅导等方面。而第三方认证机构的认证内容包括课程目标、课程编制、课程内容、课程实施、教学方法、教学效果、教学研究以及学位授予。认证项目的完整化与体系化保证了认证的权威性和可靠性，成为日本教师教育认证的一大优势。

(四) 构建持续性认证体制

无论是课程认证委员会还是第三方机构，都强调认证后的完善整改，杜绝一劳永逸现象。认证类型分为资格认证与评鉴认证，取得了官方的资格认证后依然要接受第三方机构的评鉴认证。认证机构的中立性和专业性保障了认证制度的合理，在通过初次认证后，需要按年度进行复查。以 JUAA 为例，认证通过的大学须在一定期限内提出整改措施，JUAA 在保留期满后会对其作出二次认证，在一定程度上遏制了一劳永逸的现象。

二 教师教育认证的启示

在标准本位的开放性教师教育体系中建构的日本教师教育认证制度，对中国的师范类专业认证不乏借鉴意义。虽然中国师范类专业与日本教师教育专业在课程结构、专业设置、培养方式上有很大的不同，但是在认证标准、认证程序、负责机构等方面都具有相似之处，借鉴意义较大。

首先，在认证标准上。日本所制定的认证标准具体到课程编制、教师人数、学生人数等，与其他专业课程标准差别显著。而在中国，独立师范院校和综合性大学中的师范类课程的评估所参照的标准和其他非师范类课程一样，标准的适切性成为阻碍中国师范类专业课程认证的重要因素。

其次，在认证程序上。从书面审查、面试审查再到实地审查，等级化的认证程序有力地保证了认证过程的科学性和权威性。对于中国部分师范专业而言，通过认证的直接利益与间接利益相当巨大，导致的直接后果就是在一定程度上促使师范专业急功近利，把工作重点投放在认证材料的准备和包装上，在功利主义的驱使下，部分师范专业可能会由看谁做得好，变成看谁说得好。因此，实地考查认证作为认证程序的关键一步，具有关键作用。规范认证程序、重视实地调查可以保障中国师范类专业认证结果的公平公正。

最后，在认证主体上。日本不仅有教师养成部会下辖的课程认证委员会作为官方认证机构，还有包括 JUAA、NIAD-QEHE 等第三方认证机构。这代表着日本正在逐渐尝试用"国家监督模式"取代"国家控制模式"，试图找到国家与市场之间的平衡关系。此外，日本还鼓励不同身份的人士参与到认证过程中来，考虑多样化的利益。而中国目前以政府为主导的认证主体较为单一，对不同身份和岗位的参与者利益考虑较少，因此需要鼓励不同的利益群体的代表参与其中，树立认证结果的权威和公信力。

虽然日本教师教育认证在成熟度上领先中国，但在借鉴日本认证经验的同时，也要注意制度的适切性。师范类专业认证的目的就在于提高教师教育质量，培养出高质量的教师。因此，中国师范类专业认证应继续坚持"以学生为中心"的核心理念，构建和完善以学生为中心的教师教育人才培养体系。通过师范专业自我评价与认证机构外部评价相结合的方式，共同致力于教师教育课程的改善。就如同前面所提及的那样，中国师范类专业认证刚刚起步，在借鉴与学习的基础上，更拥有积蓄的经验与力量，做到厚积薄发。

第 六 章

澳大利亚师范类专业认证

在澳大利亚,"师范类专业认证"这一术语通常以"Accreditation of Initial Teacher Education Programs""Accreditation of Pre-service Teacher Education Programs"等名词呈现,译为"职前教师教育项目认证",为便于与中国职前教师教育比较,暂且采用"师范类专业认证"一词。历经四十余年的发展,澳大利亚联邦政府通过专业认证和绩效评估等方式,对职前教师教育质量进行干预和引领,历经起步、发展和完善历史阶段,至今已形成具有本土特色的师范类专业认证发展路径。通过梳理澳大利亚师范类专业认证制度,结合中国师范类专业认证实际,比较与澳大利亚师范类专业认证的异同,可为中国师范类专业认证制度的完善和发展提供借鉴与启发。

第一节 澳大利亚师范类专业认证的变革

以师范类专业认证的变革为主线,可将澳大利亚师范类专业认证的发展分为三个阶段:起步阶段(19世纪70年代至21世纪初);发展阶段(21世纪初至2015年);完善阶段(2015年至2019年)。

一 师范类专业认证的缘起

从20世纪60年代中期开始,澳大利亚学者就提出加强职前教师教育的全国性认证。从70年代起,一些州设立了教师注册委员会(Board of Teacher Registration),教师入职标准和资格证书颁发问题逐步得到重视。尽管有些基础教育水平较高的州已经存在教师注册机制,在一定程度上保障了教师教育质量，但各州和地区发展进度不一，差异显著。社会对教师提出了新的、更高的要求，使师范类专业认证改革势在必行。此时国际师范类专业认证趋势的兴起也敦促澳大利亚教育部尽快开启师范类专业认证。

（一）师资培训质量的考查

澳大利亚教育研究委员会（Australian Council of Education Research）曾对本国师资培养质量做过调查，显示不同教师教育机构的师资培训质量有着明显差异。尽管已经有澳大利亚大学质量局（The Australian Universities Quality Agency）在现场调查的基础上对机构进行审核，以判断教师教育机构能在多大程度上完成其教学使命和目标，但它与负责评估师范类专业质量的外部认证机构的作用截然不同。建立在共同标准之上的全国性师范类专业认证机构，能够为澳大利亚师范类专业认证提供统一的评价机制，确保关于认证的决定不因地区不同而产生差异。因此，彼时的澳大利亚教育部认识到第一要务是建立较为完善的外部认证机制，以促进教师培养质量的提升，进而使公众相信这些教师教育机构培养出来的毕业生有能力和资格胜任教师这一职业。

（二）教师注册机制的兴起

通常情况下，师范类专业认证与教师注册机制密切相关。因为专业认证一词体现出一种"认可状态"，表明一个专业培养出的毕业生能够达到注册标准；注册标准的制定同样也是一种认证机制，通过这种机制，达到要求的人员有资格成为教师，进而提高教师质量。所以师范类专业认证是提高教师专业素养的有力工具，而教师注册机制在提高教师专业能力上充当重要角色。教师注册机制在澳大利亚存在已久，昆士兰州和南澳大利亚州早在20世纪70年代早期就已率先颁布了与教师注册和认证相关的条例。在更早之前，1958年的维多利亚州和1932年的塔斯马尼亚州在教育法令中就已经有关于非公立教师注册的条文。

（三）国际认证潮流的推动

对师范类专业进行认证这一构想源自于世界经济贸易。随着世界各国经济贸易的发展，如何使各国的产品与贸易按照一种通用规格来进行流通是各国需要考虑的重要问题。1963年，美国率先探索了一条基于统一标准的产品研发与销售之路，对军需用品的一系列规格作出了规定。

后来这一趋势延伸到基础教育当中，启发了各国政府构建科学的师范类专业认证机制。美国较早开始实施师范类专业认证，随后国际上许多国家掀起了师范类专业认证运动，澳大利亚为提高自身竞争力，也参与其中。

二 师范类专业认证的起步阶段

起步阶段始于 1975 年，止于 2011 年。这一时期澳大利亚建立了一些相关机构，颁布了教师专业标准，拉开了师范类专业认证的序幕。

(一) 各州注册委员会的成立

由于澳大利亚各州和地区的认证标准有所不同，导致培养出来的新教师在专业素养上不可避免地存在差异。近些年来，在社会各界尤其是教育部门的努力下，澳大利亚有关当局已悄然开始推行各种各样的尝试性改革，使得各地标准不一的局面慢慢发生了扭转。例如，从 2006 年起，澳大利亚各地议会把师范类专业认证纳入立法纲要中，有力地支持了各地教师注册和职前教师教育认证工作。21 世纪初，澳大利亚各州和地区负责教师注册的机构有：昆士兰师范学院、新南威尔士教育和培训部、维多利亚教学研究所、塔斯马尼亚教师注册委员会、南澳大利亚教师注册委员会、西澳大利亚教师学院以及北领地教师注册委员会。澳大利亚首都地区正在探索建立类似机构。

(二) 教师专业标准的出台

为使本国教师专业化有据可依，从 20 世纪 90 年代起，澳大利亚政府投入了大量的人力、物力、财力用于开发适用于澳大利亚的教师专业标准。1999 年，澳大利亚提出了 21 世纪国家的教育目标，指出教师专业水平在提升学校教育质量有着十分重要的作用。进入 21 世纪后，澳大利亚教育行政部门就制定教师专业标准进行了广泛地调研和讨论，最终于 2003 年 11 月通过了《教师专业标准国家框架》(*A National Framework for Processional Standards for Teaching*，ANFPST)，这一标准涵盖教师职前教育、入职培训等整个连续性发展阶段，对教师专业发展有重大指导意义。除此之外，澳大利亚各州还设置有州级教师专业标准和各学科的教师专业标准。该框架主要从四个职业维度（毕业阶段、胜任阶段、成就阶段和领导阶段）和四大专业要素（专业知识、专业实践、专业价值理念和专业关系协调能力）展开，用于指导全国的教师专业发展工作。

三　师范类专业认证的发展阶段

发展阶段为 2011 年至 2015 年。根据专业认证相关内容可知，各个教育机构的师范类专业是通过提交与国家规定的认证标准和程序相对应的证据来获得认证，并由州和地区的教师监管机构负责实时监测发展动向。2011 年构建的师范类专业国家认证体系作为澳大利亚第一个全国性的师范类专业认证体系，是推动教师专业化发展、扎实推进职前教师教育认证的重要举措。

（一）认证机构的建立

2010 年成立的澳大利亚教学与学校领导协会（Australian Institute for Teaching and School Leadership，AITSL）是由澳大利亚教育、儿童发展和青年事务部部长理事会（Ministerial Council for Education, Early Childhood Development and Youth Affairs，MCEECDYA）指定的国家师范类专业认证的领导机构，专门负责全国师范类专业认证标准的制定与实施。除此之外，澳大利亚教师管理局（Australasian Teacher Regulatory Authorities，ATRA）也是参与国家师范类专业认证的认证主体。之后，在教育部长克里斯多福·派恩（Christopher Pyne）议员的支持下，2014 年成立了"教师教育部长咨询小组"（Teacher Education Ministerial Advisory Group，TEMAG），为改善师范类专业培养质量提供具有针对性和可行性的建议。

（二）认证标准的颁布

由于 2003 年版的《教师专业标准国家框架》对应届师范生这一阶段所要达到的标准描述的比较笼统，而且在制定过程中未与各州进行有效的沟通，所以统摄性较弱。面对 21 世纪的教育挑战，澳大利亚联邦政府认为有必要进行新一轮的修订工作。2008 年 4 月 19 日，召开了 2020 年澳大利亚峰会（Australia 2020 Summit），此次会议对澳大利亚未来发展的 10 个重大问题（生产力发展、经济、可持续发展与气候变化、土著问题、教育与艺术等）进行了讨论。同年年底，在对澳大利亚教育的历史分析和未来展望的基础上，澳大利亚政府发表《澳大利亚青少年教育目标的墨尔本宣言》（以下简称《墨尔本宣言》）（*Melbourne Declaration on Educational Goals for Young Australians*），对教育目的和教育目标作出明确规定。随后在 2009 年 4 月 22 日，政府对峰会上提出的问题予以回应，提出将在教育领域中建立新的教师专业标准、加大对高质量教学的认可和奖励、对师范类专业进行国家认证。随后，在向社会多次征求意见和不断修改后，教学与学校领导协会于 2011 年 2 月正式颁布《国家教师专业标准》（*National Professional Standards for Teachers*，NPST），主要从理念、内容结构上进行了修订。

同时，为了实现教师教育的规范化发展，教学与学校领导协会又出台了《国家课程标准》（*National Program Standards*），该标准描述了师范类专业的关键特征，以及保障毕业生达到《国家教师专业标准》的衔接性要求。该标准规定：如果教师教育机构的师范类专业要顺利通过审核，教师教育机构需在专业目标、制定、准入、结构与内容、资源整合、评估和学校伙伴关系七个方面达到一定的标准。

（三）认证程序的出台

该认证程序具有清晰界定认证主体、规范认证程序和步骤、明确认证结论的使用、合理规定认证的时间跨度的积极作用，其中认证程序的规范化是为了达到提高效率、保证公正的效果。澳大利亚标准化的师范类专业认证过程不是短期之内形成的，而是在不断地改进中逐步建立的。总而言之，2011 年师范类专业认证程序包涵了教师教育机构提交师范类专业认证或者再认证申请、教师管理局和教学与学校领导协会确定申请资格并召集认证小组对其评估、认证小组评估申请并撰写评审报告等六个步骤。

四 师范类专业认证的完善阶段

正因为 2011 年认证标准及程序有亟待完善的地方，才有了 2015 年及以后的澳大利亚师范类专业认证改革，并一直延续到 2019 年。此阶段的革新主要表现在国家课程标准及程序的修订上。

（一）认证标准的修订

2014 年 12 月，澳大利亚教师教育部长咨询小组发表了题为《立即行动：课堂为教师准备就绪》（*Action Now: Classroom Ready Teachers*）的研究报告，报告使用了"结果""证据本位""合作"等关键词描述了最新师范类专业认证改革应当坚持的八项原则。2015 年 2 月澳大利亚政府对这些建议予以正式回应，随后教学与学校领导协会与诸多利益相关者共同研制并颁布了新的师范类专业认证标准，于 2016 年开始实施。2018 年协会又在师范类专业认证标准上作了一些细微的调整。

（二）认证程序的修订

2015 年的认证流程与 2011 年相比并无重大变化，只不过 2015 年澳大利亚将国家认证过程细化为两个阶段，第一阶段的主要对象是最新申请认证的师范类专业，第二阶段的主要面向对象是需要再认证的师范类专业。完成第一阶段的认证之后，第二阶段的申请与第一阶段的时间差不能超过五年；若第一阶段完成，则可以直接准备第二阶段的申请。不管是第一阶段还是第二阶段，对师范类专业进行认证都需要经历提交申请、跨管辖区提供专业认证、资格和合规性审查等七个步骤。在 2015 年认证程序十分完善的基础上，2018 年师范类专业认证改革作出了适应性的修改；2019 年延续了这一做法。

第二节　澳大利亚师范类专业认证机构

在师范类专业认证管理过程中，国家师范类专业认证机构的建立并非易事。从 19 世纪 60 年代起，无论是澳大利亚联邦还是州政府都在呼吁建立国家师范类专业认证机构。事实也证明澳大利亚师范类专业认证机构规范化的发展经历了一个相当长的过程。

一　州级师范类专业认证机构

20 世纪中期以后，澳大利亚各地的教师注册机构承担着推动师范类专业认证的职能，但各州和地区机构职能不尽相同：某些辖区的教师注册机构有对师范类专业进行强制性认证和审批的职能，其相应的法规中明确规定师范类专业要经过有关教师注册机构的认证、审批，否则不得实施，如昆士兰州、维多利亚州和新南威尔士州；而在另一些地区，教师注册机构则没有强制性执行认证的职能，立法规定高等院校在设计师范类专业时要与教师注册机构共同协商，需要得到教师注册机构的认可，如南澳大利亚州和塔斯马尼亚州；还有的地区，州级师范类专业认证工作的开展较为缓慢甚至还未开始，如北领地、西澳大利亚和首都地区。

（一）昆士兰州、维多利亚州和新南威尔士州

昆士兰州在 20 世纪 70 年代初就开始规定教师注册和教师资格认证的相关内容。早在 1971 年，昆士兰就成立了昆士兰师范学院，1975 年昆士兰首次规定中小学教师必须注册、接受相关部门的核查，成为澳大利亚第一个强制要求教师注册的州，被公认为澳大利亚教师专业标准的领导者，其认证程序也被其他州竞相模仿。不过昆士兰州强制教师注册的背景是专业教师人员短缺，州政府才不得不开始关注教师培养质量，并建立昆士兰师范学院负责教师专业素养的提升。该学院的主要职能是规定教师注册流程，而且申请教师资格的对象只限于通过专业学习且达到合格级别的毕业生。到 2005 年，昆士兰州要求所有师范类专业必须由昆士兰师范学院批准。

2002 年，维多利亚州与昆士兰州一样开始采用强制认证和师范类专业审批程序，并由维多利亚教学研究所来执行。这个学院最初是一个由 20 人管理的独立注册机构，并于 2004 年提出所有的师范类专业都必须进行登记和通过审批。该机构对通过审批的师范类专业负有认证责任，必须保证教师教育机构所提供的师范类专业在专业知识、专业内容和专业实践上达到国家既定的标准，旨在通过提高教师专业标准促进维多利亚地区教师专业发展。随着师范类专业认证的飞速发展，维多利亚州于 2007 年发布了《师范类专业的评审标准、指导方针及评审程序》（*The Standards, Guidelines and Process for the Accreditation of Pre-service Teacher Education Courses*），认证事业的发展取得了显著成就，尤其增强了教师教育机构与中小学之间的联系。

与此同时，新南威尔士州在师范类专业认证机构的建立上也进行了探索。根据 2004 年教师协会法案（Institute of Teachers Act 2004），作为教师注册机构的新南威尔士州教育和培训部（New South Wales Department of Education and Training）负责制定新的师范类专业审批程序。师范生修完经审批的专业后才具备教学资格，同时能够满足教师注册的基本要求。[①]

简而言之，昆士兰州、维多利亚州和新南威尔士州三州在成立师范

[①] 赵凌：《质量至上与层层保障——澳大利亚教师教育研究》，中国社会科学出版社 2015 年版，第 167—168 页。

类专业认证机构上发展较早、进度较快,但在 21 世纪初才真正步入正轨。

(二) 塔斯马尼亚州与南澳大利亚州

塔斯马尼亚州和南澳大利亚的注册机构还不具有直接的认证功能,但因为职前教师的首要目标是通过注册成为一名教师,所以这些机构对师范类专业认证的发展有间接性的影响。

塔斯马尼亚州早在 1932 年就对非公立学校的教师提出了注册要求,到 21 世纪初期,该州所有教师的注册程序均受最新法律——2000 年颁布、2002 年 1 月生效的《教师注册法》(Teachers Registration Act 2000)的约束。此法规由该州教师注册委员会(Teachers Registration Board)具体执行,该委员会的成立是为了确保塔斯马尼亚州所有学校中的学生都由教学经验丰富的、品行良好的教师来教育。[1] 该州的讨论文件《师范类专业的指导方针、审批程序和毕业生教师标准》(The Guidelines, Approval Process and Graduate Teacher Standards for Pre-service Teacher Education Courses)在 2005 年上半年顺利定稿。

南澳大利亚在 20 世纪 70 年代早期便要求公立学校和非公立学校的教师进行注册。2005 年颁布的教师注册与标准法案(Teacher Registration and Standards Act 2005)关注到了教师专业水平的问题,显著提高了社会对教师职业的认可度。然而,南澳大利亚州的立法只是关注到了师范类专业的"认可"过程,要求实施教师教育的机构——南澳大利亚教师注册委员会(Teachers Registration Board of South Australia)把审批文件提交给委员会进行审查,但对师范类专业的审查和评估没有清晰、完善、缜密的政策或程序。[2]

(三) 北领地、西澳大利亚和首都地区

2004 年,北领地通过立法创建一个北领地教师注册委员会(Teachers Registration Board),并于 2005 年开始运作。尽管立法意味着必须对师范

---

[1] Lawrence Ingvarson, Alison Elliott, Elizabeth Kleinhenz, et al., *Teacher Education Accreditation: A Review of National and International Trends and Practices*, Melbourne: Australian Council for Educational Research, 2006, p. 18.

[2] 赵凌:《质量至上与层层保障——澳大利亚教师教育研究》,中国社会科学出版社 2015 年版,第 166 页。

类专业进行认证或批准,但并未明确设置师范类专业的正式认证机构。2005年底,作为北领地唯一的高等教育机构和主要的教育、培训、研究机构——查尔斯·达尔文大学(Charles Darwin University)开始承担师范类专业审查的任务。

作为一个由西澳大利亚州教师管理的教师专业组织,西澳大利亚教师学院成立于2005年,该学院的主要任务是制定教师专业标准和执行教师注册工作。虽然西澳大利亚州立法中没有明确规定西澳大利亚教师学院是师范类专业的认证机构,但西澳大利亚州教师学院还是需要对师范类专业的认证负责,以确保这些专业达到了相关的标准。首都地区没有开展教师注册或师范类专业认证工作。

二 构建国家专业认证的必要性

20世纪90年代,建立全国统一的师范类专业认证的设想得到了澳大利亚教育界的普遍关注和认同。20世纪末澳大利亚就设立了研究项目,着手发展全国师范类专业认证。澳大利亚许多学者都认为只有建立像全美教师教育认证委员会那样的全国性认证机构,才能保证教师培养的质量。其他如医学、律师等专业性较强的职业,均建立了有效的认证机制来规范专业人员的培养,而教师职业尚未有这样的机制。[①] 因此,全国性统一认证亟待建立,以期能够从根本上增强教师教育机构的责任心,提高各地教师培养的质量。

(一) 全球化趋势与人才流动

1998年至2008年,世界发生了重大变化,全球化进程加速、全球范围内的人才流动日趋频繁。时代的变迁带来了全新的挑战,也为澳大利亚人才培养模式的改善提供了机遇。在教育领域中,全球化和技术变革对澳大利亚的教育和技能发展提出了更高的要求,影响到工作方式、工作性质、工作内容。如今,技术性工作占据了就业增长的主导地位,既拥有高等教育背景、同时又取得国家相关职业资格证书的大学毕业生在就业市场上更容易受到青睐。为了最大限度地提高教师整体素质、夯实

---

① Lawrence Ingvarson, *Development of a National Standards Framework for the Teaching Profession*, Camberwell: Australian Council for Educational Research, 2002, p.23.

教育基础，澳大利亚鼓励青年人努力完成高等教育学业，达到应届师范生专业标准，而此项任务的完成需要以师范类专业的认证为切入点。

（二）国外认证模式的引领

英、美等国教师教育认证模式的经验为澳大利亚建立师范类专业认证体系提供了重要借鉴。英国师范类认证体系在20世纪80年代经历了巨大变革，从机构主导型转变为政府主导型。持续的教师专业发展、项目认证等是由英国学校培训和发展署负责，应届师范生必须满足合格教师资格所要求的标准。英国职前教师教育认证表明，非联邦国家或地区认证程序相对简约，认证程序、教师注册和学校系统紧密联系。与澳大利亚同是联邦体制的美国，其主要认证机构——全美教师教育认证委员会与利益相关者、从业人员协商合作，在标准制定方面反映出行业共识，并在此基础上建立起全国统一标准的教师教育认证系统。英美两国在教师教育认证工作上的做法为澳大利亚师范类专业认证体系的建立提供了诸多范例。澳大利亚师范类专业认证属于多元主体型，虽然与政府主导、机构主导有一些差别，但都尊重教育内在价值，在认证主体、认证标准和运行机制上有一些共同特征。

（三）教师和学校对统一认证体系的诉求

各州和地区不同的发展水平和实施阶段制约了教师的流动性，因此建立一个统一、权威的师范类专业认证体系，使教师资源能够合理配置、教师可以合理有序流动，成为澳大利亚教育改革和发展的关键。由于各州和地区在认证上各行其是，存在师范类专业认证信息不对称、认证标准不一致、认证进展不平衡等问题，导致各个地方的毕业生只能在本地区就职，无法实现跨地区就业。因此，建立统一管理、共同实施、权威公信的师范类专业认证制度，规范和引导师范类专业建设，是教师教育改革的着力点和最根本最紧迫的任务。随着师范类专业认证的推进，澳大利亚教育界普遍要求学校在师资培养上须以培养目标为基准，以专业认证为落脚点，架起师范类专业教育和中小学教师培养的桥梁。

（四）《墨尔本宣言》的方向指引

与1989年的《霍巴特宣言》（*Hobart Declaration on Schooling*）和1999年的《阿德莱德宣言》（*Adelaide Declaration*）不同，《墨尔本宣言》将学生置于教育的中心，且为澳大利亚青少年设定了两大教育目标：推进学校教育公平，为学生提供卓越教育；让青少年成为成功的学习者、自信和有创造力的个人、积极和有见识的公民。① 为了实现这两大目标，2011 年《国家教师专业标准》应运而生，意在使教师了解在职业生涯的每一个阶段应该达到什么目标，进而督促教师通过课堂内外的练习来谋求教育教学上最大程度的成长和发展。2011 年 4 月，澳大利亚公布了师范类专业认证标准和程序，进一步健全了教师教育质量标准体系，为全方位提高教师质量，进而为实现《墨尔本宣言》中提出的教育目标提供了有力保障。

总之，国家设定的教师专业化的理想目标，决定了师范类专业认证改革的逻辑起点，也是师范类专业认证改革的内在源泉。澳大利亚在认清世界教师教育认证的发展趋势下，紧密结合本国国情，推动了本国师范类专业认证的改革。

三　师范类专业认证主体

认证主体通常指的是参与教学评估活动的组织者、实施者、监督者，并按照一定标准对所要评估的人或物进行判断的个人或团体。在澳大利亚师范类专业认证活动中，主要的认证主体涉及两大机构：澳大利亚教学与学校领导协会和澳大利亚教师管理局。前者负责全国师范类专业认证体系的制定及质量保障；后者负责具体的实施管理。除此之外，澳大利亚教师教育部长咨询小组对认证活动也产生了重要的影响。

（一）教师管理局

澳大利亚教师管理局于 2002 年成立，主要致力于为各州和地区的教师质量提供全国性标准，在一定意义上促进了国家统一师范类专业认证体系的建立。它具有师范类专业审批权，且所有通过其成员正式审批通过的师范类专业，也被其他成员所认可。教师管理局的主要职能包括：促进各成员在教师注册和师范类专业认证上的交流和合作；构建国家师范类专业认证框架。它的成员包括澳大利亚各地的教师管理局和新西兰

---

① Andrew Barr, Julia Gillard, Verity Firth, et al., *Melbourne Declaration on Educational Goals for Young Australians*, Melbourne: Ministerial Council on Education, Employment, Training and Youth Affairs, 2008, pp. 7 – 9.

教师管理局,每年举行两次正式会议。鉴于它在推动师范类专业认证时取得的成绩,2005年教师管理局的专业地位得到了教育、儿童发展和青年事务部部长理事会的认可。

在教师管理局的努力下,澳大利亚各地的师范类专业要通过认证,至少需要符合以下条件:应届师范生达到《国家教师专业标准》规定的要求;毕业生通过师范类专业学习达到规定的学位资格;有教学实践经历。教师管理局在师范类专业认证与审批中起着重大作用,例如向师范类专业所在的教师教育机构传达师范类专业审核程序、组织评审专家小组、安排实地考查等内容;持续监控已通过认证的师范类专业的实施状况;接收已认证师范类专业的改进报告,并作出批准。① 根据认证的基本要求,澳大利亚各州或地区制定了师范类专业认证的标准及程序,在很大程度上有效地避免了高校在中小学教师培养上无序现象的发生。但是在具体细则的执行时难免带有地方色彩,而且州或地区认证也存在强制力量不足的局面。

为了进一步推进全国师范类专业认证的发展,澳大利亚教学与学校领导协会顺应时机于2010年建立,之后就开始督促各州改革各自的师范类专业认证机制,以便尽早实现全国统一认证。

(二)教学与学校领导协会

澳大利亚教学与学校领导协会是一个独立于澳大利亚教育部的师范类专业认证机构,总部位于墨尔本,由教育和培训部长(The Minister for Education and Training)任命的独立董事会管理。董事会有9名成员,其大多数成员是来自教育实践、各专业领域的专家。现任的首席执行官是马克·格兰特(Mark Grant)。

2010年,在澳大利亚教学委员会(Teaching Australia)、澳大利亚教育部长委员会(Australia Council of Deans of Education, ACDE)、教师管理局的努力下,经政府授权、独立于大学之外的第三方鉴定机构——教学与学校领导协会成立,正式取代原有的澳大利亚教学委员会。

教学与学校领导协会建立之初的任务是为联邦、州和地区政府提供

---

① 赵凌:《质量至上与层层保障——澳大利亚教师教育研究》,中国社会科学出版社2015年版,第167—168页。

国家层面的指导，以促进教学和学校领导能力方面取得卓越成就，为澳大利亚下一代创造更好的环境。为此，它积极开展研究和咨询工作，致力于全国师范类专业认证标准的制定、实施及质量保障；与政府、教育领导者、教师教育提供者以及所有系统和部门的专业人员共同开发和利用各种资源、政策等，以增强教师和学校领导的能力。协会的使命是提倡卓越，其愿景是协助政府构建高质量的教育体系。在这个体系中，教师和领导者对每个学生的成长和发展有着极大的影响。

教学与学校领导协会职能主要聚焦于三个方面：（1）教师职前培养。优质教学始于高质量的教师准备，所以协会提供支持、资源和工具，以确保每位职前教师在毕业时都做好了充足准备。（2）教育教学。帮助教师成为最优秀的教育者，并提供工具来最大限度地发挥学生的自主学习能力。（3）学校领导力。为学校领导提供工具、资源、政策指导和实践点拨，使他们的工作变得高效。

（三）教师教育部长咨询小组

澳大利亚教师教育部长咨询小组的主要职能是为改进师范类专业提供建议，以便更好地培养新教师，使他们具备课堂所需的学术能力和实践技能。[①] 该咨询小组通过与相关人员进行多次交流和广泛调查研究，向政府提交了175项公开建议，并于2015年发布《立即行动：课堂为教师准备就绪》报告。该报告用翔实的数据直观地向教师、学生以及相关人员展示了澳大利亚师范类专业认证各个层面的成效。该报告一方面为联邦政府深入了解当前职前教师培养中存在的问题提供了全面、科学和有力的实证资料；另一方面也为联邦政府未来实施职前教师培养改革提供了明确的方向和政策保障。自2015年开始，以教师教育部长咨询小组调研报告中发现的问题和建议为切入口，以师范生达到毕业标准为核心目的，教学与学校领导协会提出了更加全面和有针对性的职前教师教育质量保障措施。

（四）认证主体的区别与联系

在发展和实施国家层面的师范类专业认证的过程中，澳大利亚教学

---

① Greg Craven, Kim Beswick, John Fleming, et al., *Action Now: Classroom Ready Teachers*, Melbourne: Teacher Education Ministerial Advisory Group, 2014, p.59.

与学校领导协会和澳大利亚教师管理局作为认证的两大核心主体,各自承担着不同的服务职能。它们在角色定位和任务安排上有所不同:教学与学校领导协会是认证制度中的监督主体,主要职责是保证国家认证制度的科学性和合理性;教师管理局则是认证制度的具体执行主体,接受认证申请、组织评审、作出认证决定等。具体来说,它们具有以下五个方面的区别:

其一,职责不同。教学与学校领导协会的职责是建立、审查和维护澳大利亚教师专业标准、国家国家课程标准、国家师范类专业认证程序和补充材料;教师管理局主要是就国家认证的建立、审查和维护提供建议。前者向小组成员和管辖区域人员提供全国一致的培训;而接受培训的成员由教师管理局提名。

其二,安排不同。教学与学校领导协会会根据自身任务量,设置师范类专业认证的时间及进度;教师管理局则需要与职前教师教育机构进行沟通协商,明确师范类专业认证或再认证的启动时间。前者在组建认证小组的同时,需要定期检查认证成果;教师管理局主要执行国家课程标准和国家认证程序,其认证流程非常严格。

其三,重心不同。教学与学校领导协会不仅需要每年向澳大利亚教育、儿童发展和青年事务部部长理事会报告国家认证的实施成效,而且需要与有关机构建立联系,提供有效数据和信息;教师管理局作为师范类专业认证中的执行者,需要向教学与学校领导协会提交关于国家师范类专业认证执行情况的报告。[①] 也正是因为两个机构在主要职能和责任上做到了精确定位,所以它们能够在认证过程中互相配合、分工合作,实现效率最大化。

由上所述可以得出,在澳大利亚三大认证主体中,一方面,教学与学校领导协会是国家机构,在一定程度上服从于国家意志,认证小组的成员大多是由在职注册教师、教师教育工作者、教师的雇主、其他有关的社区或专业人员组成,而且需要向认证小组推荐至少一名不同地区的认证委员会智囊团成员,这保证了认证主体的专业性。另一方面,教学

---

① Australian Institute for Teaching and School Leadership, *Accreditation of Initial Teacher Education Programs in Australia: Standards and Procedures*, Melbourne: AITSL, 2011, p. 20.

与学校领导协会与教师管理局两个认证主体相互支持。双方协商认证小组名单中，每个州或地区至少有一名认证委员会智囊团成员；在最终评审报告公布后，教师管理局将根据认证小组的报告来决定是否对提交的师范类专业通过或者再次认证，并按照相关法律规定，正式书面通知教师教育机构；教师教育部长咨询小组已成为认证工作的主要统筹机构。

以上认证主体在澳大利亚师范类专业认证过程中扮演着不同的角色，担任着不同的职能，使它们能够从不同的视角去关注、监测、评判师范类专业。这种多元化的认证主体既可以确保师范类专业认证的客观性，强化师范生的专业素养，也可以形成认证主体的责任感、保障师范类专业认证的有效性。

第三节 澳大利亚师范类专业认证标准

"澳大利亚学校最重要的资源是教师，他们占据了教育经费的绝大部分比例，这是因为教师是影响学生学习的最大因素，远远超过任何其他教学计划或政策。"① 正因教师价值如此之高，所以师范类专业的培养质量是重中之重，只有努力完善认证标准才能提高师范类专业的教师培养质量。在高等教育质量监控和师范类专业改革等方面的需求下，澳大利亚对师范类专业认证标准作了大量的研究和探索。在20世纪中后期，教育发达地区如昆士兰州和维多利亚州，根据州的要求制定了一些标准，但并未普及到其他州。随着社会经济与科技等方面的飞速发展，公众愈来愈追求优质教育，因而确定国家统一通用的师范类专业认证一事逐渐提上日程。2011年颁布的《澳大利亚职前教师教育项目认证标准和程序》(*Accreditation of Initial Teacher Education Programs in Australia：Standards and Procedures*) 标志着师范类专业认证开始规范化，随后于2015年和2018年对该标准进行了两次修订，修订后的新标准呈现出精细化的趋势，为澳大利亚教师培养质量的提升起到了积极的促进作用。

---

① Ben Jensen, "What Teachers Want：Better Teacher Management",（2010 – 05），https：// core. ac. uk/download/pdf/30682898. pdf. （2020 – 07 – 01）.

一 认证标准统一化的诉求

基于20世纪80年代末、90年代初教师专业标准运动的蓬勃开展和对教师专业标准重要性的认识，澳大利亚着手从制度层面确立全国通用的教师专业标准，最终在2003年通过《教师专业标准的国家框架》，用于指导全国教师教育教学工作。虽然认证标准是在州而非国家的基础上发展起来的，独立于澳大利亚教育部长委员会确立的广泛原则之外，但现有的认证标准通常与这些原则基本相一致。[①]

（一）国家教师专业标准

《教师专业标准的国家框架》中的标准对教师专业发展进行了整体规划，从教师专业发展阶段的实际情况出发，将职业维度和专业要素两个方面有机结合，强调教师职业的专业特性和发展需求，对提高教师专业水平、推动地区间教师协作有重要意义。

为了使教师科学地规划专业发展、提高专业水平，2011年的《国家教师专业标准》更进一步明确了教师专业标准，将教师专业发展划分为四个阶段：毕业阶段（Graduation）、胜任阶段（Competence）、成熟阶段（Accomplishment）、领导阶段（Leadership）。处于毕业阶段教师的主要任务在于认识教师的专业角色，审视自身是否已经成为一名合格的教师，是否在知识、技能、情感、态度、价值观上实现了自身的专业发展。当教师进入胜任阶段，也就表明他们已经完全融入教师职业，本阶段的任务是在教学过程中不断提升自己，实现专业成长。处于成熟阶段的教师已具备良好的专业素养和丰富教学经验，这一时期他们的任务是在保证自身专业能力不断发展的同时，带动身边的同事开展专业知识探讨。处于领导阶段的教师已经是教学领域中的杰出人士，其主要发展目标是培养更多优秀的青年教师，促进教学改革。

《国家教师专业标准》还规定了学科教师必须具备的专业素养，包括专业知识、专业实践能力、价值观、关系协调能力等。在专业知识方面，教师必须具备所教科目的专业、人文及自然科学的通识性知识、教育学

---

① Alison Elliott, "Balancing Stakeholders' Interests In Evolving Teacher Education Accreditation Contexts", *College Teaching Methods & Styles Journal*, Vol. 4, No. 2, 2008, p. 54.

理论知识、心理学知识等；在实践能力方面，不仅关注教师的教学能力，也要从管理能力、反思能力、评价能力等方面着手培养；在价值观方面，一方面要热爱教师职业、有奉献精神，另一方面还有终身学习的精神、尊重学生及家长的品德等；在关系协调能力上，主要是指能够正确处理自身与学生、家长、社区等群体间的关系。

（二）地方教师专业标准

作为澳大利亚各州或地区教师专业标准的总纲领，《国家教师专业标准》对各地区专业标准的确立起到提纲挈领的作用，而内容的具体化和操作化则主要由各地区的认证机构来落实。例如，新南威尔士州在教师专业发展阶段划分上，继承了《国家教师专业标准》的界定方式，同样将教师专业发展分为毕业、胜任、成熟、领导四个阶段，并对专业素养内容进行了一定的整合，不过始终围绕着专业知识（professional knowledge）、专业实践（professional practice）、专业投入（professional engagement）这三个维度展开：（1）专业知识：掌握有效的教学方法；掌握学生学习习惯。（2）专业实践：教师必须提前计划、客观评估和及时反馈教学活动；与学生进行有效沟通；创设良好的课堂环境。（3）专业投入：专业知识和实践的持续性发展；正确协调自身与外界的关系。

鉴于各州或地区地理环境、教育状况的差异，各地在师范类专业认证方面也有不同。这造成各地的师范类专业认证水平参差不齐，严重制约了各州、各地区的教师流动性，这种专业发展处于几乎停滞状态的教师队伍影响了各州、各地区的交流与合作，无法对教师资源重新进行优化组合，也无法让每一位教师最大限度地释放教学潜能、发挥自身价值和作用。为了实现教师的跨地区流动，满足师资紧缺地区的需求，建立全国统一的师范类专业认证体系刻不容缓。

二　统一认证标准的制定

国家制定的统一师范类专业认证标准是为判定师范类专业达到的水平和效果而制定的规范准则，是评价教师教育质量的依据。澳大利亚教学与学校领导协会对教师教育机构开设的各类师范类专业进行有效性认证，使全国性认证最终取代州级认证。作为澳大利亚全国师范类专业认证基础的《澳大利亚职前教师教育项目认证标准和程序》于2011年由教育、儿童发展和青年事务部部长理事会审批通过,并于 2015 年进行了修订。该标准和程序的制定征求了教育领域专家的意见,旨在推动师范类专业的改革,为师范类专业认证的实施提供可行方案。[①] 一般来说,师范类专业认证体系的核心内容由认证主体、认证标准和认证程序三部分组成。在认证过程中,需要严格遵循六大原则,聚焦教师能力培养,达成两大关键目标。

(一) 原则和目标

《澳大利亚职前教师教育项目认证标准和程序》不仅是教师教育工作者、教师雇主、学校和教育界的共同承诺,也表达了教育部对师范类专业的高度期望。这些师范类专业认证标准和程序及其应用遵循六项原则:

持续改进(Continuous improvement);

成果导向(Outcomes focus);

灵活性、多样性和创新性(Flexibility, diversity and innovation);

伙伴关系(Partnerships);

基于现有的专门知识(Building on existing expertise);

遵循证据(Evidence)的原则。

师范类专业认证的最终目标有两个方面:一是通过持续不断地改善师范教育,以期最大限度地提高教师素质;二是根据透明和严格的标准和认证程序,对提供优质师范类专业的机构建立严苛的问责制。

(二) 师范类专业认证标准

澳大利亚国家师范类专业的认证体系包含了两大要素:应届师范生所要达到的标准和国家课程标准。前者明确了国家认可的师范类专业毕业生应具备的知识、技能和属性;后者描述了高质量的教师培养课程应具备的主要特征,使人们对初任教师能够达到教师专业标准充满信心。应届师范生所要达到的标准和国家课程标准两者相互配合,为师范类专业的目标制定提供了基本参照系,有利于教师教育标准化发展。

2009 年,在澳大利亚教育、儿童发展和青年事务部部长理事会的主

---

① Australian Institute for Teaching and School Leadership, "Accreditation Standards and Procedures", https://www.aitsl.edu.au/deliver-ite-programs/standards-and-procedures. (2020 - 07 - 01).

持下,开始了教师专业标准的制定工作。2010年7月,教学与学校领导协会承担了验证和最终确定标准的责任。2010年12月,澳大利亚教师专业标准得到了部长理事会的认可。由于应届师范生所要达到的标准只是针对即将要毕业的师范生,所以在此只截取《国家教师专业标准》中四个职业发展阶段的第一个阶段——应届师范生毕业阶段所应具备的专业素养进行介绍。

1. 应届师范生所要达到的标准

首先,在专业知识素养方面的标准:(1)了解学生如何学习。关注领域有:学生的身体、社会背景和智力发展及特点;学生怎样学习;不同语言、文化、宗教和社会经济背景的学生;土著居民和托雷斯海峡群岛学生的教育策略①;因材施教,满足学生各种能力的具体学习需要;帮助残疾学生充分参与活动。(2)了解专业内容及教学方法。关注领域有:教学领域的内容与教学策略的运用;教学内容的选择和组织;专业评估及报告;理解和尊重土著和托雷斯海峡岛民,促进土著和非土著澳大利亚人之间的和解;识字和算术策略;资讯及通讯科技。

其次,在专业实践素养方面的标准:(1)需要规划和开展有效的教学。主要包括:建立具有挑战性的学习目标;按顺序、有计划地安排学习;运用教学策略;选择和使用资源;使用有效的课堂交互方式;评估和改进教学计划;让家长或监护人参与教育过程。(2)需要创建和维护持久和安全的学习环境。主要包括:支持学生参与活动;管理课堂;管理具有挑战性的行为;维护学生安全;安全、负责、合乎道德地使用信息和通信技术。(3)评估、反馈及汇报学生的学习情况。主要包括:评估学生的学习情况;向学生提供学习反馈;保持一致性和可比性判断;解释学生的数据;报告学生成绩。

最后,在专业参与素养方面的标准:(1)需要进行专业学习。主要包括:识别和满足专业人士的学习需要;从事专业学习与改进练习;与同事保持联系与改进练习;应用专业知识、提高学生的学习能力。(2)需要与同事、家长/监护人及社区保持专业联系。主要包括:符合职业道德责任;

---

① 托雷斯海峡群岛(Torres Strait Islands),澳大利亚岛屿,位于昆士兰州约克角半岛以北,新几内亚岛以南的托雷斯海峡,居民主要为美拉尼西亚人、波利尼西亚人和原住民的混血。

遵守立法、行政和组织方面的要求；与家长/监护人保持联系；参与专业教学网络和社区活动。

应届师范生所要达到的标准旨在表明师范类专业培养的应届师范生所需要达到的知识、技能和责任要求，从不同的方面对应届师范生的毕业资格水平进行了限定，同时也为师范类专业的设置提供了基本的目标要求。

2. 国家课程标准

国家课程标准是指"师范类专业"通过认证必须达到的最低标准。师范类专业若要通过认证，需要符合七项标准：

（1）专业目标。保证专业学习能够达到国家要求的应届师范生专业标准，而且有相应文本类或结论类证据作为支撑；

（2）专业学习时间。指专业学习所需最少时间；

（3）专业开发。专业应该满足相关利益主体的意愿，并根据机构类别的不同来设定不同的要求；

（4）专业参与者。指学习师范类专业的学生，能够证明已符合基本条件和具备相应的能力；

（5）专业结构及内容。按照不同专业的要求来规划学生的学习内容，包括学科研究、专业研究和专业实践等；

（6）伙伴关系。同相关机构建立真实可靠的合作伙伴关系；

（7）专业信息和评估。师范类专业开办者按照要求提供专业信息，以便更新数据库。①

师范类专业认证标准从学生选择、教学专业、专业评估等方面进行了规定，为职前教师教育机构申请专业认证提供了基本的框架，对各师范专业有着重要的参考意义。②

三 认证标准的完善

澳大利亚教师教育改革一贯坚持的教育理念是保证每个学生享受高

---

① Australian Institute for Teaching and School Leadership, *Accreditation of Initial Teacher Education Programs in Australia: Standards and Procedures*, Melbourne: AITSL, 2011, pp. 12 - 15.

② 邓丹：《澳大利亚教师教育标准化的新发展——"职前教师教育课程国家认证系统"的构建》，《比较教育研究》2011 年第 33 期。

质量教育、时刻关注学生学业成就的提升。为了进一步提升教师的专业素养，澳大利亚于 2015 年开展了新一轮的师范类专业认证改革，认证标准更加关注师范类专业的教师培养质量，尤其注重将认证结果与基础教育教学质量结合起来，其认证程序也做到了进一步优化。

（一）完善认证标准的动因

2015 年澳大利亚师范类专业认证改革涉及国内政治、经济、文化等诸多方面因素，也与全球教育走势密切相关。

1. 高等教育全球化趋势的引领

为完成 2015 年至 2030 年联合国可持续发展的"优质教育"目标，国际社会承诺到 2030 年为每个儿童提供 12 年义务教育。这项目标的实现取决于是否有足够训练有素的教师。事实上，教师和学校全方位领导力在全球范围内都被认为是高质量教育体系的必要条件。[①] 澳大利亚教学与学校领导协会在 2014 年对师范教育进行了一项研究，并依据世界各地的案例，总结出实施成功师范教育的四大因素：

（1）有效教学的清晰愿景需要贯穿于整个教学进程中；

（2）理论与实践相结合；

（3）督导教师的积极督促；

（4）可持续、可扩展的伙伴关系。

教学与学校领导协会认识到上述要素在发达国家的师范教育中起着十分重要的作用，应当以教育政策相配合，实现最终目标。这些政策主要涉及：教育公共投资；在教学中设定明确的职业道路；吸引高质量的生源；采用有效的质量保证政策；与中小学合作，共同培训教师；运用探究法，推动知识渊博型、反思型教师的培养。

2. 职前教师教育存在的问题

虽然 2011 年澳大利亚师范类专业认证改革在很大程度上实现了高质量的教学，但也存在很多问题。

第一，高等院校师范类专业中教学理论与教学技能的内在联系薄弱，两者结合的有效性较弱。如何将教学理论与教学技能有机联系起来正是

---

① Moyle and Kathryn, "Global Trends in Higher Education Policies", http：//jurnal. fkip. uns. ac. id/index. php/ictte/article/view/7556/5405. （2020 – 07 – 01）.

澳大利亚教师教育面临的最主要问题。对此，联邦政府并未拿出一个切实可行的方案，某种意义上延缓了教师教育改革的进程。

第二，师范类专业认证标准的执行力度不够。虽然师范类专业认证的标准和程序为应届师范生培养质量的提升提供了坚实的基础，但是这些标准和程序在实践中并没有得到有效的应用，而且推进速度过于缓慢。

第三，对认证标准的改革尚未兼顾不同学生的需要。在师范教育体系中，并非所有师范专业都可以为不同身份背景的师范生提供教学策略和技能。

为此，澳大利亚教师教育部长咨询小组于2014年发布了《立即行动：课堂为教师准备就绪》报告，提出了38项建议，目标是改进师范类专业内容，提高教学质量。报告重点阐述了五个方面的改革主题：一是提高师范类专业的培养质量；二是严格应届师范生准入机制；三是提高初任教师的实际教学水平；四是建立评估初任教师课堂教学能力的完善机制；五是对教师教育的研究和师资管理进行整体规划。① 2015年2月，澳大利亚政府公布了对教师教育部长咨询小组的反馈文件，文件强调制定一项师范教育改革议程，旨在加强认证系统的严格运行；要求澳大利亚教学与学校领导协会不仅负责持续监测和审查国家师范类专业认证方法，以确保所有经认证的师范类专业符合国家拟定的标准，还要为进一步改善澳大利亚师范教育提供支持和指导。

3. 严格规范招生秩序

严格的师范生选拔程序，可以最大限度地提高师范生成为合格教师的可能性，客观上提高了澳大利亚的教学质量。因此，在选择攻读师范类专业的学生时，师范类专业的提供者必须确定并只录取那些能够证明具有必要的学术和非学术能力的候选人，使他们能够从严格的师范类专业中顺利毕业，成为随时可以上课的教师。

为此，澳大利亚教学与学校领导协会于2015年8月发布了《立即行动：职前教师教育筛选指南》（*Action Now*：*Selection of Entrants into Initial Teacher Education*，*Guidelines*），概述了通过认证的教师教育机构在制定和

---

① Australian Institute for Teaching and School Leadership，*Action Now*：*Classroom Ready Teachers*，Melbourne：AITSL，2014，pp. 12 - 15.

实施筛选程序以及确定学生入学要求时需要考虑的关键因素，并建议机构在招生中遵循以下指导原则：（1）遴选过程中对候选人的学术能力和非学术能力进行评估。（2）使用与其背景相关的、基于证据的方法来收集信息，并评估候选人的各项能力。（3）筛选学生的方法和最低门槛以及基于证据的数据库都是公开透明的。

其中，教师的学术能力主要包括认知能力和语言推理能力，与学生的学业成绩关系紧密。因此，要求教师教育机构在学术指标上作出具体规定，例如，师范生在12年级时就应该表现出有学术能力（诸如高等教育入学分数、学科的学术成就），在完成任务或活动中表现出学术能力，符合学习师范类专业的智力要求（诸如写作任务、读写能力和算术能力测试）。非学术能力一般指个性特质、技能等，例如，自我效能感、责任心、组织和计划能力、教学动机等。

正是由于上述三方面的影响，澳大利亚教育部决定采取措施加强认证，因而在2015年教学与学校领导协会与主要利益相关方合作设计了一套师范类专业认证改革计划，修订后的师范类专业认证标准和程序已由教育部长于2015年12月批准并从2016年开始实施。这一改革更加明确、严格地规定了教师教育机构必须采取哪些措施来取得认证，以确保经过培训的认证小组在全澳大利亚采用统一的高标准。

（二）认证原则的修订

在澳大利亚教师教育部长咨询小组编写的《立即行动：课堂为教师准备就绪》报告中，就如何改进师范类专业提供了许多咨询意见，这构成了师范类专业认证原则的蓝本。于是，2015年澳大利亚教学与学校领导协会发布了修订版《澳大利亚职前教师教育项目认证标准和程序》，正式提出八项认证原则：

（1）影响（Impact）：要求教师教育机构提供师范生的学习成绩、实习表现等评价数据。

（2）循证（Evidence-based）：为每项标准提供证据支撑，证据必须涵盖师范类专业的整个认证阶段，从设计开发到教学实践均需证据说明。

（3）严谨（Rigour）：认真对待认证过程中的所有环节，确保实施全国统一标准、保证毕业生的质量。

（4）持续改进（Continuous improvement）：有助于提高初任教师质

量，进而提升基础教育阶段的教学质量。

（5）灵活性、多样性和创新性（Flexibility, Diversity and Innovation）：鼓励职前教师教育机构设计创新型培养项目，以满足学生和专业的不同需求。规定了职前教师教育提供者如何填写相关认证文件，还引入了第三方评估机构，委托认证小组在允许专业有少许变通的前提下评估某一师范类专业是否"符合"专业标准。

（6）伙伴关系（Partnerships）：国家认证需要职前教师教育机构、中小学校、教师、雇主和教育行政部门等建立伙伴关系，他们共同承担责任、履行义务，共同承诺改善师范类专业培养质量，从而对师范生学业产生积极影响。

（7）透明度（Transparency）：要求整个认证流程公开、公正，要求职前教师教育机构从最初的招生计划到最后的师范类专业结果都要公布于众。这使得公众可以获得有效和可比较的数据，并使师范生清楚地了解社会对职前教师教育的期望。

（8）研究（Research）：认证产生并依赖于一个强大的研究基础，这个基础为师范类专业设计和实施提供信息，并为机构持续改进师范类专业提供信息。

从以上认证原则可以看出，2015年的改革使师范类专业认证着重点从注重投入向注重结果转变，凸显"证据本位"的理念，要求师范类专业的证据主要源于职前教师表现和成绩，将对教师培养结果的评价从学生毕业之际拓宽到初任教师阶段，从而确保中小学教师质量。这显然是一次极具积极意义的革新。

（三）认证标准的更新

与2011年所规定的专业认证标准相比，2015年《澳大利亚职前教师教育项目认证标准和程序》所制定的职前教师教育专业标准呈现新的要求：

首先，更加强调培养结果在认证体系中的占比。认证标准要求对师范生毕业之前最后一年的教学表现进行评价；

其次，提出了更高的师范生招收标准。要求进入师范类专业的学生的个人读写能力和计算能力须排名在前30%，需要达到澳大利亚教师注册需要的英语语言能力要求，具有与师范类专业或其他学校规定的特定学科的学士学位或同等资格；

再次，强化教育实践。要求本科和双学位学生接受的教师教育课程不少于80天，研究生接受的教师教育课程不少于60天；教学实践环节绝大部分均需在国内受到认可的学校中进行；实习场地尽可能多样化；在可行的情况下，尽早为职前教师提供有目的地观察和参与学校的活动；

最后，关注师范类专业的持续改进。要求在每个认证期结束时，向认证机构提供包括影响因素在内的结果证据，对项目进行评估和解释。

2015年的修订版沿袭了之前的认证标准模式，通常由州和地方教师管理局执行。不过，虽然2011年版本得到了更新，但因为该版本的认证标准具有较强的实用性，所以直到现在2011年的师范生毕业标准仍然还在执行。

（四）认证标准的修订

2018年9月，澳大利亚教学与学校领导协会通过更新后的认证标准，要求各辖区教师管理局公布每项师范类专业认证决定的摘要，并进一步要求加强师范类专业认证体系的三个关键要素。

其一，质量保证：确保师范类专业认证决定被高质量地执行。继续与所有教师教育认证机构所在管辖区的教师管理局合作开展师范生培养质量保证活动，并为师范类专业认证的持续决策奠定基础。

其二，教学绩效评估：用于评估职前教师的实践技能，能够确保所有毕业生通过教学绩效评估（Teaching Performance Assessment，TPA）。教学与学校领导协会与教师教育认证机构所在管辖区的教师管理局进行基准测试，以确认这些评估始终以师范生的毕业要求为依据。

其三，影响的证据：利用认证系统生成的信息，创建一个基于澳大利亚师范类专业的有效证据库。各教师管理局需向协会提供收集的关于师范类专业影响的数据和信息，用于国家分析；协会和师范类专业认证利益相关者根据提交的数据，制作全国性认证的进展图。

第四节　澳大利亚师范类专业认证程序

在师范类专业认证体系框架中，认证主体负责全面协调和管理认证工作；认证标准处于核心地位，是作出认证结论的依据性文件；作为联结桥梁的认证程序是认证工作能够合理有序进行的保障。澳大利亚师范类专业认证程序并非封闭式、一次性完成的，而是一个不断改进、动态运作的过程。

一 2011年师范类专业认证程序

在2011年澳大利亚教学与学校领导协会发布的《澳大利亚职前教师教育项目认证标准和程序》公告中，明确规定了认证程序。该程序在遵循应届师范生专业标准和国家课程标准两个标准的基础上，构建了一个全国统一的师范类专业认证过程，共分为以下六个步骤。

（一）提交认证或再认证申请

按照公告要求，所有的教师教育机构至少每5年需要向澳大利亚教师管理局提交认证或再认证申请。假如有的教师教育机构开设的师范类专业较多，可以仅针对某一类师资培养专业来提交认证或再认证申请，也可以就全部师范类专业提交认证申请。专业较少的职前教师教育机构需要同时对所有师范类专业提交认证申请。

职前教师教育机构按照规定需要向地方教师教育管理部门提交完整的申请材料，包括师范类专业大纲和任何证明该师范类专业达到国家应届师范生标准和国家课程标准的材料；再认证申请需要提交证明该师范类专业实现了其专业目标、培养的学生达到了毕业生标准的证据。这些材料是地方教师教育管理当局根据标准进行评估的重要根据。教师管理局将与职前教师教育机构保持联络，确保申请书中的文件清晰完整、准确无误，并正式通知教学与学校领导协会已收到申请书。

（二）ATRA和AITSL组建认证小组

澳大利亚教师管理局在接受师范类专业认证申请之后，需要马上组建认证小组、召集成员。这些成员均来自国家认证委员会智囊团（含已注册的教师、学校校长、教师教育工作者、社区成员或者其他专家），他们在被指派为评审委员会成员之前均需要接受国家师范类专业认证的相关培训。

认证小组一般由四至六人组成，设主席一人，由教师管理局指定；成员中至少包括一名由教师管理局指定的地方成员，以及至少一名由教学与学校领导协会指定的来自其他行政辖区的国家专家库成员。认证小组主要由四类成员构成：已经注册的教师（包括校长）、教师教育工作者、教师雇用者和其他社区成员或相关专业人员。

（三）认证小组进行评估

当教师管理局确认过认证小组的成员资格后，每名小组成员将审阅教师教育机构提供的所有文件。认证小组将根据应届师范生专业标准和国家课程标准召开会议，对师范类专业进行咨询和评估，并且在对师范类专业进行评估时，认证小组将得到证据指南和在澳大利亚教学与学校领导协会主持下编写的其他补充材料的支持。认证小组的审议可能包括重复工作，例如，需要提供更多的详细信息。对于国家师范类专业认证，如有必要，认证小组可自行决定是否进行实地考查。一般来说，对于师范类专业的再认证，认证小组将进行实地考查，告知其评估结果，并阐明其可能存在的任何问题。师范类专业评估结束之后，认证小组将起草一份认证报告提交给职前教师教育机构。

（四）职前教师教育机构作出回应

认证小组将认证报告草稿提交给职前教师教育机构供其参考，之后，职前教师教育机构将对报告草稿作出回应，并酌情提交符合要求的修订补充文件。

（五）认证小组撰写最终认证报告

在确定最终报告之前，评审小组将正式审议和评估来自职前教师教育机构的反馈以及所有修订补充材料。在报告定稿并提交教师管理局之前，可与职前教师教育机构进行进一步磋商。认证小组在提交最后认证报告时，可建议在符合特定条件的情况下给予认证或重新认证，并指明满足这些条件的时限。

（六）地方教师管理局作出认证决定

教师管理局将根据认证小组的最终报告，决定认可或重新认可所提交的师范类专业。随后，教师管理局将以书面形式正式通知职前教师教育机构有关决定。同时，教师管理局将书面通知教学与学校领导协会相关决议，以便协会更新国家数据库。

认证通过的师范类专业拥有五年的办学资质。师范机构在专业变更之前，需要向教师管理局申请对认证过的师范类专业发生重大变更的批准，教师管理局需要对这些专业的变化进行评估，如果认为变化对经认证的师范类专业产生重大影响，教师管理局将召集一个认证小组审查专业变化，并就是否有必要对该师范类专业重新认证提出建议。如果认证或再认证师范类专业的申请不成功，职前教师教育机构可以申请对该决定进行复审或提出上诉，要求教师管理局按照相关立法、政策和行政要求进行复审。当教师管理局接到上诉或复审请求时，立即通知协会。

教学与学校领导协会与澳大利亚教师管理局、教师教育工作者和其他利益相关者合作完成流程，以确保认证程序和质量要求的一致性。协会将协调和整理关于师范类专业认证和质量保证的权威研究，并管理国家师范类专业认证数据的汇总。此外，协会还将积极参与国际职前教师教育基准研究，与世界接轨，并持续监测和评估认证小组的培训和运作情况，不断改进国家认证程序，每年向部长理事会报告国家职前教师教育认证的运作情况。协会将至少每四年对国家标准和认证过程进行一次定期审查。

二 2015—2018 年认证程序修订

澳大利亚 2015 年对认证程序的修订与 2011 年相比并无重大变化，但指导方针侧重关注师范类专业开发、实施和改进，认证体系更强调在整个认证期内和认证期结束时体现师范类专业的影响和持续改进。新认证规定将国家认证过程细化为两个阶段，第一阶段主要接受新师范类专业的申请，第二阶段主要面向需要再认证的师范类专业。在 2015 年认证程序的基础上，2018 年师范类专业认证改革在细微之处又作了局部修改。

（一）新师范类专业认证申请

认证第一阶段面向首次进入认证系统的新设立的师范类专业，重点是职前教师教育机构展示扩大师范类专业影响的计划。需要提交以国家课程标准为基础的证据；应届师范生符合毕业阶段教师标准的教学、实践和评估的证据；具有拓展影响力的计划的证据。

具体而言，提交完整注册申请的职前教师教育机构需要完成制作四个模板：

模板 1 为封面，涉及师范类专业名称、师范类专业年限、教育阶段等相关信息以及校长发布的声明；

模板 2 为国家课程标准的填写模板；

模板 3 为应届师范生专业标准填写模板；

模板 4 为说明扩大影响的计划，用数据、报告来展示师范类专业的影响。其中，说明影响力的计划是由职前教师教育机构制定，描述在认证期内和认证期结束时收集的职前教师绩效报告和毕业生成绩登记表，以证明师范类专业的影响。该计划为职前教师教育机构创造了一个反馈与改进师范类专业存在问题的机会。一旦计划获得批准，将指导职前教师教育机构参照细则收集证据。2015 年的修订版还指出，在填写师范类专业申请表时应该借鉴上述模板和师范类专业认证标准、程序以及指南。

（二）师范类专业再认证申请

第二个认证阶段重点是职前教师教育机构依据所收集的证据，解释师范类专业具有的影响力。该阶段职前教师教育机构需要提供以下材料：（1）采用多种形式分析和解释职前教师教育机构中某一师范类专业影响力的证据，以证明师范类专业对职前教师表现和毕业生成绩产生了巨大和有益的影响；（2）师范类专业变更或改进的理由阐述以及证据；（3）遵循国家课程标准的证据。

假如师范类专业通过第二阶段认证，就需要每年提交一次报告，并提供一份后续申请，说明第二阶段需要改进之处。在第二阶段认证时，需要在教师管理局确定的期限内，采用基于风险的方法提出后续申请。后续认证的期限不得超过五年。其中，经认可的师范类专业每年需要向教师管理局报告以下情况：（1）认证计划内所确定的扩大影响力的数据；（2）师范类专业的变化；（3）提供遵守法律和问责的认证数据，证明符合国家要求；（4）教师管理局要求的其他数据或资料。

三 师范类专业认证工具

澳大利亚教学绩效评估是用于评估职前教师实践技能和知识结构的工具，通常由职前教师提供实践证据，在师范类专业学习的最后一年完成评估，职前教师教育机构是评估主体，旨在衡量应届师范生是否达到毕业的要求。

（一）教学绩效评估工具

根据 2018 年教育理事会达成的协议，专家咨询小组检讨了澳大利亚职前教师教育机构正在推行的所有教学表现评估工具，并向教师管理局提供可行性建议，对教学表现评估工具如何满足《国家课程标准 1.2》予以说明。该标准在"产出导向"的理念之下，要求职前教师在毕业前顺利完成最后一年的教学表现评估，评估内容涵盖：在课堂教学实践中做到积极反思；达到应届师范生标准的要求；有明确、可衡量和合理的成绩标准证明其符合应届师范生标准；监视和测量应得到适当的维护以确保评估成员之间的评分标准一致；统一建立绩效标准，据以评价应届师范生的绩效，以便形成客观公正的决策。

整个评估工具根据教师应具备的专业能力，从四个层面作出专业判断。例如，在考虑职前教师的效能时，将其分为三个等级，即"课堂一切准备就绪""正在进行中"和"尚未准备好"。随后又依据教师在教育教学上不同程度的表现，对其绩效进行考核，从高到低为即"超越""令人满意""满意""合格""令人不满意"，通过这种能力层次的划分，可以有效地区分不同级别的职前教师性能。

（二）评估工具的运用

在澳大利亚，是由职前教师教育机构通过应届师范生的绩效评估来检验师范类专业的教学质量。作为毕业要求的重要部分，绩效评估不只是评估应届师范生的理论知识，而且对实践技能加以鉴定。在 2019 年，由师范类专业的提供者进行的所有教学绩效评估结果在上报澳大利亚教师管理局之后，再由专家咨询小组进行审查。

教学与学校领导协会协助职前教师教育机构开发和引入教学绩效评估工具，目的是确保：对接受过职前教师教育的学生进行更强有力和一致的评估；和更高的职前教师教育质量保证。目前澳大利亚在使用的教学评估工具有两个，一是澳大利亚天主教大学学习科学研究所和教师教育学院研发的应届师范生教师绩效评估工具，二是墨尔本教育研究生院开发的应届师范生教学评估工具。

1. 应届师范生绩效评估

应届师范生绩效评估（The Graduate Teacher Performance Assessment, GTPA）是根据应届师范生标准对职前教师在课堂实践中的能力进行的真正最高评价。在完成应届师范生绩效评估之前，职前教师需要演示教学工作与考核成果。他们还展示了他们在最后一年的专业经验实习中如何帮助学生学习的证据。应届师范生绩效评估的开发符合政策要求，旨在确保高质量的教师准备顺利进行。在学习科学与教师教育研究所的带领下，众多专家教师教育者将在全国范围内的一系列师范类专业中实施2019年版应届师范生绩效评估。在全年中，还将与教师和学校负责人、监管机构、教师工会、雇用机构和全国校长协会进行磋商。

应届师范生绩效评估作为一项运用课堂数据完成的、真实的绩效评估工具，贯彻以学生学习为中心的原则，能够保证毕业生的质量，并在实施过程中反思绩效评估的实践。由澳大利亚教学与学校领导协会召集的国家专家小组审查了应届师范生绩效评估和支持的审判证据，并最终认可绩效评估满足国家课程标准1.2所必需的要求。为完整一系列工作，特于2019年成立了应届师范生绩效评估顾问委员会，提供绩效评估在职前教师教育中的实施进展和建议。

2. 应届师范生课堂教学评估

应届师范生课堂教学评估（The Assessment for Graduate Teaching，AfGT）是一种教学绩效评估工具，由澳大利亚高等教育机构中的教师教育学院或师范大学联合开发和实施。应届师范生课堂教学评估旨在捕捉复杂的教学知识，使职前教师能够展示出各种方式来满足澳大利亚教师专业标准。课堂教学评估评估了大部分但不是全部的澳大利亚教师专业标准，而且有时候会对多种标准进行多次评估，例如，应届师范生专业标准1.2，该标准要求职前教师"展示其对学生如何学习及其对教学的影响的研究知识"。这是有意为之，为强调一些标准在教学过程中的重要性。该评估工具评估教师表现的四要素是：教学计划、分析教学实践、评估对学生学习的影响、扩展实践。

应届师范生课堂教学评估是对教师表现的最终评估，它采用多种措施来评估职前教师的教学和专业决策。按照合理的设计和测量原则，课堂教学评估利用了多种形式的数据和证据，并接受职前教师的持续改进。2018年，课堂教学评估已在维多利亚州、新南威尔士州、西澳大利亚州和北领地的学校"上线"。

简而言之，职前教师教育机构希望通过认证使教学质量得到更大提升，借以提升学校知名度，因而在研究教学绩效评估工具上积极发挥主动性，研发出了十分具有代表性的两个绩效评估工具：应届师范生绩效评估和应届师范生课堂教学评估。澳大利亚教学与学校领导协会向两个独立的教师教育资源联盟提供了赠款，以激励其开发高质量的教学绩效评估工具。除了这两个职前教师教育机构，其他的职前教师教育机构也需要实施教学绩效评估，他们可以单独开发或者与他人合作共同开发，或者直接采纳上述两个工具。

教学绩效评估只是应届师范毕业生评估的一部分。根据澳大利亚师范类专业认证新标准，应届师范生要想达到毕业要求，必须做到：通过读写和算术测试；通过教学绩效考核；在专业经验方面表现良好，这通常是由督导老师评估；完成剩下的课程学习，因为它涵盖了所有的应届师范生教学标准。

第五节 澳大利亚师范类专业认证探析

澳大利亚师范类专业认证具有地域特征，反映了该国在经济、政治、文化等方面南大洋的风格，师范类专业认证与基础教育发展紧密相连，认证标准具有弹性，认证机构的职责规范清晰。这些对推动中国师范类专业认证发展有着一定的借鉴作用。

一 师范类专业认证的主要特征

纵观澳大利亚师范类专业认证体系的发展，可以发现，其主要特征表现为以下四个方面。

（一）专业认证的统一性

一方面，20世纪60年代澳大利亚对师范生素质的关注以及教师对职业认同感的提高，促使职前教师教育规范化理论研究逐渐兴起。[①] 自20世纪60年代中期开始，已经有专家提出建立完善的师范类专业认证体系的建议，但是，由于传统和联邦体制等方面的原因，教师教育质量保障机制薄弱的状况一直未能有所改善。就当时而言，凡是涉及建立国家标准的提议会都引起激烈辩论，因为这意味着对联邦与州之间关系问题的重新审视，属于十分敏感和严肃的政治社会问题。进入21世纪以后，教育国际化趋势给教师教育研究带来越来越强烈的冲击，"它（保证教育质

---

① Lawrence Ingvarson, Alison Elliott, Elizabeth Kleinhenz, et al., *Teacher Education Accreditation: A Review of National and International Trends and Practices*, Melbourne: Australian Council for Educational Research, 2006, p. 10.

量）被认为是一个重大的国家问题"①。另一方面，各州之间人员流动性不足，在一定程度上影响了澳大利亚教师培养的质量统一。因而，建立全国统一的师范类专业认证制度的呼声日益强烈。为此，澳大利亚从2003年公布的《教师专业标准的国家框架》到2011年首次发布《国家教师专业标准》，再到基本形成全国师范类专业认证制度，并经过多次修订，最终于2011年颁发了完整的《澳大利亚职前教师教育项目认证标准和程序》，从而形成比较完善的师范类专业认证机制。该认证体系规定了全国统一的认证结构：国家应届师范生标准、国家课程标准和师范类专业认证程序，这是澳大利亚政府提出的第一个国家层面的师范类专业认证体系，为保证职前教师教育质量作出了巨大贡献，增强了澳大利亚在全球化教育的影响力和竞争力。

（二）认证主体的明确性

2010年，澳大利亚教育、儿童发展和青年事务部部长理事会正式确认教学和学校领导协会为国家职前教师教育认证领导机构，并强调其认证主体主要是由该协会和澳大利亚教师管理局承担，负责国家师范类专业认证体系的制定和实施。其中，教学与学校领导协会和教师管理局作为认证主体，可以根据认证体系的原则，并按照其标准接受来自教师教育机构的专业认证申请，组织认证小组进行评审，随后根据审批结果作出认证决定。二者的关系为分工合作，相互依存：教师管理局负责为国家认证体系的确立、审查和监督提供一系列辅助性建议，并与协会密切合作，及时向后者报告国家认证体系实施的情况；教学与学校领导协会作为认证体系的监督主体，其主要职责是确立、审查并监督国家应届师范生专业标准和国家课程标准的实施状况、制定国家认证时间表、为认证小组提供各州优秀人才、建立认证信息数据库，并且每年向部长理事会提交国家认证实施情况的年度报告。部长理事会考虑到协会和管理局都是政府资助机构，为了避免政府过度介入认证事务，保证认证主体的专业性，还成立了认证小组，将其作为认证体系的实施参与者，并规定认证小组的成员必须满足一些条件，如必须有教师教育者、教师雇用者、

---

① Kathleen Kennedy Manzo, "Australia Grapples with National Content Standards", *Education Week*, Vol. 26, Issue 27, March 2007, p. 10.

校长或其他专业人员构成。认证小组主要是负责撰写和修改认证报告并提交给教师管理局。尽管两者职责不同，但他们的共同目标是保证国家认证体系的顺利实施。①

（三）认证标准的系统性

澳大利亚师范类专业认证标准由两部分组成：应届师范生专业标准和国家课程标准。应届师范生专业标准规定了教师教育机构培养的毕业生应该达到什么样的专业标准。该标准的结构和内容非常明确具体，从专业知识、专业实践和专业参与三个方面明确了教师教什么、如何教、以及对学校事务和继续教育的参与程度。与此同时，为了提高教师的专业化水平，对专业设置和专业内容也作出了规定，即《国家课程标准》。在国家课程标准中，一开始便阐明了它是为了保障毕业生达到《国家应届师范生专业标准》的要求，做好与应届师范生专业标准的衔接、过渡。该标准规定：如果要顺利通过国家课程标准，教师教育机构需要在师范类专业绩效和开发、生源质量、学校伙伴关系等七个方面达到一定的规范标准。

（四）认证程序的严密性

澳大利亚师范类专业认证建立了联邦政府、认证机构和教师教育机构有机结合的师范类专业认证机制。在认证体系中，整个认证过程是一个多方协商、严谨的动态过程，既体现了专业性，也展现出了科学性。整个师范类专业认证体系既有分工明确的两大认证主体，也有明确具体的标准结构和内容，又有专业科学的认证程序，反映出国际教师教育改革的共同趋势和澳大利亚师范类专业改革的鲜明特色。

二 师范类专业认证的发展趋势

澳大利亚2019—2022年师范类专业认证的发展计划是建立在"每个孩子都能享受到优质教育；打造科学合理的领导团队；提高教师的专业实践；确保应届师范生在进入教师行业时已经做好了教书的准备；满足土著居民和托雷斯海峡岛民的教育需要；以数据为重要证据驱动决策，

---

① 林雁：《澳大利亚初任教师职前教育课程国家认证体系探析》，《中国成人教育》2017年第5期。

并对学习状况深度评估"六项指导原则的基础上,围绕五个重点领域,即"把工作重心放在职前教师教育、教学和领导的影响上,加强和保障各地区有效的教学和领导,保证国家举措的严谨性,支持教育界作出循证决策,高度认可教师行业的地位"构建起来的。① 通过对指导原则和重点领域的解读,澳大利亚教学与学校领导协会计划在2019—2022年的专业认证发展战略中抓好四个方面。

(一) 最大限度地发挥协会的作用

澳大利亚教学和学校领导协会一方面要有效利用雄厚的资源基础,发挥强有力的指导作用,确保忠实执行那些努力提高教学和领导质量的关键性国家政策,致力于创建支持循证的教育政策,聚焦循证实践,尽量减少实践与理论知识中的差距。另一方面要加强与利益相关者和所有教育工作者的协作。在澳大利亚现有改进教学和领导力的政策框架内,各管辖区和部门均制定了战略优先事项,但最好的政策框架需要反映在执行的成效上。因此,在未来的工作中,协会的重点是达成中小学与教师教育机构之间的最高水平合作伙伴关系,并在设计国家教师教育政策、工具和资源时做到规范严谨、注重质量。

(二) 基于证据促进教师专业发展

协会计划拓宽赞助渠道助推相关研究,支持证据在决策和专业实践中的运用。在认证系统的各个层面使用证据是高绩效教育管理的一个特点。在中小学和学前教育中,教育专业人员需要使用证据来为决策提供信息,并提出有针对性的教学方法。利用证据为教学提供信息,这是提升学习效果的关键基础。绩效本位是认证标准的一大特色,即要求职前教师教育机构必须提供有效证据证明达到一定绩效,将证据思想贯穿于师范类专业认证全过程。

(三) 规划师范类专业认证和使用诊断工具

在教师教育部长咨询小组的报告《立即行动:课堂为教师准备就绪》发布后,加强专业认证、严格选拔教师候选人、提升教师专业经验的工

---

① Australian Institute for Teaching and School Leadership, "Strategic Plan 2019 – 2022", https: // www. aitsl. edu. au/docs/default-source/default-document-library/aitsl-strategic-plan. pdf? sfvrsn = 4e30e 93c_16. (2020 – 07 – 01) .

作正在进行中,并对毕业生综合素质进行评估,催生了更多高质量的就业教师。这些举措旨在确保每一位职前教师在毕业时都为进入课堂做好了准备。为此,澳大利亚教学与学校领导协会将与课程评估和报告局(Australian Curriculum, Assessment and Reporting Authority, ACARA)、澳大利亚教育服务局(Education Services Australia, ESA)合作开发一种工具,以了解学生学习和成长所需。拟议的工具将提供关于个人学习需求和进展的信息,进而揭示学生在课堂环境中的投入和学习成果,为教师实践提供信息。

(四)提高认证相关人员的影响力

在加强教师和领导队伍的建设要求的前提下,并与各大管辖区的教师管理局合作,提高其影响力;加强组织领导、全员参与,提高有理想抱负、年轻领导者的能力;与土著社区和利益相关者协商,用心服务于土著教师、土著学生和应届师范生;推动国家在支持优质教学和领导力的举措中发挥关键作用;推动和支持优秀初任教师教育的发展;制定并实施教师专业发展策略,以强调教师专业地位,并通过所有项目和举措努力提高教师专业水平。澳大利亚教学与学校领导协会将致力于提高教师行业的地位,确保其公开声明建立在尊重教师和领导工作的基础上,并确保其工作更加侧重于提高教师专业人士的影响力,同时也关注到教师的"人本需求",激励初任教师热爱教师行业,使得他们愿意付出自己的大部分精力,提升内在驱动力。

从2019—2022年战略计划中可以看出澳大利亚师范类专业认证需要持续关注的领域主要是:扎实推进成为教师和教育领导者的前期准备工作,精心安排好新教师入职培训学习,使他们做好从"学生"到"教师"身份的转换,对未来的职业生涯充满希望;利用澳大利亚良好实践和高绩效教育体系的优势来培养卓越教师和学校领导人才。

三 师范类专业认证的启示

基于对澳大利亚师范类专业认证发展的阐释和对认证机构、认证标准及程序三方面框架与内容的剖析,探讨澳大利亚师范类专业认证发展的特征,可以从中总结出澳大利亚师范类专业认证的经验以及对我们的有益启示。

（一）增强中小学与大学之间的协作性

在澳大利亚，获得课堂教师资格的途径主要是通过大学教育，在这段学习期间有机会获得校本专业经验。比如昆士兰大学引入了学习管理学士学位，作为传统的职前教师教育的替代。该方案与中小学校建立了强有力的伙伴关系，重点是了解未来、网络和伙伴关系、教育学和基本专业知识。在经过多次师范类专业认证改革中，澳大利亚倡议在全国建立枢纽学校伙伴关系，为教师教育机构提供资金，以便与其他学校和大学合作，探讨如何提高初任教师教育的质量。[1]

中国师范类专业认证可以结合师范类专业设置情况，依据中学、小学和学前教育不同学段特点，分类研制标准，构建横向三类覆盖的师范类专业认证标准体系；加强省部协同推进，建立高校政府主体的伙伴关系，突出合作育人。[2]

（二）明确认证机构的职责分工

澳大利亚在师范类专业认证活动中，采用了一种在政府机构之下设立独立机构、由专业人士负责具体工作的模式。从中央一级来看，澳大利亚教学与学校领导协会是联邦教育部任命的一个独立机构，下设一个独立的理事会，其成员由联邦教育部任命，每个成员都是教育行业里各个专业的专家；从地方一级来看，教师管理局长期从事与教师教育工作，是独立的法定机构。两者作为澳大利亚两大认证主体，保证了师范类专业认证主体的专业性和多样性，以及认证结果的科学性。

通过对认证政策的解读可知，中国师范类专业认证组织管理与实施机构主要包括教育行政部门、教育评估机构、认证专家组织三类，协同推进认证工作有序实施。其中教育部负责全国师范类专业认证中观、宏观性管理工作；高等教育教学评估中心负责师范类专业三级认证工作，对专家进行遴选、培训、评价及管理；各省级教育行政部门委托授权有资质、信誉好的教育评估机构开展二级专业认证工作。认证主体的差异

---

[1] Young and Kirsty, "Innovation in Initial Teacher Education through a School-University Partnership", *Journal of Curriculum and Teaching*, Vol. 9, No. 1, February 6, 2020, p. 15.

[2] 李建辉：《师范院校教学质量管理体系的建构与实施》，《中国大学教学》2007年第5期。

在很大程度上会影响认证活动是自愿参与还是强制参与、制定的标准是宏观或具体、呈现给大众的是详细的认证报告还是最终的认证结果。中国开展师范类专业认证可以尝试建立多样性认证组织，在保障专业性和合法性的基础上，建立独立于政府和大学之外的第三方认证组织，提高高校参与的积极性；引导与促进中国完善中介评估机构建设，确保各机构能够各司其职、分工合作，不断完善师范类专业认证机构的职能体系。

（三）制定灵活规范的认证标准

澳大利亚的师范类专业认证标准既具有规范性又具有灵活性。首先，在教师专业标准制定上，国家制定与实施国家课程标准一直具有权威性，从21世纪初的国家教师专业标准框架到2010年出台的最新国家教师专业标准，均为澳大利亚教师专业标准化设定了框架。同时，各州也都被要求与国家标准保持一致的方向。其次，新版师范类专业认证标准一方面对专业本身的设计、开发和认证结果等一系列环节提出了明确的质量规范和评价标准，另一方面专业准入与评估结果方面的认证标准更为细致、全面，从多个维度、以多个详尽条目呈现，具有较强的可操作性，而专业结构和内容则显得较为笼统和概括，为机构具体实施教师教育提供了一定程度的灵活性，发挥各级各类机构的独特优势。最后，"过程"与"结果"并重。例如，昆士兰州要求职前教师教育机构在提交认证文件时，要求充分说明如何满足应届师范生专业标准，包括毕业生教师的课程安排、专业实践报告和其他能够表现教师能力的一切材料。不过，2011年澳大利亚师范类专业认证的重点开始转向"结果"，要求毕业生能够展示知识、技能和品质等符合毕业生教师的专业标准；2015年师范类专业认证标准不仅要求毕业生满足教师专业标准，还要求在毕业的最后一年评估学生的真实表现。

中国在制定认证标准上始终秉承着三大理念："产出导向、学生中心、持续改进"，意味着以全体学生获得的学习成果为根本目标，教学设计和实施始终围绕全体学生进行，并通过多元化、动态性、周期性的评价模式来评估教学实际效果。在今后修订专业认证标准时，有关部门应该处理好规范性和灵活性之间的关系，在保障足够"投入"的前提下，逐步增加对"结果"的关注度；既要保持中国特色，又要注重与国际认证标准接轨，完成从跟跑到领跑的历史性转变。

澳大利亚教学与学校领导协会主席约翰·哈蒂（John Hattie）提出："专业教学应该是有计划的，而不是偶然的"①，师范类专业认证机制的作用正在于此，它使师范类专业认证过程有标准可循、有规范可依、有证据可供。但同时也要认识到，澳大利亚在师范类专业认证的发展过程中仍然存在着许多尚未解决的问题。作为新事物，它的发展不可避免地会存在弱点，但是随着社会不断发展，这些不完善将逐步被磨合修改，如此澳大利亚师范类专业认证会在愈发规范化的道路上前行，从而促进社会经济的发展。通过探究澳大利亚师范类专业认证的发展，也为中国的师范类专业认证带来有益的参考，通过比较国际认证经验，能够在中小学与大学之间的协作、精确认证机构的职责分工、师范类专业认证标准制定、简化认证流程等方面做到更好，能够使中国各师范类专业准确把握认证工作的核心内容、拓宽认证工作的主体思路，尽快建立规范化、系统化、职业化、专业化的师范类专业认证体系。

---

① Australian Institute for Teaching and School Leadership, "Understand the Teacher Standards", https：//www.aitsl.edu.au/teach/standards/understand-the-teacher-standards.（2020 - 07 - 01）.

第七章

新西兰教师教育项目认证

新西兰教育脱胎于英国殖民时期，虽起步晚，但仍取得了不可忽视的成就。秉持着"优质教育源于优质教师"的信念，新西兰政府历来重视教师教育质量保障体系的构建。教师教育项目认证作为教师教育质量保障的重要外部措施，是新西兰教师教育改革的重点。目前，新西兰已经形成了较为成熟的教师教育项目认证体系，为本国教学质量的提升提供了强有力的支持。通过对新西兰教师教育项目认证的发展历程、标准、办法等概况进行探析，总结其特点、经验与不足，可以为中国开展师范类专业认证工作提供参考。

第一节 新西兰教师教育项目认证的发展历程

对新西兰教师教育项目认证的历史发展轨迹进行梳理，剖析其产生、发展、完善的历史背景，是全面客观地展示新西兰教师教育项目认证发展历程的前提。依据新西兰教师教育项目认证的发展状态可将其发展历史划分为：教师教育项目认证的酝酿（20 世纪 40 年代末至 20 世纪 80 年代末）、教师教育项目认证的完善（20 世纪 90 年代至 21 世纪初）、教师教育项目认证的深化（21 世纪初至今）三个阶段。

一 教师教育项目认证的酝酿

19 世纪末，新西兰政府在达尼丁创办了第一所正规的教师教育学校——达尼丁教育学院（Dunedin College of Education），这是新西兰现代教师教育的开端。之后，新西兰政府相继在克赖斯特彻奇、惠灵顿和奥克兰等主要城市开设教师教育学校。20世纪40年代末,随着国内外局势的急剧变化,新西兰教师教育存在的各种问题成为新西兰社会各界广泛讨论的热点议题,就此开启了新西兰教师教育项目认证长达40多年的酝酿期。

(一) 重视教师教育质量成为共识

1938年,欧洲新教育联谊会(The New Education Fellowship)在新西兰举办了一场重要的国际教育会议。在会上,各国教育学者就重塑教师教育地位、推动教师专业化发展、保障教师教育质量等主题进行了观点阐述。此次会议激发了新西兰社会各界对于实施全面教师教育改革的决心。时任新西兰教育部长彼得·弗雷泽(Peter Fraser)称此次会议是"新西兰教师教育史上的一个重要转折"①。1947年,新西兰接受了由英国国会制定的《威斯敏斯特法案》(Statute of Westminster)的相关规定,在保留英联邦成员国身份的基础上宣布独立,结束了英国长达100多年的殖民统治。独立后的新西兰国家意识与民族情绪空前高涨,为了提升国家的综合实力,追求更高的国际地位,新西兰政府把教育放在优先发展的战略位置上,致力于高素质人才的培养,而高质量的教师教育是培养高质量人才的重要条件。因此,新西兰政府加大了对教师教育的投入力度。

(二) 教师教育政策报告

20世纪50年代初至20世纪80年代,新西兰教育部授权多个教育研究机构对教师教育存在的各种问题,尤其是质量问题进行了跟踪式调查和研究,形成了多份有影响力的政府报告。这些政府报告适时地反映出新西兰教师教育在各个历史阶段的突出问题,为教师教育政策的决策者提供了重要的参考信息,也为新西兰20世纪80年代末进行的教师教育改革奠定了充足的证据基础。

1.《坎贝尔报告》

在新西兰学校系统迅速扩张与分化的背景下,1948年,新西兰工党政治家特伦斯·麦库姆斯(Terence McCombs)在新西兰教育部的协助下

---

① Jane Abbiss, "The 'New Education Fellowship' in New Zealand: Its Activity and Influence in 1930s and 1940s", *New Zealand Journal of Educational Studies*, Vol. 33, No. 1, 1998, pp. 81–93.

创办了新西兰顾问委员会。1951年,委员会就教师招聘、教师培训以及教师教育质量保障等问题向新西兰教育部提交了一份教育报告,即《坎贝尔报告》(*Campbell Report*)。报告提出教师在教学的过程中要注重鼓励儿童进行理解性学习,摒弃死记硬背的学习模式。同时,要求在课程教学中广泛地纳入美术、音乐和体育等科目,此外,报告还指出教师在教学的过程中应有意识地培养儿童正直、稳重、幽默、乐于合作等良好品质。委员会认为教师教育项目要适应社会对教师的新要求,通过全面的、良好的通识知识教育和准确的、有深度的专业知识教育使新西兰教师具备实施理解性教学的能力和上述各种优秀个人品质。《坎贝尔报告》开创了新西兰政府部门利用报告回应教师教育问题的先河,对之后类似的政府报告以及教师教育决策产生了深远的影响。例如新西兰教师毕业标准的制定和新西兰教师教育项目认证标准的制定都可以在《坎贝尔报告》中找到源头。①

2. 《希尔报告》

1977年,时任新西兰教育部长莱斯·甘达尔(Les Gandar)亲自主持了一场大型教育会议。会议上,莱斯·甘达尔宣布成立希尔委员会(Hill Committee)负责整理研究会议确立的主要教育问题,并最终形成了《希尔报告》(*Hill Report*)。《希尔报告》带有鲜明的折衷主义色彩,它一方面高度肯定了彼时新西兰教师教育制度;另一方面也指出了当时新西兰教师教育制度存在的弊端,如教师的选拔程序混乱、教师资格认证标准缺乏连续性、教师教育项目的准入与准出标准不统一、教师教育学院与地方中小学之间缺乏有效的沟通与合作等。《希尔报告》进一步推动了新西兰教师教育项目认证的制度化进程。

3. 《教学质量调查报告》

20世纪80年代,新西兰教师迎来了"失业潮",师范生的就业率也大幅度下降,这直接导致教师教育项目招生人数的锐减。在此背景下,教育和科学议会特别委员会于1985年底对新西兰的整体教学质量进行了调查与评估。在此次调查中,委员会把重点聚焦于新西兰的教学质量问

---

① Noeline Alcorn, "Teacher Education in New Zealand 1950 – 1998: Continuity, Contexts and Change", *Waikato Journal of Education*, Vol. 20, No. 3, 2015, pp. 141 – 151.

题。1986 年，委员会根据调查与评估的结果撰写了《教学质量调查报告》（*Report of the Inquiry into the Quality of Teaching*）。报告建议放宽教师教育项目的准入标准，提高标准的灵活性，承认过往学习认证（Recognition of Prior Learning），吸引不同学历层次和文化、种族背景的群体接受教师教育。同时，相应地提升教师教育项目的考核标准，实施"宽进紧出"的教师培训模式。在报告中，委员会还委托新西兰各大高校共同研究评估教师教育质量的具体方案，使教师教育质量评估从教育部职能中剥离出来，形成独立的职能体系。

总的来说，新西兰政府在 20 世纪 50 年代初至 80 年代发布的教育报告既反映了各个历史阶段的社会面貌，也体现了各界对于教师教育质量保障问题的态度变化，在对教师教育质量的质疑中推动教师教育质量保障体系的完善。通过政府报告反映问题、改善教育也成了新西兰教师教育发展的突出特点之一。新西兰政府于 20 世纪 80 年代末进行的重大教育改革在指导思想和各项举措等多个方面都受到了教育报告不同程度的启发和影响。

（三）新自由主义思想的影响

在全球化的大背景之下，世界各国不仅在经济、政治等多个领域的联系愈发密切，在思想文化领域的碰撞与融合也变得更加频繁。20 世纪 80 年代伊始，盛行于英、美两国的新自由主义思想在新西兰萌芽，且迅速掀起了一场思想革命，对新西兰的经济、政治、教育、文化等多个社会方面产生了深远的影响。

新自由主义是由"古典自由主义"思想蜕变而来的一种政治、经济学思潮，主要有三个特征：其一，自由化。新自由主义的拥护者认为，自由是提高经济效益的前提，在自由宽松的政策环境下，市场经济可以通过自我调节和自我完善从而实现经济效益的最大化；其二，市场化。在新自由主义学者看来，市场是万能的，它是社会资源有效配置的唯一手段，离开了市场的调节，经济将陷入混乱的局面；其三，私有化。新自由主义倡导私有制，反对公有制。

1984 年 7 月，主张新自由主义的新西兰工党取代了信仰"凯恩斯主义"的新西兰国家党的执政地位，组建了新一任工党政府。工党政府严厉抨击了政府的官僚化倾向，反对国家对社会经济生活的干预，追求社会的自由化、市场化和私有化。为了实现执政目标，工党政府进行了广泛的社会改革。

在教育方面，新西兰对教育行政管理结构进行了改革：首先，调整教育部的职能，教育部不再直接参与具体的教育管理事务，其大部分职能由各综合性大学、教师教育学院和第三方独立教育机构等单位承担；其次，在自由化、市场化理念的影响下，新西兰政府不仅赋予各综合性大学、教师教育学院等教育机构招生、项目制定、课程设置和财政管理等自治权利，而且将自由竞争的理念和企业的管理模式带到教育领域，学生可以像选择商品一样选择学校学习；最后，为适应时代发展的要求，新西兰政府要求对各类教师教育机构提供的教师教育项目进行审批与认证，只有符合一定认证标准的教师教育项目才能纳入教师教育系统之中，这是教师教育项目认证的概念首次被新西兰官方机构所提及。

新自由主义思潮主导了20世纪80年代末新西兰的教师教育改革，推动了新西兰教师教育项目认证制度的产生，使得新西兰教师教育质量保障体系进一步得到了完善。同时，明确了教育部等教育行政机构与各教师教育机构之间的权责关系，形成了多中心的教师教育项目认证体系。各教师教育项目认证主体在认证过程中各司其职、共同合作、互为补充，为教师教育项目质量提供多重保障。时至今日，新自由主义思潮仍影响着新西兰的社会经济生活，在21世纪初进行的两次教师教育改革中，新自由主义依旧占据着指导思想的重要地位。

（四）《1989年教育法》的颁布

伴随着新西兰社会各界对教师教育质量的长期质疑与反复抨击，在新自由主义思潮的影响下，新西兰政府于1989年颁布了《1989年教育法案》。该法案成为过去40年来新西兰各级各类教育理论、实践经验的集合，它的颁布不仅意味着新西兰20世纪80年代末进行的教师教育改革拥有了法律保障，也标志着新西兰教师教育项目认证制度在法律意义上的确立。

依据法案的规定，新西兰政府重建了教育行政机构，在教育部简政放权之后，新成立了一批独立于教育部之外的教育机构：新西兰资格管理局（New Zealand Qualifications Authority，NZQA）、教育督察局（Education Review Office）、教师注册委员会（Teacher Registration Board）、新西兰教师教育委员会（New Zealand Council for Teacher Education）等。这些机构既是教师教育的管理机构，亦是教师教育质量的保障机构，其中资格管理局是新西兰重要的资格认证机构，它的成立标志着新西兰成为世界上第一个构建国家资格框架的国家，它负责多个领域的各类资格认证工作，其中就包括对教师教育机构、教师教育项目等进行审批与认证。新西兰大学校长委员会（New Zealand Vice-Chancellors' Committee）建立于1961年，是由新西兰各综合性大学的校长组成的非政府性机构，它与资格管理局共同承担着教师教育项目的审批与认证工作，它们在机构设置上属于平行关系，但在具体运行过程中则长期保持着主管—协商的关系，资格管理局负责教师教育认证标准的制定以及具体认证工作的执行，新西兰大学校长委员会则作为补充配合前者的认证工作，为其提供必要的援助，协商具体认证事宜。在这些新成立的机构中，资格管理局与教育督察局虽独立于教育部，但仍隶属于政府机构，而教师注册委员会与新西兰教师教育委员会则属于第三方社会性组织。这样，新西兰初步形成了政府、社会、教师教育学院等多个利益主体之间互相合作、相互制衡的教师教育质量保障体系。作为教师教育质量保障体系的重要组成部分，新西兰教师教育项目认证体系自然延续了其多中心的特点。在后文中，本章将对各教师教育项目认证机构的认证标准、程序以及各认证机构之间的关系进行探究。

回顾新西兰教师教育项目认证制度长达40多年的酝酿历史可以发现，它萌芽于重视保障教师教育质量的共识，酝酿于教师教育质量的质疑与改善，产生于提高教师教育质量的决心，所以追求高质量的教师教育是新西兰建立教师教育项目认证制度的内在动因。自教师教育项目认证制度实施之后，新西兰资格管理局等认证机构从源头对各类教师教育机构的教学质量进行把控，使自由化的教师教育仍保持着一定的规范性而不至于陷入教学质量良莠不齐的局面。随着教师质量的提升，新西兰的整体教育水平也随之改善。

二　教师教育项目认证的完善

新西兰教师教育项目认证制度实施初期取得了良好的效果，但随着国际环境变化和国内教育局势的发展，最初的教师教育项目认证制度不再适应新西兰的实际情况，相应的改革措施势在必行。通过总结 20 世纪 90 年代教师教育项目认证的实践经验，新西兰政府于 21 世纪初进行了两次教师教育改革，重建教师教育项目认证机构，更新教师教育项目认证标准，建立教师教育项目认证结果再评制度，不断完善教师教育项目认证制度。

（一）教师职业素养的拓展

进入 21 世纪后，新西兰对教育提出了更高的要求，而高水平教育目标的实现归根结底需要以高质量的教师教育为依托。21 世纪之前，成功的教学经验是一名优秀教师需要具备的唯一条件，而现在，成为一名优秀教师不仅需要具备完善的知识结构和教学能力，还需要具备一定的课程设计、教学评价、学术研究的能力。同时，优秀教师还要具备优秀的个人品格和道德修养，需要与学生建立平等和谐的师生关系，在包容、自由、尊重的氛围中实施教学活动，帮助学生构建完整的人格结构、知识结构和能力结构。

新西兰多种族、多元文化共同发展的社会背景也对新西兰教师的职业素养提出了更高的要求。新西兰国土面积小，人口总量少，但其人口构成却非常复杂。新西兰主要族裔包括欧洲移民后裔为代表的"白种人"、新西兰土著毛利人、太平洋岛国的移民与后裔和亚洲、拉丁美洲、非洲的移民等。据数据统计，新西兰人口总数最多的种族是来自欧洲移民后裔的"白种人"，约占新西兰总人口的 74%，毛利人群体约占新西兰总人口的 15%，其余 11% 的人口则由来自世界各地的族裔组成。在白人文化的冲击下，毛利人逐渐成为边缘化群体，这导致毛利人作为新西兰人口最多的少数族裔长期在社会经济和教育领域处于劣势地位，大多数毛利人学生就读于师资水平和教学质量堪忧的学校之中，其余少数族裔群体的情况也大致如此。因此，新西兰一方面积极开设专门培养毛利人教师的教师教育项目，增加毛利人教师的数量，另一方面要求教师教育学院设计教师教育项目时要注重多元文化教学理念与能力的培养。

与此同时，日益激烈的国际竞争实质上是人才的竞争，各个国家都在努力地培养具有综合竞争力的高素质人才，教育尤其是教师教育在高素质人才培养过程中具有重要的战略地位。为了实现国际竞争目标，历来重视教师教育的新西兰政府对此领域再次进行了改革，重点聚焦于提高教师教育项目的质量,培养适应时代发展与社会需求的新型教师。综上所述,国内外局势的变化对新西兰教师提出了更高的要求,拓展了教师的职业素养,驱使新西兰政府又进行了新一轮的教师教育改革。

(二)提升师资水平的需要

新西兰政府期望教师教育项目认证制度的实行能够有效地保障教师教育的质量,但结果却不尽如人意。进入 21 世纪后,在教师教育项目认证制度已经实施十几年的背景下,新西兰不合格教师的数量不降反增。2004 年,教育督察局公布了一份教师质量调查研究报告,调查小组按照学科知识、教学方法、课堂组织能力、学生的满意程度四个维度对接受调查的教师的表现进行评价。结果显示,新西兰当前有将近一半的初任中学教师和 1/3 的初任小学教师在四个维度中的表现是不合格的,至 2005 年新西兰国内共有 800—1000 名教学不力的老师承担着对 20000 名学生的教学任务。[①] 究其缘由,首先,在新自由主义自由化、市场化机制的影响下,新西兰的教师教育规模不断扩大,教师教育机构数量明显增加,教师教育机构的类型也更加多元化。在巨大的经济效益面前,部分教师教育机构选择盲目地增加招生名额,教学与培训的质量却难以保;其次,教育行政管理权力的下移相当大程度地削弱了教育行政部门对教师教育质量的干预力度,部分教师教育机构尤其是私立教师教育机构为了提高收益,盲目地选择降低教师教育项目的培养标准,通过开办大量短期的、低水平的教师教育项目方式吸纳学生,这直接影响到新西兰教师的整体素质;最后,新西兰资格管理局等教师教育质量保障机构由于各种原因未能实现预期的效果。由此可见,教师教育项目认证制度在实施初期面临着诸多问题和挑战。完善教师教育项目认证制度缺陷,为制度提供强力支持成为未来新西兰教师教育改革的重要方向。

(三)《2001 年教育标准法案》的颁布

为了改善教师教育的质量,扭转教师教育项目认证在新西兰的实施困境,新西兰政府在 2001 年颁布了《2001 年教育标准法案》,督促各教育机构积极制定各类教师教育标准,推动教师教育的标准化,新一轮的

[①] 许竞:《新西兰:教师培训混乱,不合格教师数量惊人》,《比较教育研究》2005 年第 2 期。

教师教育改革由此拉开序幕。根据法案规定，新西兰政府应于2002年建立了新的、专门的教师教育质量保障机构——新西兰教师委员会（New Zealand Teachers Council），取代教师注册委员会。新机构旨在为新西兰教师提供专业化领导、建立、维持教师资格标准并负责教师资格证书的颁发、与新西兰资格管理局等质量保障机构合作共同审批与认证教师教育项目。新机构在《2001年教育标准法案》的要求下分别于2004年和2007年制定了《教育委员会道德规范》和《教师毕业标准》，在道德和能力两个维度对教师教育提出标准化的要求。至此，新西兰教师教育标准框架体系基本完成。

受到教师教育大学化运动的影响，《2001年教育标准法案》要求加速独立教师教育学院纳入综合性大学的进程。教师教育大学化的意义不只在于教师教育学院行政单位的升级，更在于教师教育成为高等教育体系的重要组成部分。教师教育在新西兰的学科地位得到了提升，而新西兰政府也将更加重视教师教育的建设与发展。同时，综合性大学具备的丰富教育资源为教师教育学院的发展提供了坚实的基础。

总之，20世纪90年代至21世纪第一个十年间，教师教育的质量问题及时地暴露了新西兰教师教育项目认证制度的缺陷，新西兰政府通过总结认证过程中的经验教训，意识到认证标准合理性的缺失和教师教育机构办学条件良莠不齐是影响新西兰整体教师质量的重要原因。在正确判断国内外局势的基础上，新西兰政府2001年颁布《教育标准法案》，保障教师教育学院的办学条件，建立更加专业化的教师教育质量保障机构，制定更加合理、科学的教师教育项目认证标准，使新西兰教师教育项目认证制度逐步趋于完善。

三　教师教育项目认证的深化

进入21世纪第二个十年，教师教育改革依旧是新西兰政府教育改革的重点。呼吁优秀教师，追求优质教学一度成为各党派政治家赢取选票的竞选口号。2013年，新西兰教育部公布了《职前教师教育成效：毕业教师标准（讨论稿）》（*Initial Teacher Education Outcomes: Standards for Graduating Teachers*）。文件指出，近年来，教师的工作和实践方式正在迅速发生变化，现行的教师教育项目认证标准面临着诸多挑战，加之教师教育项目管理缺乏系统性,导致新西兰教师培养的整体方向不明晰。① 同时,文件提出制定新的教师教育项目认证标准,适应社会发展对教师提出的新要求,提高所有教师教育项目毕业生的素质,保障新西兰的教学质量,这使得新西兰教师教育项目认证制度改革进一步深化。

(一) 教师教育项目尚缺系统管理

新西兰拥有着数量众多的教师教育机构和教师教育项目。2020 年的官方统计数据显示,新西兰登记在册的教师教育机构共有 25 个,通过审批与认证的教师教育项目共有 156 个。其中,教师教育项目不仅数量多,而且种类多样,主要包括幼儿教师教育项目、初等教师教育项目、中等教师教育项目、沉浸式毛利人教师教育项目 (Maori Immersion Teacher Education Programmes) 和太平洋岛民教师教育项目 (Pasifika Teacher Education Programmes) 等,教师教育项目数量供过于求。同时,教师教育项目的实施管理工作由彼此独立的教师教育机构负责,它们不仅办学条件良莠不齐,彼此之间还存在着激烈的竞争关系。新西兰教师教育质量保障机构同样处于彼此独立、权利制衡的关系之中,导致各机构的各项决策无法相互协调,甚至出现矛盾与冲突,使得教师教育整体发展方向不明晰。总而言之,在教师教育质量保障机构关系混乱的情况下,教师教育项目管理存在力量分散、效率低下、成本浪费的隐患。对于新西兰而言,教育行政权力的下移、分散或许为新西兰部分地区教师教育的本土化创新提供了广阔的空间,但新西兰教师教育的整体效益却无法得到保证。教师教育自治权的实现不应以牺牲教师教育系统的一致性与有效性为代价。②

(二)《教师毕业标准》的不足

新西兰教师委员会于 2007 年颁布的《教师毕业标准》为保障教师教育机构毕业生质量和认证教师教育项目提供依据。毫无疑问,《教师毕业标准》实施初期在顺利推进教师教育项目认证工作和保障教师教育质量

---

① 路晨:《当前新西兰职前教师教育改革的背景、举措及启示》,《外国教育研究》2018 年第 6 期。

② Education Council, *Strategic Options for Developing Future Orientated Initial Teacher Education*, Education Council, 2017, p. 9.

等方面发挥了不可替代的指导作用，成为衡量新西兰教师教育质量的标杆。但是，随着 21 世纪第二个十年的到来，国际教师教育和新西兰本土教师教育发生了明显的变化，《教师毕业标准》已经无法满足新西兰教师教育项目认证现在和未来的需求。

新西兰政府对美国师资培养认证委员会、英国师资培训署、澳大利亚教学与学校领导协会等国家教师教育项目认证机构制定的认证标准横向比较分析后发现，《教师专业标准》存在四个主要问题。[①] 其一，标准过分强调理论性知识的考核，忽视了教师职业的实践性与活动性；其二，标准由专业知识、专业实践、专业价值与关系三个维度构成，但标准却割裂了三者之间的关系，违反了教育教学规律；其三，关于教师适应多元文化教学环境的要求不够具体、充分；其四，教师专业门槛过低。为了保证毕业率，按照最低的教师毕业标准要求所有学生，这对于在未来致力于追求卓越的新西兰教师教育来说显然是不相适应的。因此，制定新的、符合新西兰教师教育未来发展的教师教育项目认证标准势在必行。

（三）教学委员会的成立

2015 年，新西兰教育部颁布了《2015 年教育修正法案》。同年 7 月，依据法案的规定，新西兰政府成立了新西兰教育委员会（Education Council of New Zealand，ECNZ），这标志着新西兰教师委员会成为历史。与新西兰教师委员会不同的是，教育委员会是真正意义上独立的第三方教师教育管理机构，它在保留审批和认证教师教育项目等绝大部分职能的前提下，还被赋予了新西兰教师教育的绝对领导权。2018 年 9 月 29 日，教育委员会更名为新西兰教学委员会（Teaching Council of Aotearoa New Zealand，TCANZ）。回顾新西兰教学委员会的发展历史，它经历了教师注册委员会、教师委员会、教育委员会、教学委员会四个历史阶段的演变，伴随着历次更名，其在教师教育领域的领导地位和所肩负的职责也越来越重要。

新西兰教学委员会成立后，首先重新界定了新西兰教师教育项目认证机构在认证过程中的职责以及各认证机构之间的关系。作为新西兰教

---

① Education Council, *Strategic Options for Developing Future Orientated Initial Teacher Education*, Education Council, 2017, pp. 10 – 14.

师教育的领导机构，教学委员会对所有教师发展均负有责任，在教师教育项目的审批、认证、监督和管理等过程中发挥着主导作用。同时，通过教学委员会认证的教师教育项目，需要接受大学学术项目委员会（Committee on University Academic Programmes）的二次认证，而通过二次认证的教师教育项目还需要接受新西兰资格管理局的学历资格认证，最终通过认证的教师教育项目才能够被列入新西兰资格管理局构建的新西兰资格框架（New Zealand Qualifications Framework，NZQF）之内，这标志着认证程序的结束。随着教师教育改革的不断深入，经历了酝酿、完善、深化的新西兰教师教育项目认证制度为了寻求更加合理的生存状态，也必将处于不断更新与发展的道路之上。

第二节　新西兰教师教育项目认证标准

目前，新西兰正在实施的项目认证标准包括：新西兰资格管理局与大学学术项目委员会共同商定的《2013年新西兰资格框架项目审批与认证规则》（以下简称《规则》）（NZQF Programme Approval and Accreditation Rules 2013）、新西兰教学委员会在2018年颁布的《教师教育项目审批、监督和审查要求》（以下简称《要求》）（ITE Programme Approval Monitoring and Review Requirements）以及新西兰资格管理局在2020年颁布的《学历和相关资格的审批与维护指南》（以下简称《指南》）（Guidelines for Approving and Maintaining Degrees and Related Qualifications）。在名义上，三份文件都是项目认证标准，但它们在认证范围、侧重点等方面存在明显的差异。

一　《教师教育项目审批、监督和审查要求》的内容

2018年12月，新西兰教学委员会发布《要求》。作为教学委员会实施教师教育项目认证工作的纲领性文件，《要求》将于2019年7月1日正式实施，此前所有通过认证的教师教育项目都需要在2022年1月1日前重新接受教学委员会的认证。《要求》将项目认证标准划分成六大维度，涉及学生毕业成果、项目的开发、设计和结构、教学方法、教学评价、沉浸式毛利人教师教育项目的要求和项目的准入标准。

(一) 学生毕业成果 (Outcomes)

所谓学生毕业成果,即学生在完整接受教师教育项目之后理应达到的要求。它具体包括《教师职业标准》和《教师职业责任准则》两方面的内容:

1.《教师职业标准》

教师教育项目的制定与实施必须要确保毕业生能够达到《教师职业标准》的要求,详见表7-1。教学委员会认为,教师教育项目毕业生是中小学教师队伍的重要储备力量,由于处于由学生向教师这一身份迅速转换的关键时间节点,所以他们在教学实践等各能力方面与具备多年教学经验的"熟练教师"相比仍存在着较大的差距。因此,教师教育机构在评估毕业生质量时要严格按照《教师职业标准》的要求对毕业生各方面的能力和素养进行把控,最大限度地缩小毕业生和"熟练教师"之间的差距。

表7-1　　　　　　　　《教师职业标准》(部分)

标准	具体内容
《怀唐伊条约》*伙伴关系原则	1. 清楚地了解毛利人在新西兰的历史地位 2. 承认和理解各原住民的历史遗产、文化和语言 3. 通过练习不断地提升毛利人语言的熟练度
教师职业学习	1. 基于各种证据反思教师实践的有效性 2. 批判与反思理念、信仰如何影响多样性学生的学习成果 3. 在实践中自觉地应用专业知识
教师职业关系	1. 与教育相关人员和团体建立平等互惠的关系 2. 与他人进行有效沟通 3. 在工作中展现领导力和责任感
学习型文化	1. 与学生建立以学习为中心的关系,使其成为学习参与者,培养自主性和责任感 2. 为学生构建安全、尊重、信任的学习环境 3. 平等地对待所有学生

续表

标准	具体内容
学习设计	1. 能够根据课程内容、学习进度、学生特点选择适当的教学、资源、评价方法 2. 适时评估学生的学习与需要，明确学习计划、提供支持 3. 学习设计反映不同族裔的文化背景

* 《怀唐伊条约》(*Treaty of Waitangi*)，又译《威坦哲条约》，是1840年时英国王室与毛利人之间签署的一项协议，该条约促使新西兰建立了以英国为模板的法律体系，也确认了毛利人对其土地和文化的拥有权。该条约被公认为是新西兰的建国文献。

资料来源：Education Council, *Our Code Our Standards*: *Code of Professional Responsibility and Standards for The Teaching Profession*, Education Council, 2017, pp. 18 – 20。

2. 《教师职业责任准则》

教师教育项目的制定与实施要确保毕业生能够坚守《教师职业责任准则》(*The Code of Professional Responsibility*) 中规定的各项承诺，详见表7-2。教师教育毕业生必须要深刻理解《教师职业责任准则》的内容，在实践中维护《教师职业责任准则》代表的教师职业精神。

表7-2　　　　　　　　《教师职业责任准则》（部分）

准则	具体内容
对教师职业的承诺	1. 致力于实施高质量的教学 2. 与同事建立专业、尊重和合作的关系 3. 保持高标准的职业行为与诚信
对学生的承诺	1. 促进学生的心身健康，保护学生的人身安全 2. 与尊重教师职业的学生建立适当的道德与职业关系 3. 尊重学生语言、文化和身份的多样性
对家长的承诺	1. 与家长保持职业的、尊重的关系 2. 引导家长参与学生的学习 3. 尊重家长语言、文化和身份的多样性

续表

准则	具体内容
对社会的承诺	1. 尊重和保护人权、可持续性发展、社会正义原则 2. 承诺忠诚于建立在《怀唐伊条约》之上的新西兰 3. 指引学生成为关心社会福利和服务社区的积极参与者

资料来源：Education Council, *Our Code Our Standards*: *Code of Professional Responsibility and Standards for The Teaching Profession*, Education Council, 2017, pp. 10 – 12。

（二）项目的开发、设计和结构（Programme Development, Design and Structure）

《要求》对教师教育项目的结构和内容作了一定的要求，保证每个通过认证的教师教育项目都能具备教学委员会所重视的基本要素。

1. 教学内容

教学内容是教师教育项目中最具分量的部分，它反映了项目的教学目的，影响着项目的教学质量。教学委员会对项目的教学内容提出了三个方面的要求：首先，教学内容应强调实证主义，鼓励学生进行研究，尤其是探究性研究，这是高质量教师教育项目的重要特征；其次，教学内容应包含全纳教育与多元文化教学的因素，适应多元化社会对教育的各种需求；最后，教学内容的设置能够帮助毕业生实现其就业目标。

2. 伙伴关系

教学委员会重视伙伴关系的构建，它要求教师教育项目的结构框架和内容安排均是建立在教师教育机构与各利益相关主体真实的伙伴关系之上的，这就意味着教师教育机构在开发、设计教师教育项目的过程中须与各利益相关主体保持沟通，使教师教育项目最大限度地满足各方的利益需求。所谓的利益相关主体，即任何与教师教育利益相关的行政、学术、教育、雇用等机构，而所谓的真实的伙伴关系，即互惠互利、相互依存、结构合理、对目标负有共同责任的合作关系。伙伴关系的真实性主要通过沟通协商的方式实现，保证所有利益相关主体都对各自的职能与职责有清晰的、正确的、统一的理解。

3. 项目最长完成周期

项目年限是教师教育项目的基本结构要素之一，它规定了项目的最长完成周期，制约着教学计划的制定和实施。教学委员会鼓励教师教育机构根据自身实际情况和学生特殊需求灵活地设置项目年限，并建议在规定项目年限时应充分考虑下述因素：第一，毕业生对教育领域最新的、最前沿的政策、研究等的理解程度；第二，毕业生对项目规定的实习任务的完成情况；第三，特殊情况下，教师教育机构可以适当地延长项目完成周期。

（三）教学方法（Delivery Methods）

《要求》对教师教育项目的教学方法，尤其是实习教学的安排提出了相应的要求，反映了新西兰教师教育对于实践性教学的重视和追求。

1. 围绕《教师职业标准》设计教学方法

《教师职业标准》在专业层面勾勒出新西兰教师的理想状态，因此，教师教育机构在设计教学活动时应紧密围绕《教师职业标准》的内容，保证采取的教学方法能够促使学生具备《教师职业标准》的要求。这里所说的教学方法，具体包括授课地点、授课时间、授课资源等内容。

结合过往的教学经验和客观的教学规律，教学委员会提出了两个组织教学活动时应遵守的重要原则：适应性教学原则和有效性教学原则。其中，适应性教学原则要求教师在教学过程中分阶段地对教学成果进行评估，依据评估结果对教学方法进行适当的调整，进而持续改善教学的效果；有效性教学原则要求教师在教学过程中始终追求成效，减少低效的、无用的教学活动，即追求教学效益最大化。

2. 高质量实习教学

教学委员会特别强调实践性教学的重要性，《要求》与过去实施的教师教育项目认证标准最大的区别之一，就是始终坚持教师教育理论与实践的统一。实习是教师教育实践性教学的主要途径之一。因此，教学委员会要求教师教育机构实施高质量实习教学，并指出高质量实习教学应具备的主要特征：其一，所有参与实习的学生都应充分地理解实习的目的；其二，教师教育机构与实习单位建立真实的伙伴关系；其三，所有参与实习的学生都应充分理解自己在实习过程中的角色与职责；其四，教师教育机构的教师应为参与实习的学生提供帮助；其五，所有参与实习的学生都能为实习提前做好适当的准备，展现出乐于在实习过程中提升教学素养的态度；其六，理论与实践相统一的原则将贯穿于整个实习过程；其七，对学生实习的过程性评价与终结性评价是一个透明的、协商的过程。① 可以说，这些高质量实习教学须具备的品质，也是教学委员会对实习教学活动提出的要求。

此外，教学委员会根据实际情况严格规定各类教师教育项目的最短实习周期。修业年限 1 年或 2 年的教师教育项目最短实习周期为 80 天；修业年限 3 年或以上的教师教育项目最短实习周期为 120 天。教师教育机构可根据学生的实际需求酌情延长实习周期，最少可以延长 10 天，最多不超过 120 天。

（四）教学评价（Assessment）

教学评价能反映教学活动的实际情况，为教学活动的改进提供事实依据，在一定程度上影响着教学活动的质量。因此，《要求》对教师教育项目内关于教学评价的内容进行规范。

1. 为《教师职业标准》而评价

除了教学方法，教师教育项目采用的教学评价目标、方式和标准也应契合《教师职业标准》的内容，使学生能够在未来肩负起教师的职责。教学委员会提出合理的教学评价应该遵循三个相互联系的原则：多样性原则、差异性原则和伙伴关系原则。

多样性原则指的是评价信息和方式的多样性。教学评价必须是真实的、客观的、肯定的，这就需要评价主体尽可能多地在数量和类型上收集评价信息，在充分的、多样的评价证据支持下进行评价。而评价信息的多样性意味着评价方式的多样性。

差异性原则指的是学生、教学情境、学科的差异性。教师教育机构应主动在教师教育项目中为学生创造在不同教学情境中实施教学的机会，提高学生教学知识与技能的迁移能力。

伙伴关系原则指的是学生与教师教育机构之间的关系。学生的实际教学能力最终是在实践的过程中评价的。学生与教师教育机构建立良好的伙伴关系，不仅可以优化教师教育机构对学生的支持，也使得教师教

---

① New Zealand Council for Educational Research, *High Quality Practica and The Integration of Theory and Practice in Initial Teacher Education: A Literature Review Prepared for The Education Council*, Education Council, 2017, p. 18.

育机构对学生的评价更加真实、更加准确、更加符合学生的自我预期。

2. 重点教学任务

重点教学任务是教学委员会为提升教学评价效率、增强教学评价针对性而提出的概念，通过对学生的重点教学任务完成情况进行评价，能够准确地、有侧重地判断学生是否具备某方面的教学知识和能力。教学委员会要求教师教育机构在设计教学评价框架时应筛选10—15项学生需要重点完成的教学任务进行评价。教学委员会还明确规定了制定重点教学任务的规范：第一，所筛选的重点教学任务必须与《教师职业标准》的内容相适应；第二，重点教学任务是内容界定清晰的独立任务；第三，重点教学任务是可观察、可测量的；第四，重点教学任务是优先级的，它们代表了合格教师应具备的各种关键能力；第五，重点教学任务不能取代《教师职业标准》的地位与作用。

（五）沉浸式毛利人教师教育项目的要求（Additional Requirements for Māori Medium Programmes）

沉浸式毛利人教师教育项目是新西兰独有的教师教育项目类型，致力于培养面向毛利人群体实施教学活动的教师。《要求》对毛利语在此类教师教育项目中的应用篇幅作了规定。教学委员会规定，沉浸式毛利人教师教育项目至少81%的教学内容应以毛利语为语言载体，而双语教师教育项目则至少51%的教学内容以毛利语为语言载体。教学委员会认为，毛利语应该贯穿于沉浸式毛利人教师教育项目之中，毛利语是毛利人教师必备的教学技能。因此，毛利语必须要贯穿于沉浸式毛利人教师教育项目的整体框架、教学过程和教学评价的始终。

（六）项目的准入标准（Entry into the Programme）

为了提升新西兰教师的整体素质，除了设置高水平的教师教育项目毕业标准之外，教学委员会还要求教师教育机构在学历层次、语言能力、教学取向等方面设置一定的入学门槛，把好生源质量关。

在学历层次方面，由于新西兰教师教育的大学化，大部分教师教育项目都是在综合性大学设置的提供本科学历的项目，这就要求申请教师教育项目的学生至少具备接受本科教育的能力。因此，教学委员会提出，凡是进入本科阶段教师教育项目学习的学生，20岁以下的需要持有学士学位证明或者向教师教育机构提交其具备在高等教育阶段学习的能力的证明，而 20 岁以上且不具备学士学位证明的则需向教师教育机构提交其具备在高等教育阶段学习的能力的证明。

在语言能力方面，由于新西兰大部分教师教育项目都采取英语、毛利语双语教学的模式，为保证学生能够深刻理解项目教学的内容，学生需向教师教育机构提交受教学委员会认可的英语、毛利语能力证明。

教师教育机构应通过面试的方式对进入教师教育项目学习的学生的价值观、教学倾向与身体状况进行考查，判断其是否具备成为一名合格教师的精神品质，如责任心、领导力、奉献精神、合作精神等和身体条件。

除此之外，依据新西兰《2014 年弱势儿童法案》（*Vulnerable Children's Act* 2014）的规定，所有参与教师教育项目的学生都必须接受政治审查，对他们可能存在的各类违法违规行为进行调查。对于存在违法违规记录的学生，教师教育机构应在充分考虑下述因素后再采取进一步行动：第一，违法违规行为发生的时间及其严重性；第二，当事人违法违规时的年龄；第三，违法违规的具体手段是什么；第四，违法违规行为是否意味着当事人不具备成为合格教师的素质。

二 《教师教育项目审批、监督和审查要求》的特征

新西兰教学委员会发布的《要求》中具有六大维度，同时又包含了具体要求，并对每一个维度都按照其具体内涵、相关评估材料的要求规范、标准合格的路径指导三方面的内容进行阐述，形成了鲜明的特征。

（一）重视高质量的实践实习课程

教学委员会非常重视教师教育项目的实践性特征，它一方面要求教师教育项目在课程设置方面充分体现对学生教学实践能力的培养，通过实施高质量的实习课程保证参与项目的学生具备成为优秀教师的教学实践素养；另一方面要求教师教育项目在实施理论课程教学的过程中能够尽可能地增加教学实践元素，实现课堂教学理论性知识与实践性技能的有机统一。在《要求》中，教学委员会不仅对高质量实习作了清晰的界定，也对教师教育机构对实习工作的重视和支持力度、实习课程的最短期限、实习课程的考核次数等细节提出了严格要求，为整个新西兰教师教育领域确立了统一的、高水平的教学实践标准。

(二) 立足彰显本土多元文化特色

如果说美国是"民族大熔炉",那么新西兰就是"民族小熔炉"。新西兰的人口构成相当复杂,除了欧洲族裔、毛利人、亚洲族裔和太平洋岛国族裔等主要群体之外,还有一定比例的非洲族裔和美洲族裔,毫不夸张地说,新西兰社会几乎囊括了世界上所有主流族裔。居住在新西兰的各族裔群体为新西兰创造了丰富多元的物质和精神文化财富的同时,也带来了各种社会矛盾和问题。在教育领域,大部分欧洲族裔儿童都能够在经济发达地区的学校接受高质量的教育,而大部分毛利人、太平洋岛国居民等少数族裔儿童只能在经济落后地区的学校接受教育,欧洲族裔儿童的入学率更是明显高于少数族裔。意识到问题所在的新西兰政府积极推动教育改革,采取多项举措改善毛利人群体的教育状况,其中关于毛利人教师的改革内容对教师教育项目认证标准的内容产生了重大的影响。

教学委员会立足多元文化背景,在新制定的教师教育项目认证标准中彰显本土民族特色。首先,将《怀唐伊条约》中关于保护毛利人权益的内容纳入教师教育项目认证标准之中,使所有新西兰教师都能理解、尊重、接纳毛利人的历史和文化;其次,要求所有新西兰教师掌握能够支持教学实践的毛利语,在教师教育项目认证标准中规定了关于毛利语能力需要达到的水平;最后,为专门培养毛利人教师的沉浸式毛利人教师教育项目制定了具体的认证标准,要求此类教师教育项目能够充分体现毛利人特色。

(三) 呼吁体现尊重与平等的全纳教育

全纳教育的核心目标是使所有人都接受平等的、优质的教育,它既是一种教育理念,更是一种教育实践。新西兰呼吁接纳所有学生、反对排斥歧视、注重学习多样性的全纳教育,这在《要求》中也有所体现。

儿童的特殊教育需求如何才能得到满足?这个问题的答案最终指向教师个体实践全纳教育理念的能力水平。教学委员会在制定《要求》时,将提升教师全纳教育意识和能力纳入考查范围。例如,《教师职业责任准则》明确要求教师须提升教学的包容性,满足所有学生的需求,这意味着践行全纳教学已经成为教师基本职业准则的重要组成部分。此外,在"项目的开发、设计和结构"部分,教学委员会规定,合格的教师教育项目须包含指导学生实施全纳教学的内容,教师教育项目毕业生须具备实施全纳教学的意识和能力。①

(四) 构建合作共赢的伙伴关系

除了注重实践、尊重多元、呼吁全纳之外,《要求》还倡导教师教育机构与各相关利益主体共同构建真实的伙伴关系,进而实现合作共赢。教学委员会所倡导的伙伴关系是一种真实的伙伴关系,委员会对其的定义是:"互惠互利、相互依存、结构合理、对目标负有共同责任的合作关系。"②

真实的伙伴关系原则贯彻于《要求》始终。首先,在教师职业关系方面,教师教育项目应设置相关课程,帮助学生提升沟通、合作、共情的能力,使其在步入教师岗位后能够和学生、家长、同事、其他教育专业人士、社区中的机构、团队与个人等建立平等互惠、共同学习的伙伴关系;其次,教师教育项目的制定和实施必须要建立在与各利益相关主体真实的伙伴关系之上,换言之,教师教育项目须得到广泛的认可和支持;最后,在教学评价方面,教师教育项目应严格遵循伙伴关系原则。在教学评价过程中,教师教育机构应构建与学生的对话机制,筑起与学生的沟通桥梁,保持双向畅通的信息交流渠道,避免单方面的、封闭的教学评价模式。

三 《2013 年新西兰资格框架项目审批与认证规则》

《规则》是新西兰资格管理局与大学学术项目委员会依据《1989 年教育法案》的规定共同商定的,与新西兰教师教育项目认证标准相适应。它主要由项目认证标准和机构认证标准两部分内容构成。

(一) 项目认证标准

《规则》中的项目认证标准在维度上与《要求》在大体上是保持一致的,但其具体内容显得更加简略,在实际应用过程中更为灵活。它具体

---

① Teaching Council, *ITE Programme Approval Monitoring and Review Requirements*, Teaching Council, 2019, p. 17.

② Teaching Council, *ITE Programme Approval Monitoring and Review Requirements*, Teaching Council, 2019, p. 11.

包括名称、目标、学习成果与连贯性、教学方法、项目与协商的可接受性、教学评价及其调整、项目内部评价与审查等五个方面的内容：

其一，教师教育项目的名称、教学目标、教学内容等结构的连贯性是充分的、适当的，且明确符合新西兰资格框架中对各学位等级毕业生提出的资格要求，杜绝教学内容过于晦涩以至于偏离预期教学目标等类似情况的存在。

其二，教师教育项目实施的教学活动应依据预期培养目标酌情设计，且采取教学方法应是充分的、适当的。此外，教师教育机构应明确在项目认证材料中列举出教学过程中可能应用的所有教育资源清单。

其三，在教师教育项目制定过程中产生的所有咨询、意见、建议等内容均需要提交书面摘要，供大学学术项目委员会审议。同时，书面摘要必须要体现包括相关专业机构、雇用单位、社区团体、少数族裔团体在内的等利益主体对项目的认可度和可接受性。

其四，项目的教学评价制度应以学生的学习成果为基础，体现评价过程与结果的公平性、合理性、有效性和一致性。同时，为了减少教学评价的失误，应额外设置一个教学评价审查流程，对评价过程中采纳的材料信息以及最终的评价结果的真实性、可靠性进行评估，再依据评估情况进行适当的调整。

其五，教师教育机构应对即将实施的项目进行内部评价与审查，内容包括：项目的内容以及在相关领域内的认可度、对项目内部评价与审查的程序是否充分和有效、对学生学习成果评价的程序是否充分和有效、是否能根据内部评价与审查的结果进行自我完善等。

通过比较发现，除了在内容篇幅上存在差异，《要求》与《规则》还存在以下主要不同点：第一，认证目的不同。前者的目的是保障教师教育项目质量，在源头控制教师培训质量，而后者的目的是保障新西兰所有高等教育层面的项目质量；第二，认证对象范围不同。前者的认证对象仅限于教师教育项目，而后者的认证对象则是所有高等教育层面的项目，包括教师教育项目；第三，认证标准的侧重点不同。前者关注教师教育的发展，内容聚焦于合格教师应具备的素质，教师教育元素贯穿始终，而后者注重新西兰高等教育的一般发展，标准内容侧重于反映新西兰高等教育的整体要求，不具备明显的教师专业特色。

(二) 机构认证标准

机构认证是高等教育认证体系的重要组成部分,它的认证对象是实施教师教育项目的各类高等教育机构,认证目的是评估高等教育机构的整体质量,如硬件设施、师资力量等,进而判断其是否具备实施教学的资格。《规则》中的机构认证标准包含五个方面的内容:

第一,大学学术项目委员会将对高等教育机构的教学评价能力进行评估,确保高等教育机构在教学评价过程中收集和利用的评价材料能够科学地、真实地反映实际教学成果,实现教学评价材料与教学评价结果之间的公正性、有效性、一致性和适当性。

第二,项目委员会将对高等教育机构的硬件设施,如教学设备和软件设施,如师资力量进行评估,判断其是否能够支撑各类教育项目的实施。

第三,项目委员会将对高等教育机构的伙伴关系质量进行评估,判断高等教育机构所实施的教育项目在相关领域内的认可度和可接受性。

第四,高等教育机构应对机构内各类项目的实施情况以及机构对各类项目实施的支持程度进行内部评价与审查,且能够根据评价与审查的结果进行自我调整,这是一个持续的、反复的过程。

第五,项目委员会将对高等教育机构的科学研究能力和科研成果质量进行评估,保证高等教育机构教师的整体研究能力是令人认可的且能够在实施研究性教学时为学生提供适当的支持。[①]

四 《学历和相关资格的审批与维护指南》

《指南》是新西兰资格管理局管理各类认证资格的纲领性文件。大学学术项目委员会制定的教师教育项目、机构认证标准很大程度上是在《指南》的框架基础上制定的。因此,《指南》中的项目、机构认证标准与《规则》在结构和具体内容上存在高度重合的情况。

(一) 项目认证标准

类似于《规则》,《指南》中的项目认证标准同样包括名称、目标、学习成果与连贯性、教学方法、项目与协商的可接受性、教学评价及其

---

① Universities New Zealand,*CUAP Handbook* 2018,Universities New Zealand,2018,p.21.

调整、项目内部评价与审查等五个方面的内容：

其一，教师教育项目的名称、教学目标、教学内容、学习成果等结构和内容的连贯性是充分的、适当的，且明确符合新西兰资格框架中对各学位等级的毕业生提出的资格要求。为此，项目在结构设计和内容安排上应使教学目标和学习成果有机地联系在一起，进而实现项目的连贯性。

其二，教师教育项目实施的教学活动应依据预期培养目标酌情设计，且采取教学方法应是充分的、适当的。为此，申请项目认证的教师教育机构不仅应提供证明其教学模式与方法充分性、适当性的证据，还应提供关于如何在教学过程中保持学术诚信、保障学生安全的证据。

其三，在教师教育项目制定过程中产生的所有咨询、意见、建议等内容均需要提交书面摘要，供大学学术项目委员会审议。同时，书面摘要必须要体现包括相关专业机构、雇用单位、社区团体、少数族裔团体等利益主体对项目的认可度和可接受性。

其四，教师教育机构应详细地说明其项目教学评价的具体实施方法，例如学生如何在教学评价中展现自己的学习成果、教学评估的依据是课堂表现、实习表现、研究成果抑或是其他学习成果等。

其五，教师教育机构应对即将实施的项目进行内部评价与审查，内容包括：项目的内容以及在相关领域内的认可度、对项目内部评价与审查的程序是否充分有效、对学生学习成果评价的程序是否充分有效、是否能根据内部评价与审查的结果进行自我完善等。

（二）机构认证标准

相较于《规则》的内容，《指南》的机构认证标准设置的维度更少，仅包括教学评价能力、伙伴关系支持和机构内部评价与审查三方面的内容：

在教学评价能力方面，新西兰资格管理局将考查教师教育机构是否为教师教育项目的课程教学、实习教学、科学研究等内容制定了相应的评价标准，判断教师教育机构的相关人员是否具备实施教学评价的丰富工作经验。

在伙伴关系支持方面，管理局将考查教师教育机构是否能够得到相关领域各利益主体，如领域内通过认证的教育机构、领域内的教育行政机构、社区的团体与个人等的支持与认可。

在机构内部评价与审查方面，管理局将考查教师教育机构是否能够自觉地对机构内各类项目的实施情况以及机构自身对各类项目实施的支持程度进行内部评价与审查且根据评价与审查的结果进行自我调整。

第三节 新西兰教师教育项目认证办法

教师教育项目认证办法是新西兰实施教师教育项目认证制度的"说明书"，它主要包括认证主体、认证对象、认证程序等内容，回应了关于谁来认证、认证什么、如何认证等一系列重要问题。

一 认证主体

受历史因素和新自由主义思潮的影响，新西兰形成了独特的多中心教师教育项目认证办法。所谓多中心教师教育项目认证办法，最突出的特点体现在教师教育项目认证机构的多元化。在实际的教师教育项目认证工作中，新西兰教学委员会、大学学术项目委员会和新西兰资格管理局都扮演着各自的角色，发挥着各自的作用，堪称新西兰教师教育质量保障的"三道防线"。

（一）新西兰教学委员会

新西兰教学委员会诞生于2015年，其前身是教学注册委员会。经历了20多年的发展、演变，教学委员会成了独立于教育部的第三方教师教育行政机构，肩负着保障教师教育质量的职责。作为新西兰教师教育的"拓荒者"和新西兰教师群体的"领路人"，其主要职能包括：（1）领导教师群体，为教育行业指明发展方向；（2）提升教师群体和教育领袖的社会地位；（3）制定各类教师职业规范和标准，包括教师教育项目认证标准；（4）实施教师教育项目认证工作；（5）促进教师教育的可持续发展；（6）传播和分享最佳的教师教学实践；（7）处理教师资格的注册、认证申请；（8）促进问责制在教师教育领域的普及，定期审查教师教育的发展状况；（9）处理各类涉及违反教师职业规范的投诉。

教学委员会是教师教育项目认证的"第一道质量防线"，只有通过了教学委员会审批和认证的项目，才能进入下一步的认证流程。截至目前，教学委员会已经为25个教师教育机构的156个教师教育项目提供了认证服务。在未来，随着新的教师教育项目认证标准的颁布和新西兰教师教育规模的扩大，相关的认证工作也将如火如荼地展开。

（二）大学学术项目委员会

大学学术项目委员会是新西兰大学委员会（Universities New Zealand，UNZ）下设的执行机构，它在教师教育项目认证过程中发挥着承上启下的衔接作用，是项目认证的"第二道质量防线"。在新西兰大学委员会的授权下，项目委员会负责审议整个新西兰大学系统的学术事务，具体包括：（1）实施各类教育项目的认证工作，保证项目的质量符合国家利益和高学术标准；（2）促进大学系统内各类教育项目课程的发展，对项目内的课程设置进行调整和完善；（3）同新西兰资格管理局合作共同制定项目、机构认证标准；（4）就各种高等教育议题向新西兰资格管理局提供咨询服务；（5）为促进新西兰高等教育的学术发展向各高等教育机构、教育行政机构、社区团体等提供意见与建议；（6）承担新西兰大学委员会委托的各项工作。

（三）新西兰资格管理局

不同于前两个机构，新西兰资格管理局是政府性质的教育行政机构，其职能范围涵盖中等教育和高等教育。在教师教育领域，资格管理局的作用主要体现在：其一，教师教育项目的认证及其认证资格的维护，即将通过认证的教师教育项目纳入新西兰资格框架之中，这表明教师教育项目取得国家层面的认可；其二，对教师教育机构的准入要求进行定期的审查工作。资格管理局是教师教育项目认证的"第三道质量防线"，但在实际认证过程中，凡是通过大学学术项目委员会认证的教师教育项目均可纳入新西兰资格框架之中，资格管理局更多地扮演着认证资格的维护者和认证标准的制定者的身份，间接地参与教师教育项目认证工作，保障教师教育的质量。

二 认证程序

新西兰教师教育项目认证主体的多元化决定了教师教育项目认证的程序同样具有多元化的特点。作为教师教育项目认证的"三道质量防线"，新西兰教学委员会、大学学术项目委员会和新西兰资格管理局在认证过程中形成了前后衔接、环环相扣的认证流程，它们各司其职，共同合作，促进教师教育项目认证目标的实现。

（一）新西兰教学委员会的认证程序

新西兰教学委员会的认证程序具体包括申请与受理、成立项目认证小组、结论审议、结论审定、项目监督、项目复查六个阶段。

1. 申请与受理

在进入认证程序前，各类教师教育机构向教学委员会提交认证申请。认证申请的文件中应包含证明教师教育项目符合所有认证标准的证据材料。认证材料的具体内容及其规范详见表7-3。

表7-3　　　　　项目认证材料清单及其规范（部分）

材料名称	具体规范
《教师职业标准》相关材料	机构应通过图表形式展现项目如何帮助毕业生达到标准
《教师职业责任准则》相关材料	机构应通过图表形式展现项目如何促使毕业生理解准则
伙伴关系相关材料	机构应在材料中概述合作伙伴的详情
NZQF相关材料	机构应提供项目授予学位资格、符合最低标准的证据
项目框架和内容	应简要介绍项目框架和内容的概况
教学方法相关材料	应详细说明项目的教学方法
实习相关材料	应详细介绍项目如何制订实习计划
教学评价相关材料	应详细说明项目教学评价框架的制定流程、关键要素、教学评价方式、评价标准等内容
毛利人相关材料	应展示项目中所有涉及毛利人的内容
准入标准相关材料	应详细说明项目的各项准入标准并概述项目的招生流程
过往学习经历认可相关材料	应详细介绍机构实施的过往学习经历认可制度
学分确认和转移相关材料	应详细介绍机构实施的学分确认和转移制度
内、外部审查与调整相关材料	应证明机构具备完备的内外审查与调整制度并详细介绍制度内容

资料来源：Teaching Council, *ITE Programme Approval Monitoring and Review Requirements*, Teaching Council, 2019, p. 40。

2. 成立项目认证小组

在受理认证申请后，如确定符合认证条件，教学委员会将成立项目认证小组（一般需要8周的时间），依据《要求》中的项目认证标准对教师教育项目进行全面的审查，就项目是否符合项目认证标准向教学委员会提供意见。

3. 结论审议

项目认证小组成立后，将通过认证材料审查和实地探访相结合的方式对教师教育项目进行认证，并根据材料审查和实地探访的情况对认证结果进行审议。实地探访时，访谈会议是项目认证小组最重要的评判依据。访谈会议的对象包括教师教育机构的负责人、项目的负责人、项目各课程的教师、负责实习的教师、项目毕业生的潜在雇用机构负责人等。

在相关的材料审查和实地探访工作结束后，项目认证小组将撰写结论审议报告，这是一份建议性的审议报告，其提出的认证结果是一个待定的结论，最终的认证结果需交由新西兰教学委员会审定。

4. 结论审定

项目认证小组在审议结果通过后，提交教学委员会审定。认证结论具体分为"认证通过，无条件的""认证通过，有条件的""拒绝通过""推迟审定，等待后续信息"四种情况。认证结论及认证相关细节将在教学委员会官方网站适时公布。

如若认证无条件通过，教学委员会将向申请认证的教师教育机构提供一份认证申请函，作为将来进入大学学术项目委员会认证程序的申请文件；如若认证有条件通过，教学委员会将明确告知申请认证的教师教育机构需要达成的条件数量、内容和限定期限；如若拒绝通过认证，教学委员会将向申请认证的教师教育机构说明认证失败的具体理由且将邀请教师教育机构提出新的项目认证申请。无论认证结论如何，如果教师教育机构对认证结论存在异议，可在收到认证结论后15个工作日内向教学委员会提出申诉，申述应以书面报告的形式提出，详细陈述存在异议的缘由，提供支撑申述的证据材料。教师教育机构逾期未提出申述，则视为同意认证结论。

5. 项目监督

为了推动建立项目质量持续保障和改进机制，教师教育项目认证采取动态化的、周期性的项目监督和复查制度，即教师教育项目认证结论不是一成不变的，随着项目的推进实施，教学委员会将根据实际的教学质量调整项目的认证状态。

教师教育项目的监督工作一般在项目认证通过之后的最初几年实施，监督工作主要依靠监督员实地探访的方式实施。监督内容既可以涵盖教师教育项目的所有内容，也可以重点监督项目内某一个或多个内容。在预定的项目监督日期到来前至少6周，教师教育机构应向监督员和教学委员会提交一份年度自评报告。自评报告内容应包括教师教育项目自实施以来所体现的优势和面临的挑战、教师"教"和学生"学"的基本情况、上一次监督工作后项目所做的调整及其成效等。监督工作实施期间，教学委员会的理事会成员能够以观察员的身份协助监督员完成监督工作。

6. 项目复查

项目复查是教学委员会对通过认证的教师教育项目实施动态化管理的另一重要举措。在教师教育项目通过认证的第6年，教学委员会将委托项目复查小组对项目进行复查，调查教师教育项目的实施情况，进而判断该项目是否仍然符合项目认证的标准，适应新西兰社会对于教师教育的新要求。在项目复查实施前，教师教育机构应向教学委员会和项目复查小组提供相关证据材料，协助二者筹备复查事宜。

通过分析掌握的证据材料，项目复查小组成员共同审议复查结论建议，并提交教学委员会进行结论审定。教学委员会审定的复查结论具体分为"复查无条件通过""复查有条件通过"和"复查未通过"三种情况。在完成各项教师教育项目认证工作后，教师教育机构应向教学委员会缴纳一定的认证费用。教学委员会没有规定具体的认证费用数额，但各项认证工作过程中产生的费用，如项目认证小组实地探访的差旅费、住宿费、餐饮费、各小组成员的劳务费等都应按照实际的花费由教师教育机构承担。①

（二）大学学术项目委员会的认证程序

通过新西兰教学委员会认证的教师教育项目将继续接受大学学术项

---

① Teaching Council, *ITE Programme Approval Monitoring and Review Requirements*, Teaching Council, 2019, pp. 56 – 65.

目委员会的认证。整个认证程序由项目认证提案的审定和毕业生年度审查（Graduating Year Review，GYR）两个阶段构成。

1. 项目认证提案的审定

首先，教师教育机构负责人应就项目认证起草提案，提案包括项目各项内容的概述和新西兰教学委员会颁发的认证通过证明等认证材料；其次，在正式提交提案供项目委员会审议之前，提案还需经过学术和资源委员会、大学学术委员会和大学理事会等机构的层层审批；最后，通过层层审批的认证提案将以电子文件的形式提交到项目委员会网络工作系统之中进行结论审议。

最终的认证结论将由项目委员会成员在会议上通过匿名投票的方式产生，委员会主席拥有一票否决权。依照惯例，认证结论具体包括四种情况，它们分别是"无条件通过认证""有条件通过认证""拒绝通过认证"和"推迟决定"。若教师教育机构认为认证结论存在异议，应在认证结论产生后 15 个工作日内向项目委员会提出申诉。通过项目委员会认证的教师教育项目即可纳入新西兰资格框架之中，这标志着该项目获得了国家层面的认可。

2. 毕业生年度审查

类似于新西兰教学委员会实施的项目监督和项目复查，项目委员会也表现出了对通过认证的教师教育项目后续实施情况的关心。为了保证各教师教育项目实现预期的教学目标，始终符合项目认证的标准，项目委员会要求各教师教育机构在项目第 1 届学生毕业后的 3 年内（学制为 1 年的项目即在 4 年内）进行一次自我审查。

负责实施毕业生年度审查的小组由各教师教育机构自行组建。审查结束后，教师教育机构应通过网络工作系统向项目委员会提交毕业生年度审查报告。项目委员会对报告的格式和内容作了明确的规范。在无特殊情况下，教师教育机构若不能按照规范按时提交报告，项目委员会将暂时撤销项目的认证资格，直到教师教育机构提交报告为止。

审查人员提交的报告将由项目委员会全体成员共同审议。审议结论包括如下几种情况：（1）通过审查。教师教育机构提交的毕业生年度审查报告符合规范，教师教育项目继续保持其认证资格；（2）待定。项目委员会向教师教育机构指出教师教育项目存在的问题并提出相应的改善建议。在规定时间内，机构须再向项目委员会提交一份报告，详细阐述项目的改善情况。按要求得到改善的教师教育项目将通过审查，继续保留其认证资格，反之，则将面临撤销认证资格的惩罚；（3）未通过审查。毕业生年度审查报告显示教师教育项目严重不合标准的或未能按要求及时改善教师教育项目的将不能通过审查，项目委员会将剥夺教师教育项目的认证资格。

（三）新西兰资格管理局的认证程序

如前所述，新西兰资格管理局作为新西兰高等教育领域各类资格标准的制定者和维护者，它不直接参与教师教育项目的认证工作。但鉴于其职能的特殊性，即监督、评估各类高等教育机构的项目实施情况，资格管理局仍是新西兰教师教育项目认证过程中不可或缺的重要一环。

教师教育项目认证标准的制定和教师教育项目认证资格的维护是资格管理局的两大职责。在项目认证标准的制定方面，资格管理局制定了《指南》。《指南》是新西兰高等教育机构各类项目的认证标准和认证资格维护的依据，它适用于所有高等教育领域的项目，而不局限于教师教育项目。在教师教育项目认证资格的维护方面，资格管理局对通过大学学术项目委员会认证且纳入新西兰资格框架的教师教育项目进行监督和评估，保证教师教育项目在结构和内容上始终符合《指南》的要求，不至于在后续实施过程中产生"质量滑坡"。具体而言，资格管理局关于教师教育项目认证资格的维护工作由项目质量维护、机构质量维护和项目变更质量维护三部分构成。

1. 项目质量维护

所谓项目质量维护，即教师教育机构依照资格管理局的规定对所实施的教师教育项目进行定期的、全面的自我审查。审查周期一般为5年。依据规定，教师教育机构对教师教育项目实施自我审查时，应把审查的重点放在课程质量和教学成果两个指标之上。具体的审查办法由各教师教育机构根据实际情况酌情自主商定，但实际参与项目审查的审查人员必须是具备一定项目审查经验的相关领域的专家学者。各类指标审查结果和各类反映项目质量的证据材料须以报告的形式提交资格管理局进行审议。

为了提升各项审议、审批工作的规范性，资格管理局制定了统一的、通用的审议、审批流程—高水平审议流程。流程由意向表达、提出申请、申请审核、结论审议和结论审定五个环节构成：（1）意向表达。高等教育机构应在提交审议申请的三个月前向资格管理局表达相关意向，使资格管理局具备充分的前期准备时间；（2）提出申请。高等教育机构按规定向资格管理局提出审议申请；（3）申请审核。资格管理局对高等教育机构的办学资质和申请报告的内容进行审核；（4）结论审议。资格管理局组建审议小组对高等教育机构提供的各类证据材料和审查报告进行审议。资格管理局对审议小组的成员数量和构成作了明确的规定。在大多数情况下，审议小组成员由独立主席、资格管理局代表、学术机构代表、高等教育机构代表、行业或利益相关者代表和少数族裔代表6人构成（少数族裔代表可以与学术机构代表、行业或利益相关者代表重合，进而构成5人小组）；（5）结论审定。最终的审议结论将由审议小组通过书面报告的方式通知资格管理局和申请审议的高等教育机构。审议结论包括待定、通过审议和未通过审议三种情况。待定的项目将在审议小组的指导下进行整改、完善，直至符合《指南》中的项目认证标准为止，而未能通过审议的项目则将被撤销认证资格，同时移出新西兰资格框架。

2. 机构质量维护

除教师教育项目自身的结构设计和内容安排之外，教师教育机构的办学资质同样深刻影响着教师教育项目实施的质量。

依据规定，所有新西兰资格框架内的项目实施机构须每年接受一次办学资质审查。审查内容涵盖机构的各类资格认证证明、硬件设施条件、教师队伍质量、科研成果产出水平、财务状况和与各伙伴关系的健康程度等。机构办学资质审查主要采用监督员实地访问的方式进行，负责审查的监督员由资格管理局聘请的独立审查专家担任。审查结束后，监督员通过书面报告的方式将详细的审查情况通报给申请机构和资格管理局。申请机构在整理审查情况和听取监督员整改意见后，向资格管理局提出办学资质的审议请求，具体的审议流程参照高水平审议流程。

通常而言，资格管理局对高等教育机构办学资质审查的审议结果都是指导性的，教师教育机构应严格按照资格管理局的审议结果对自身存在的问题和不足进行整顿，进而改善机构办学资质，高质量地实施教师教育项目。机构实际的整顿效果通过次年的办学资质审查情况反映，若机构缺乏相应的整顿措施或整顿效果不理想，资格管理局有权取消机构实施各类教育项目的资格。

3. 项目变更质量维护

所谓项目变更质量维护，即教师教育机构在对教师教育项目的结构或内容等进行更改、调整前须接受资格管理局的审查，保证项目在实施各项变更措施后仍能实现高质量的教学任务且符合《指南》中的项目认证标准。

依据项目结构或内容更改、调整的程度，项目变更质量维护分为两种类型，一种是细微的项目变更质量维护，另一种是重大的项目变更质量维护。细微的项目变更质量维护适用于项目结构或内容变更程度较小的情况，例如，项目名称的变更，此类变更基本不会对项目的学时、学分或学习目标等产生重大影响，而重大的项目变更质量维护则适用于项目结构或内容变更程度较大的情况，例如项目准入条件的变更、学习目标的调整、项目提供的学历层次的改变等，此类变更会对项目产生重大影响，变更前须重新接受项目认证。

总而言之，项目质量维护、机构质量维护和项目变更质量维护各有侧重，但殊途同归，项目质量维护和项目变更质量维护针对教师教育项目本身，而机构质量维护则针对实施项目的教师教育机构，它们的目的都是为了保证教师教育项目能够更好地实现其预期的教学目标，为新西兰社会培养适应时代要求的高素质教师队伍。这样看来，新西兰的教师教育项目认证程序似乎没有真正意义上"认证结束"的概念，即使是纳入到新西兰资格框架的教师教育项目也必须要长期接受资格管理局的各种监督、认证、审议工作。

三　认证办法的特点

新西兰教师教育项目认证办法明确规定了教师教育项目认证的主体及各自的教师教育项目认证程序，指导着新西兰教师教育项目认证各项工作的实施。依据上文中关于新西兰教师教育项目认证办法的各方面论述，笔者总结出新西兰教师教育项目认证办法突出的三个特点。

（一）坚持协商合作与主体多元

20世纪80年代之后，在新自由主义思想的影响下，新西兰政府在政治、经济、教育等领域进行了一场"纯市场导向"的社会改革运动,新西兰教师教育也因此发生了深刻的变化。经历了这场新自由主义革命之后,国家力量和社会力量共同合作的教师教育项目认证体系在新西兰逐步成型。新西兰教师教育项目认证体系具有下述几个不同之处。第一,主体多元。在新西兰,负责教师教育项目认证的机构主要是新西兰教学委员会、大学学术项目委员会和新西兰资格管理局。其中,资格管理局是政府性质的教育行政机构,而项目委员会则是新西兰大学委员会下属的非政府性独立机构,教学委员会同样属于非政府性独立机构,即所谓的第三方机构;第二,多重认证。通常情况下,教师教育项目仅须接受某一个教师教育项目认证机构的认证,但在新西兰,教师教育项目严格意义上须先后接受来自教学委员会、项目委员会和资格管理局的三方认证。它们在认证过程中各有侧重;第三,社会主导。国家力量与社会力量共同合作的教师教育项目认证体系必然伴随着各方权力的博弈和制衡。随着教育部权力的下移,包括教师教育项目认证在内的大部分教师教育质量保障职能向独立的社会机构转移,政府部门不再直接参与教师教育项目认证工作,教学委员会等社会机构取得了主导地位,成为保障新西兰教师教育质量至关重要的力量。

(二)坚持证据本位与资料可信

在美国等世界主要国家教师教育项目认证实践的影响下,新西兰在认证过程中确立了证据本位理念,注重各类反映教师教育机构及项目质量的证据收集,塑造基于证据的认证文化。所谓"证据本位",即教师教育项目认证机构依据各种途径取得的客观证据进行认证,而接受教师教育项目认证的教师教育机构须通过多种途径举证来证明所实施教师教育项目的质量符合相应认证标准,总之,证据是衡量教师教育项目质量的关键。

新西兰教学委员会等教师教育项目认证机构在贯彻证据本位理念的同时,对所收集的证据提出了严格的要求。具体要求主要包括下述四个方面。其一,证据的全面性。教师教育机构向教师教育项目认证机构提供的证据材料必须是全面的,应覆盖教师教育项目认证标准的全部内容;其二,证据的恰当性。教师教育机构向教师教育项目认证机构提交的证据材料必须与对应的教师教育项目认证标准密切相关;其三,证据的真实性。教师教育机构所提交的证据材料必须是真实可靠的,杜绝为了应付教师教育项目认证而产生的捏造、伪造、篡改证据行为;其四,证据的多样性。证据的多样性主要体现在证据来源途径的多样性和证据类型的多样性两个方面。多种来源途径和类型的证据材料为教师教育项目认证机构提供了更全面、更广阔的认证思路,进一步提升了认证结果的科学性和合理性。

(三)坚持科学认证与持续改进

新西兰教师教育政策制定者十分重视教师教育项目认证结果的科学性和时效性,这一点在新西兰教师教育项目认证主体的设置、教师教育项目认证标准的更新、教师教育项目认证证据本位理念的确立等多个方面均有不同程度的体现。在教师教育项目认证主体的设置上,新西兰构建了三方认证机构互相协作、共同认证的主体多元认证体系,吸纳政府、社会、大学等各方利益相关主体的意见和建议实施教师教育项目认证,切实捍卫"新西兰教师教育项目认证是代表新西兰公民全体意志的教师教育项目认证"的美好愿景。在教师教育项目认证标准的更新上,随着国际教师教育理论和实践的发展及国内对教师教育需求的变化,新西兰教师教育项目认证标准的改革工作一直在路上。在教师教育项目认证理念的确立上,信奉证据本位理念的新西兰不仅注重认证证据材料的收集,更注重认证证据材料的质量,追求教师教育项目认证结果的科学性。

除了上述举措之外,新西兰还通过构建完善的教师教育项目后续监督和持续改进机制,对教师教育项目认证的教师教育项目实施动态化管理,进而提升认证结果的科学性和时效性。总之,为实现教师教育项目结果的科学性和时效性,新西兰建立了完善的、严格的后续监督和持续改进机制。在新西兰教师教育项目动态化管理的模式下,教师教育项目认证结果都不是固定的,而是"持续改进"的,这一方面符合教师教育发展的客观规律,另一方面也体现了新西兰教师教育与时俱进的特点。

第四节 对新西兰教师教育项目认证的思考

自《1989年教育法案》颁布实施至今,新西兰教师教育项目认证制度已经存在了30年。在过去30年里,国际教师教育理论和实践不仅实现了量的积累，更实现了质的飞跃，新西兰教师教育也在这一期间多次进行自上而下的改革，取得了不俗的成果。但同时，新西兰教师教育也面临着许多问题和挑战，如新西兰长期存在的教师供需不平衡的问题、毛利人教师的地位问题等，这些问题和挑战促使新西兰自我审视教师教育制度存在的缺陷，成为新西兰多次实施教师教育改革的内在动因。

一 教师教育项目认证存在的问题

作为新西兰教师教育质量保障体系的重要组成部分，新西兰教师教育项目认证制度的完善和体系的构建一直都是新西兰教师教育改革的重点和难点，至今仍处于深化拓展阶段，相关问题有待进一步的讨论和解决。严格来说，我们今天所了解到的新西兰教师教育项目认证制度及其体系仍称得上是"新事物"，项目认证机构是新的，项目认证标准是新的，项目认证程序亦是新的。目前，由于各教师教育机构具体的教学情况各异，所以只有部分教师教育项目在新的项目认证标准和程序之下接受了相关的项目认证工作，整体的项目认证效果究竟如何不得而知。但是，透过新西兰教学委员会等机构所公布的文件和数据等材料，通过分析和研究，我们仍能够把握现阶段新西兰教师教育项目认证的特点、走向及其存在的问题。

（一）认证主体的多元与认证程序烦琐

在国内新自由主义改革和英国新右派思潮的影响下，新西兰构建了主体多元的教师教育项目认证体系，新西兰教学委员会、大学学术项目委员会和新西兰资格管理局分别代表教师群体、大学和政府的意志共同参与教师教育项目认证工作。在这之前，新西兰的教育大权完全由教育部等政府部门掌握，教育部等政府部门同时扮演着"掌舵人"和"划船人"的双重角色。然而，20世纪70年代末，由于世界经济整体疲软和国内政府机构工作负荷，新西兰政府陷入严重的财政和公信力危机，改革箭在弦上。为了精简政府职能，提升办事效率，新西兰政府将许多原本由政府管理和提供的公共服务转移至社会机构和私人组织，这些公共服务就包括教师教育质量保障的内容。此后，在教师教育质量保障领域，教育部等政府部门不再扮演"划船人"的角色，而是专心承担"掌舵人"的责任，基本不直接参与教师教育的质量保障工作。

依据新西兰教师教育项目认证的纲领性文件《要求》的规定，申请教师教育项目认证的教师教育项目须依次通过教学委员会、项目委员会和资格管理局的多重认证。其中，教学委员会侧重于教师职业要求、教师道德标准、项目评价模式等涉及教师教育专业性问题的认证，目的是保证教师教育项目的专业性和科学性，而项目委员会和资格管理局则更多地关注教师教育项目是否具备提供相应学位的条件和资格，目的是保证教师教育项目符合新西兰对于高等教育项目的整体要求，使教师教育项目能够和其他学科领域的项目保持同等的品质。简而言之，前者使教师教育项目获得专业认可，后者使教师教育项目获得国家学历认可。

理论上，多主体、多层次、多角度的教师教育项目认证程序具有下述优点。第一，为教师教育项目质量提供多重保障；第二，使教师教育项目尽可能多地反映不同利益主体的要求。但在具体的操作过程中，这样的教师教育项目认证程序未免显得过于烦琐，实际的认证效果有待进一步的实践验证。实施教师教育项目认证的目的在于保障教师教育质量，促进教师教育内涵式发展。对于教师教育机构而言，教师教育项目认证的结果和自身诸多切身利益相挂钩，如政策的倾斜、资源的配置、经费的投入等。这驱使教师教育机构不得不重视教师教育项目认证，全力配合教师教育项目认证机构的工作。新西兰教师教育机构在接受认证时，需要围绕不同的教师教育项目认证标准严格按照规范全面准备认证材料，这个过程耗费了教师教育机构大量的人力、物力和时间精力，压缩了教师教育机构钻研教学的时间，教师教育项目认证过程容易沦为"整理材料"的过程。这样一来，看似夯实保障力度的多重认证程序反而可能变相地增加教师教育机构的压力和负担，使得教师教育项目认证的增益效果大打折扣。

（二）灵活的认证标准与模糊的认证细则

新西兰设置了三个教师教育项目认证机构，各个教师教育项目认证机构实行着各自的教师教育项目认证标准，它们分别是《要求》《规则》和《指南》。相较于许多国家在教师教育项目认证标准中设置明确的量化指标的举措，新西兰的教师教育项目认证标准显现出高度的灵活性。在中国颁布的《中等教育专业认证标准》中，认证标准制定者为每个监测指标都设置了具体的参考标准，如具有硕博士学位教师占专任教师比例不得低于60%，而新西兰教学委员会等教师教育项目机构所制定的项目认证标准在设置参考标准时在表述上则更具有灵活性，如在关于实习课程时间安排的规定上，教学委员会为不同的类型的教师教育项目设置了不同的要求，更在最后补充说明了在特殊情况下可以酌情调整实习课程周期长度的人性化内容。

教师教育机构类型的多样化和办学层次的差异化是新西兰教师教育项目认证标准追求灵活性的主要原因。对不同类型、不同办学层次的教师教育机构提出同样的教师教育项目认证标准显然是不合理的。新西兰教师教育项目认证标准的制定者充分考虑到当前新西兰教师教育机构纷繁复杂的局面，尊重各个教师教育机构自身独特的办学愿景和发展定位，保证不同类型和办学层次的教师教育机构能够得到公平的对待。

但另一方面，新西兰教师教育项目认证标准的灵活性在一定程度上降低了教师教育项目认证标准的严肃性。尤其是在某些涉及教师教育项目核心内容的认证标准设置上，如果相关认证标准为了灵活性而在表述上过于笼统、模糊，必然会影响整体的项目认证质量。更何况，教师教育项目认证本身就带有淘汰、过滤的功能，教师教育项目认证标准的存在就是为教师教育机构设置准入门槛，如果为了照顾某些办学质量不如人意的教师教育机构而忽视了教师教育的整体利益是否是得不偿失的呢？总之，教师教育项目认证标准的灵活性不应通过牺牲其严肃性的途径实现，新西兰应在二者之间寻找更好的平衡点，这也是新西兰教师教育项目认证工作者在未来需要进一步思考和解决的问题。

二 教师教育项目认证的启示

诚然，新西兰和中国国情存在差异，新西兰教师教育的发展历史和现实情况也与中国存在一定的出入。但通过剖析新西兰教师教育项目认证制度和体系，总结相关的有益经验，亦能为中国构建教师教育项目认证体系提供新的思路和启示。

（一）严进严出：认证标准兼顾"入口"和"出口"门槛

新西兰教师教育项目认证不仅重视项目毕业生"出口"门槛的设置，同时也重视项目新生"入口"门槛的设置。大多数国家在认证教师教育项目时，倾向于把认证的重点放在通过教师教育项目学习后毕业生应具备什么素质的问题之上，而忽视了最初的生源筛选。

为促使教师教育走向卓越，提升教师教育效益，在教师教育质量保障方面，新西兰一直秉持着"选择正确的人优于改造错误的人"的理念。在新西兰教学委员会制定的教师教育项目认证标准中，项目准入标准是其中重要组成部分。具体而言，教学委员会规定的项目准入标准包括学历准入标准、能力准入标准、政治审查、价值观、教学倾向和身体状况等与教师教育学习密切相关的内容，对有意愿进入教师教育项目学习的学生提出了全面的高要求，提前过滤、淘汰不适合教师教育学习的学生，在入学阶段保障教师教育的生源质量。

在中国，教师教育项目的准入依据主要是高考成绩和考研成绩。"成绩至上"的选拔标准也许能够发挥一定的筛选、淘汰功能，但忽视了对学生教学意愿、教学情怀的判断。同时，中国教师教育项目认证标准对于项目准入标准的规定仍存在不足。在《中学教育专业认证标准》中，认证标准的制定者在"学生发展"方面，提及了关于生源质量的内容，指出要"建立符合教师教育特点的制度措施，能够吸引乐教、适教的优秀生源"。相较于教学委员会所制定的项目准入标准，中国关于项目准入标准的设置存在表述笼统、指标不明、标准不一等问题，有待进一步思考和讨论。

（二）持续改进：充分发挥认证结果的指导和改进功能

新西兰注重教师教育项目认证后教师教育项目的持续改进环节，强调认证结果只是对教师教育项目阶段性成果的判断和反映，"一评定终生"的传统理念在教师教育项目认证工作中是不适用的。为实现通过教师教育项目认证促使教师教育项目持续改进的目标，新西兰教学委员会等教师教育项目认证机构在撰写认证结果时，不仅详细说明教师教育项目在教师教育项目认证标准各个方面的表现情况，更提出相应的改进措施意见和建议，赋予教师教育项目认证结果指导和改进功能。这实际上丰富了教师教育项目认证结果的意义，使教师教育项目认证结果不只是冰冷的数据，还是切实的改进依据。

在《普通高等学校师范类专业认证实施办法（暂行）》中，中国教师教育项目认证所秉持的基本理念是"学生中心、产出导向、持续改进"，其中"持续改进"的理念即新西兰教师教育项目认证所倡导的利用教师教育项目结果促进项目改进的理念。在《中学教育专业认证标准》中，认证标准制定者也深入贯彻了"持续改进"理念，指出"定期对校内外的评价结果进行综合分析，能够有效使用分析结果，推动师范生培养质量的持续改进和提高，形成追求卓越的质量文化"。显然，中国同样注重教师教育项目认证后教师教育项目的持续改进。但由于中国教师教育项目认证仍处于初步探索的阶段，在利用认证结果指导教师教育项目持续改进方面很大程度仍停留在理论假设层面，具体的实践经验仍非常匮乏。因此，新西兰教师教育项目认证在持续改进方面的实践经验，如具体认证结果的撰写、持续改进的监督、改进后的再认证等都能给予我们有益的启发，值得我们有条件地借鉴

新西兰在历史、政治、文化和地理环境等方面的条件与中国大相径庭，但其在实施教师教育项目认证过程中积累的经验教训仍闪耀着有益的光辉，对中国正处于摸索、实验阶段的师范类专业认证实践工作具有一定的启示意义。本章节一方面借助政治、经济等社会性视角从多个侧面反映新西兰教师教育整体的发展情况，提供多角度的解读分析；另一方则通过追踪新西兰教师教育项目认证制度的历史发展脉络、描述新西兰教师教育项目认证的主体、标准和办法、剖析新西兰教师教育项目认证的特征和困境，全景展示新西兰教师教育项目认证的"过去"和"现在"。

总的来看，历经几十年的发展改革，新西兰教师教育项目认证这座"大厦"拔地而起，充当着新西兰教师教育质量保障体系的重要支柱。但也应看到，现行的新西兰教师教育项目认证制度仍存在着认证程序烦琐、认证标准缺乏严肃性等不足。在未来，随着世界教师教育理论和实践的不断深入发展，新西兰教师教育项目认证也将继续革新和蜕变，为其他国家奉献独特的教育智慧。

参考文献

一 中文类

(一) 中文著作

戴晓霞、莫家豪、谢安邦主编:《高等教育市场化》,北京大学出版社2004年版。

冯增俊:《当代国际教育发展》,华东师范大学出版社2002年版。

梅荣政、张晓红主编:《论新自由主义思潮》,高等教育出版社2004年版。

单中惠、王晓宇等:《西方师范教育机构转型——以美国、英国、日本为例》,山东教育出版社2012年版。

汪辉、李志永主编:《日本教育战略研究》,浙江教育出版社2014年版。

王保华:《国际教师教育机构认证制度研究》,华中师范大学出版社2007年版。

王建成:《美国高等教育认证制度研究》,教育科学出版社2007年版。

赵凌:《质量至上与层层保障——澳大利亚教师教育研究》,中国社会科学出版社2015年版。

祝怀新:《封闭与开放——教师教育政策研究》,浙江教育出版社2007年版。

(二) 中文译著

[美]伯顿·克拉克:《高等教育新论——多学科的研究》,王承绪译,浙江教育出版社1994年版。

[美]克莱顿·罗伯茨等:《英国史》(下册:1688年—现在),潘兴明等译,商务印书馆2013年版。

(三) 中文学位论文

鄂丽嫒:《英格兰政府主导型教师培养质量保障体系探析》,硕士学位论文,东北师范大学,2019年。

黄蓝紫:《二战后英国职前教师教育政策变迁研究——基于利益相关者视角》,博士学位论文,湖南师范大学,2020年。

李国丽:《日本教师资格证书制度发展研究》,硕士学位论文,华中师范大学,2007年。

李明丽:《英国职前教师教育专业认证研究》,硕士学位论文,东北师范大学,2018年。

马丽娟:《20世纪90年代以来英国教育督导制度的改革与借鉴》,硕士学位论文,河北大学,2004年。

王丽宁:《我国高校师范类专业认证政策研究》,硕士学位论文,沈阳师范大学,2019年。

吴迪:《苏格兰职前教师教育课程鉴定探析》,硕士学位论文,华东师范大学,2002年。

许晓旭:《日本教师教育政策研究》,硕士学位论文,东北师范大学,2011年。

余赛月:《日本教师资格证书更新制度构建研究》,硕士学位论文,东北师范大学,2019年。

赵敏:《英格兰与威尔士中小学教师职前教育政策发展研究(1944—2010)》,博士学位论文,华东师范大学,2019年。

(四)中文期刊论文

陈德云、周南照:《教师专业标准及其认证体系的开发——以美国优秀教师专业标准及认证为例》,《教育研究》2013年第7期。

邓丹:《澳大利亚教师教育标准化的新发展——"职前教师教育课程国家认证系统"的构建》,《比较教育研究》2011年第33期。

邓涛:《中国教师教育专业认证办法探析》,《高教发展与评估》2015年第31期。

黄建辉:《基于专业标准导向的教师质量保障体系构建——美国马萨诸塞州教师专业标准解析》,《当代教育科学》2017年第8期。

李建华:《"第三次国际数学与科学研究"成果评介》,《比较教育研究》1999年第3期。

李建辉:《师范院校教学质量管理体系的建构与实施》,《中国大学教学》

2007 年第 5 期。

林雁:《澳大利亚初任教师职前教育课程国家认证体系探析》,《中国成人教育》2017 年第 5 期。

路晨:《当前新西兰职前教师教育改革的背景、举措及启示》,《外国教育研究》2018 年第 6 期。

马晓玲、刘美凤、王小雪:《美国教育技术学专业证书教育研究》,《电化教育研究》2013 年第 4 期。

饶从满:《变动时代的日本教师教育改革:背景、目标与理念》,《比较教育研究》2014 年第 8 期。

天野郁夫、陈武元:《日本的大学评价》,《教育发展研究》2006 年第 21 期。

田波琼、申仁洪等:《苏格兰中小学融合教育教师职前培养的背景、特点及启示——以 IPP 项目为例》,《外国中小学教育》2017 年第 10 期。

汪利兵:《当代英国教育的市场化改革研究》,《比较教育研究》2001 年第 6 期。

王较过、朱贺:《英国教师职前培养的教育实习及其启示》,《教师教育研究》2007 年第 4 期。

王松丽、李琼:《国际教师教育专业认证评估的证据趋向》,《教师教育研究》2019 年第 6 期。

魏饴:《师范类专业认证视域下新师范建设七评》,《湖南社会科学》2019 年第 5 期。

吴迪:《苏格兰职前教师教育课程鉴定与评估述评》,《徐州师范大学学报》2006 年第 4 期。

熊耕:《美国高等教育认证制度的起源及其形成动力分析》,《外国教育研究》2004 年第 6 期。

许竞:《新西兰:教师培训混乱,不合格教师数量惊人》,《比较教育研究》2005 年第 2 期。

杨天平、金如意:《博洛尼亚进程述论》,《华东师范大学学报》(教育科学版)2009 年第 1 期。

张倩:《日本教师教育认证的制度建构及其启示》,《教师教育研究》2012 年第 3 期。

郑文、王玉:《"新师范"背景下广东高校师范类专业认证:关系与策略》,《华南师范大学学报》(社会科学版)2018年第6期。

(五)中文网络文献

教育部高等教育教学评估中心:《全国普通高等学校师范类专业认证管理信息系统》,http://tea.heec.edu.cn/welcome/index.htm,2019年11月10日。

中华人民共和国教育部:《教育部关于印发〈普通高等学校师范类专业认证实施办法(暂行)〉的通知》,2017年10月26日,http://www.moe.gov.cn/srcsite/A10/s7011/201711/t20171106_318535.html,2020年11月20日。

中华人民共和国教育部:《普通高等学校师范类专业认证工作指南(试行)》,2018年6月,http://tea.heec.edu.cn/welcome/SCTrunkTemplate.htm,2019年7月8日。

二 外文类

(一)外文专著

山崎博敏:『教員需要推計と教員養成の展望東京』,協同出版社2015年版。

Kenneth E. Young, et al., *Understanding Accreditation: Contemporary Perspectives on Tissues and Practices in Evaluating Educational Quality*, San Francisco: Jossey-Bass Publishers, 1983.

Michael J. Feuer, *Evaluation of Teacher Preparation Programs Purposes, Methods, and Policy Options*, Washington, DC: National Academy of Education, 2013.

OECD, *Teacher Matters: Attracting Developing and Retaining Effective Teachers*, Paris: OECD Publishing, 2005.

Parliament of Victoria Education and Training Committee, *Step In, Step Out. Report of the Inquiry into the Suitability of Pre-service Teacher Training in Victoria*, Melbourne: Victorian Government Printer, 2005.

(二)外文期刊论文

Alison Elliott, "Balancing Stakeholders' Interests In Evolving Teacher Education Accreditation Contexts", *College Teaching Methods & Styles Journal*,

Vol. 4, No. 2, 2008.

Frank B. Murray, "Counter-Intuitive Findings from Teacher Education Accreditation Council's Surveys of Candidates and Faculty about Candidate Knowledge and Skill", *Issues in Teacher Education*, Vol. 2, No. 22, 2013.

Frank B. Murray. An Accreditation Dilemma, "The Tension Between Program Accountability and Program Improvement in Programmatic Accreditation", *New Direction For Higher Education*, No. 145, March 2009.

Harry G Judge, "Teacher Education and the University", *European Journal of Teacher Education*, Vol. 14, No. 3, 1991.

Holly S. Shim, *A Study of the Perceived Value Placed on the National Accreditation of Teacher and Educator Training Programs in American Colleges*, Ph. D. dissertation, University of Southern California, 2012.

James C. Fielda and Margaret Macintyre Lattab, "What Constitutes Becoming Experienced in Teaching and Learning?", *Teaching and Teacher Education*, Vol. 8, No. 17, 2001.

Jane Abbiss, "The 'New Education Fellowship' in New Zealand: Its Activity and Influence in 1930s and 1940s", *New Zealand Journal of Educational Studies*, Vol. 33, No. 1, 1998.

Kathleen Kennedy Manzo, "Australia Grapples With National Content Standards", *Education Week*, Vol. 26, Issue 27, March 2007.

Linda Darling Hammond, "Teacher Education around the World: What Can We Learn From International Practice", *European Journal of Teacher Education*, Vol. 40, No. 3, 2017.

Linda Valli and Rennert Ariev, "New Standards and Sessments? Curriculum Transformation in Teacher Education", *Journal of Curriculum Studies*, Vol. 34, February 2002.

Maria Teresa Tatto, Gail Richmond, Dorinda J, Carter Andrews, "The Research We Need in Teacher Education", *Journal of Teacher Education*, Vol. 67, No. 4, 2016.

Mark D. Hiatt and Christopher G. Stockton, "The Impact of the Flexner Report on the Fate of Medical Schools in North America after 1909", *Journal of A-

merican Physicians and Surgeons, Vol. 8, No. 2, 2003.

Martindale, Maura, Bartell, Carol A, "State and National Accreditation of One University Program: A Case Study", *Volta Review*, Vol. 110, No. 2, 2010.

Niradhar Dey. "Quality Assurance and Accreditation in Higher Education in India", *European Journal of Higher Education*, Vol. 1, Issue 1, July 2011.

Noeline Alcorn, "Teacher Education in New Zealand 1950 – 1998: Continuity, Contexts and Change", *Waikato Journal of Education*, Vol. 20, No. 3, 2015.

Peske, Heather Losee, Liz Comb, Meagan, "Massachusetts Changes Its Approach to Educator Preparation Programs", *State Education Standard*, Vol. 15, No. 3, September 2015.

Raymond L. Pecheone and Ruth R. Chung, "Evidence in Teacher Education: The Performance Assessment for California Teachers (PACT)", *Journal of Teacher Education*, Vol. 57, No. 1, 2006.

Sandra Stotsky, Lisa Haverty, Margaret Raymond, John T. Wenders, "Can a StateDepartment of Education Increase Teacher Quality? Lessons Learned in Massachusetts", *Brookings Papers on Education Policy*, No. 2, March 2004.

Stoulig and Deborah Lynn Vaughan, *Teacher Education Preparation Assessment System and the National Council for Accreditation of Teacher Education Accreditation*, Ph. D. dissertation, University of Southern Mississippi, 2009.

Young Kirsty, "Innovation in Initial Teacher Education through a School-University Partnership", *Journal of Curriculum and Teaching*, Vol. 9, No. 1, February 6, 2020.

(三) 外文政府报告

American Institutes for Research, *Final Report Submitted to: The California Commission on Teacher Credentialing Evaluation of the Accreditation Framework Policies and Procedures*, 2003, American Institutes for Research: John C. Flanagan Research Center.

Andrew Barr, Julia Gillard, Verity Firth, et al., *Melbourne Declaration on Educational Goals for Young Australians*, 2008, Melbourne: Ministerial Council on Education, Employment, Training and Youth Affairs.

Australian Institute for Teaching and School Leadership, *Accreditation of Initial Teacher Education Programs in Australia: Standards and Procedures*, 2011, Melbourne: AITSL.

Australian Institute for Teaching and School Leadership, *Action Now: Classroom Ready Teachers*, 2014, Melbourne: AITSL.

Board of Education, *Teachers and Youth Leaders (The McNair Report)*, 1944, London: H. M. Stationery Office (HMSO).

Committee on Higher Education, *Higher Education (The Robbins Report)*, 1963, London: H. M. Stationery Office (HMSO).

CTC, *Accreditation Decisions: Options and Implications*, 2016, California: Commission on Teacher Credentialing.

CTC, *Accreditation Framework*, 2016, California: Commission on Teacher Credentialing.

CTC, *A History of Policies and Forces Shaping California Teacher Credentialing*, 2011, California: Commission on Teacher Credentialing.

CTC, *Annual Data Submission*, 2017, California: Commission on Teacher Credentialing.

CTC, *Annual Report of the Committee on Accreditation to the Commission on Teacher Credentialing 2018 – 2019*, 2019, California: Commission on Teacher Credentialing.

CTC, *Articulation Between State and National Accreditation*, 2016, California: Commissionon Teacher Credentialing.

CTC, *CAEP-CTC Crosswalk*, 2019, California: Commission on Teacher Credentialing.

CTC, *Institutional and Program Approval and Change of Status*, 2017, California: Commission on Teacher Credentialing.

CTC, *Preparation for an Accreditation Site Visit*, 2016, California: Commission on Teacher Credentialing.

CTC, *Program Review*, 2016, California: Commission on Teacher Credentialing.

CTC, *Standards in Accreditation*, 2016, California: Commission on Teacher

Credentialing.

CTC, *The Accreditation Cycle*, 2016, California: Commission on Teacher Credentialing.

CTC, *The Committee on Accreditation's Annual Accreditation Report to the Commission on Teacher Credentialing 2017 – 2018*, 2018, California: Commission on Teacher Credentialing.

Education Council, *Our Code Our Standards: Code of Professional Responsibility and Standards for the Teaching Profession*, 2017, Education Council.

Education Council, *Strategic Options for Developing Future Orientated Initial Teacher Education*, 2017, Education Council.

Greg Craven, Kim Beswick, John Fleming, et al., *Action Now: Classroom Ready Teachers*, 2014, Melbourne: Teacher Education Ministerial Advisory Group.

Kultusministerkonferenz, *Musterrechtsverordnung Gemäß Artikel 4 Absätze 1—4 Studienakkreditierungsstaatsvertrag*, 2017, Boon: Kultusministerkonferenz.

Kultusministerkonferenz, *Standards für die Lehrerbildung: Bildungswissenschaften*, 2019, Bonn: Sektäriat der KMK.

Lawrence Ingvarson, Alison Elliott, Elizabeth Kleinhenz, et al., *Teacher Education Accreditation: A Review of National and International Trends and Practices*, 2006, Melbourne: Australian Council for Educational Research.

Michael J. Feuer, *Evaluation of Teacher Preparation Programs Purposes, Method and Policy Options*, 2013, Washington, DC: National Academy of Education.

National Council onTeacher Quality, *National Summary. Are New Teachers Being Prepared for College and Career-Readiness Standards? 2014 State Teacher Policy Yearbook*, 2015, Washington: National Council on Teacher Quality.

New Zealand Council for Educational Research, *High Quality Practica and The Integration of Theory and Practice in Initial Teacher Education: A Literature Review Prepared for The Education Council*, 2017, Education Council.

Teaching Council, *ITE Programme Approval Monitoring and Review Requirements*, 2019, Teaching Council.

Universities New Zealand, *CUAP Handbook 2018*, 2018, Universities New Zealand.

（四）国际组织出版物

European Association for Quality Assurance in Higher Education, et al., *Standards and Guidelines for Quality Assurance in the European Higher Education Area*（ESG）, European Association of Institutions in Higher Education, May 14 – 15, 2015.

（五）外文网络文献

初等中等教育局教職員課,「教職課程認定申請の手引き」,（2018 – 01 – 16）, https: //www. mext. go. jp/component/a _ menu/education/detail/_ icsFiles/afieldfile/2018/01/16/1399047. pdf.（2020 – 12 – 17）.

公益財団法人大学基準協会,「教職課程の質の保証・向上を図る取組の推進調査研究報告書」,（2019 – 08 – 02）, https: //www. mext. go. jp/a_menu/ shotou/sankou/_icsFiles/afieldfile/2019/08/02/1419858 – 2. pdf.（2020 – 04 – 12）.

教員養成部会,「教職課程の基準に関するワーキング グループ（第 1 回）」,（2019 – 05 – 07）, https: //www. mext. go. jp/content/1419016_ 009. pdf.（2020 – 12 – 17）.

教員養成部会,「教職課程の基準に関するワーキング グループ（第 3 回）」,（2019 – 09 – 24）, https: //www. mext. go. jp/kaigisiryo/2019/09/__ icsFiles/afieldfile/2019/09/24/1421561_10. pdf.（2020 – 12 – 17）.

教員養成部会,「教職課程の認定制度について」,（2019 – 04 – 01）, https: //www. mext. go. jp/content/1414717_005. pdf.（2020 – 12 – 17）.

文部科学省,「教員免許更新制」,（2009 – 04 – 01）, https: //www. mext. go. jp/a_menu/shotou/koushin/index. htm.（2020 – 04 – 15）.

文部科学省,「教員免許制度の現状」,（2001 – 01 – 12）, http//www. mext. go. jp/b – menu/public/2001/011206/011206a2htm.（2020 – 03 – 24）.

文部科学省,「教職課程認定基準」, https: //www. mext. go. jp/content/ 1413324_004_1. pdf.（2020 – 03 – 21）.

文部科学省,「指導が不適切な教員に対する人事管理システムのガイドライン」，（2017 – 01 – 25），http：//www. mext. go. jp/a_menu/shotou/jinji/08022711. htm.（2020 – 03 – 15）.

中央教育审议会,「今後の教員養成・免許制度の在り方について（中間報告）」,（2005 – 12 – 08），https：//www. mext. go. jp/b_menu/shingi/chukyo/chukyo0/toushin/05120802. htm.（2020 – 03 – 21）.

Akkreditierungsrat,"Akkreditierungsbericht zum Akkreditierungsantrag der Technischen Universität Darmstadt Zentrum für Lehrerbildung", https：//www. zeva. org/programmakkreditierung/akkreditierte-studiengaenge.（2020 – 04 – 10）.

Akkreditierungsrat,"Akkreditierungsbericht zum Akkreditierungsantrag der Universität Göttingen Sozialwissenschaftliche Fakultät", https：//www. zeva. org/programmakkreditierung/akkreditierte-studiengaenge.（2020 – 04 – 01）.

Akkreditierungsrat,"Akkreditierungsbericht zum Reakkreditierungsantrag der Otto-von-Guericke-Universität Magdeburg Fakultät für Humanwissenschaften（FHW）", https：//www. zeva. org/programmakkreditierung/akkreditierte-studiengaenge.（2020 – 04 – 06）.

Akkreditierungsrat,"Akkreditierungsrat", https：//www. akkreditierungsrat. de/en/node/13.（2020 – 02 – 07）.

Akkreditierungsrat,"Alternative Verfahren", https：//www. akkreditierungsrat. de/en/node/48.（2020 – 02 – 18）.

Akkreditierungsrat,"Gesetze und Verordnungen", https：//www. akkreditierungsrat. de/en/node/33.（2020 – 03 – 10）.

Akkreditierungsrat,"Leitbild der Stiftung Akkreditierungsrat", https：//www. akkreditierungsrat. de/de/stiftung-akkreditierungsrat/leitbild/leitbild.（2020 – 02 – 05）.

Akkreditierungsrat,"Programmakkreditierung", https：//www. akkreditierungsrat. de/en/node/46.（2020 – 02 – 17）.

Akkreditierungsrat,"Raster Programmakkreditierung", https：//www. akkreditierungsrat. de/sites/default/files/downloads/2020/Raster%2001%20Programm%20Einzel%20Fassung%2002. pdf.（2020 – 03 – 26）.

Akkreditierungsrat, "Rechtsgrundlagen der Stiftung", https://www.akkreditierungsrat.de/de/akkreditierungssystem/rechtliche-grundlagen/rechtsgrundlagen-der-stiftung. (2020 – 03 – 10).

Akkreditierungsrat, "Systemakkreditierung", https://www.akkreditierungsrat.de/en/node/47. (2020 – 02 – 18).

Akkreditierungsrat, "Verhaltenskodex", https://www.akkreditierungsrat.de/de/stiftung-akkreditierungsrat/verhaltenskodex/verhaltenskodex. (2020 – 02 – 08).

Akkreditierungsrat, "Vorstand", https://www.akkreditierungsrat.de/de/stiftung-akkreditierungsrat/vorstand/vorstand. (2020 – 02 – 05).

Australian Institute for Teaching and School Leadership, "Accreditation Standards and Procedures", https://www.aitsl.edu.au/deliver-ite-programs/standards-and-procedures. (2020 – 07 – 01).

Australian Institute for Teaching and School Leadership, "Strategic Plan 2019 – 2022", https://www.aitsl.edu.au/docs/default-source/default-document-library/aitsl-strategic-plan.pdf?sfvrsn=4e30e93c_16. (2020 – 07 – 01).

Australian Institute forTeaching and School Leadership, "Understand the Teacher Standards", https://www.aitsl.edu.au/teach/standards/understand-the-teacher-standards. (2020 – 07 – 01).

Ben Jensen, "What teachers want: Better teacher management", (2010 – 05), https://core.ac.uk/download/pdf/30682898.pdf. (2020 – 07 – 01).

CAEP, "State Partnership Agreements", (2015 – 09), http://caepnet.org/working-together/~/media/Files/caep/state-partners/capartnershipagreement-unsigned-for-web.pdf?la=en. (2019 – 10 – 11).

Carter Andrew, "Carter Review of Initial Teacher Training (ITT)", (2015 – 01), https://www.gov.uk/govern-ment/uploads/system/uploads/attachment_data/file/399957/Carter_Review.pdf. (2020 – 02 – 20).

CTC, "California Teaching Performance Expectations", (2016 – 06), https://www.ctc.ca.gov/docs/default-source/educator-prep/tpa-files/tpes-adopted-2016.pdf?sfvrsn=0. (2019 – 05 – 28).

CTC, "Common Standards", (2015 – 10), https://www.ctc.ca.gov/docs/

default-source/educator-prep/standards/commonstandards - 2015 - pdf. pdf? sfvrsn = 2. (2019 - 06 - 14).

CTC, "Data and Reports", (2020 - 05 - 13), https: //www. ctc. ca. gov/commission/reports/default. (2020 - 08 - 10).

CTC, "National Professional Organization Accreditation: Alignment with the California Accreditation System", (2019 - 10 - 11), https: //www. ctc. ca. gov/educator-prep/accred-alignment. (2019 - 11 - 11).

CTC, "Preconditions and Standards", (2019 - 05 - 03), https: //www. ctc. ca. gov/educator-prep/program-standards. (2019 - 06 - 03).

CTC, "Submitting a Proposal for a New Educator Preparation Program in California", (2020 - 08 - 14), https: //www. ctc. ca. gov/educator-prep/elig-inst-new-edu-pgm. (2020 - 09 - 11).

CTC, "Submitting a Proposal for a Subject Matter Preparation Program in California", (2020 - 07 - 31), https: //www. ctc. ca. gov/educator-prep/elig-inst-new-subject. (2020 - 08 - 11).

CTC, "Webcast Technical Assistance", (2017 - 02 - 28), https: //www. ctc. ca. gov/site-information/live-help. (2019 - 07 - 05).

DFE, "Arrangements for Initial Teacher Training Provider Closure and Withdrawal of ITT Accreditation", (2020 - 01), http: //www. gov. uk/government/publications/Arrangements-for-initial-teacher-training-provider-closure-and-withdrawal-of-ITT-accreditation. (2020 - 04 - 01).

DFE, "Arrangements for ITT Accreditation Submissions", (2019 - 04), http: //www. gov. uk/government/publications/arrangements-for-itt-accreditation-submissions. (2020 - 03 - 18).

DFE, "Teachers' Standards", (2013 - 06), http: //www. gov. uk/government/publications/teachers-standards. (2020 - 03 - 01).

DFE and NCTL, "Initial Teacher Training (ITT): Criteria and Supporting Advice", (2019 - 12), http: //www. gov. uk/government/publications/initial-teacher-training-criteria-and-supporting-advice. (2020 - 02 - 20).

GTCS, "History of GTCS", https: //www. gtcs. org. uk/about-gtcs/history-of-GTCS. aspx. (2019 - 12 - 15).

GTCS, "The Guidelines for Initial Teacher Education Programmes in Scotland", (2018 – 06), https://www.gtcs.org.uk/The Guidelines for Initial Teacher Education Programmes in Scotland 2018. (2020 – 03 – 10).

GTCS, "The Standards for Registration: Mandatory Requirements for Registration with the General Teaching Council for Scotland", (2012 – 12), www.gtcs.org.uk/web/FILES/the standards/standards-for-registration. (2020 – 03 – 20).

Lazar Vlasceanu, Laura Grunberg and Dan Parlea, "Quality Assurance and Accreditation: A Glossary of Basic Terms and Definitions", (2005 – 01), http://www.vestnik.vsu.ru/pdf/educ/2005/01/lazar.pdf. (2020 – 11 – 15).

Massachusetts Department of Elementary and Secondary Education, "Formal Review Overview", (2019 – 09), https://www.doe.mass.edu/edprep/review/toolkit/2021/formal-review-overview.docx. (2020 – 12 – 09).

Massachusetts Department of Elementary and Secondary Education, "Guidelines for Program Approval", (2016 – 11), https://www.doe.mass.edu/edprep/review/program-approval.docx. (2020 – 12 – 09).

Massachusetts Department of Elementary and Secondary Education, "Guidelines for the Professional Standards for Teachers", (2015 – 01), https://www.doe.mass.edu/edprep/resources/guidelines-advisories/teachers-guide.docx. (2020 – 12 – 09).

Moyle and Kathryn, "Global Trends in Higher Education Policies", http://jurnal.fkip.uns.ac.id/index.php/ictte/article/view/7556/5405. (2020 – 07 – 01).

NCTQ, "Program Performance Measures: California", (2019 – 05), https://www.nctq.org/yearbook/state/CA-Program-Performance-Measures – 81. (2019 – 10 – 11).

NCTQ, "Program Reporting Requirements: California", (2017 – 12), https://www.nctq.org/yearbook/state/CA-Program-Reporting-Requirements – 81. (2019 – 10 – 13).

NCTQ, "Student Teaching/Clinical Practice: California", (2017 – 12), https: //www. nctq. org/yearbook/state/CA-Student-Teaching/Clinical-Practice—81. (2019 – 10 – 13).

OFSTED, "What OFSTED Does", http: //www. OFSTED. gov. uk. (2019 – 12 – 15).

Teaching Regulation Agency, "About Us", https: //www. gov. uk/government/organisations/teaching-regulation-agency/about. (2020 – 11 – 19).

UK, "Initial Teacher Education Inspection Framework and Handbook 2020: Inspecting the Quality of Teacher Education", (2020 – 01 – 27), https: //www. gov. uk/government/consultations/initial-teacher-education-inspection-framework-and-handbook-2020-inspecting-the-quality-of-teacher-education. (2020 – 04 – 16).

UK, "Newly Qualified Teachers: Annual Survey", (2018 – 09 – 05), https: //www. gov. uk/government/collections/newly-qualified-teachers-annual-survey. (2020 – 04 – 15).

ZEvA, "Über die ZEvA", https: //www. zeva. org/fileadmin/Downloads/Englische_Selbstdarstellung_der_ZEvA. pdf. (2020 – 04 – 25).

ZEvA, "Programmakkreditierung", https: //www. zeva. org/programmakkreditierung. (2020 – 04 – 18).

主题词索引

1989 年教育法案

2001 年教育标准法案

2013 年新西兰资格框架项目审批与认证规则

2015 年教育修正法案

21 世纪 COE 计划

PDCA 认证

博洛尼亚进程

持续认证

德国教师教育标准：教育科学

高等教育教学评估中心

高水平审议流程

怀唐伊条约

伙伴关系

教师候选人

教师教育部长咨询小组

教师教育课程认证

教师教育认证委员会

教师养成部会

教师职业标准

教师职业责任准则

教师资格证制度

教学绩效评估

课程认证委员会
立即行动：课堂为教师准备就绪
年度数据提交
欧洲高等教育质量保证标准和指南
评鉴认证
认证报告
认证撤销
认证工具
认证决定
认证示范条例
社会评审员
实地调查认证
实践导向
替代程序
问责
现场考查
现场实习
项目标准
项目审查
项目审批
效绩表现主义
循证
职前教师教育成效：毕业教师标准（讨论稿）
指导不得力教师
注册教师

外文缩写索引

ACARA	澳大利亚课程评估和报告局
ACDE	澳大利亚教育部长委员会
AFGT	应届师范生教学工作评估
AITSL	澳大利亚教学与学校领导协会
ANFPST	《教师专业标准国家框架》
ATRA	澳大利亚教师管理局
BESE	麻省中小学教育委员会
BIR	机构审查委员会
CAEP	美国师资培养认证委员会
CATE	教师教育认证委员会
COA	加州认证委员会
CTC	加州教师资格认证委员会
CUAP	大学学术项目委员会
DESE	麻省中小学教育部
ECNZ	新西兰教育委员会
ENQA	欧洲高等教育质量保证协会
ERO	教育督察局
ESA	澳大利亚教育服务局
ESG	《欧洲高等教育质量保证标准和指南》
ESU	欧洲学生联盟
ETCS	欧洲学分互证系统
EUA	欧洲大学协会

EURASHE	欧洲高等教育机构协会
GCSE	普通中等教育证书
GTCS	苏格兰教学专业委员会
GTPA	应届师范生绩效评估
GYR	毕业生年度审查
JIHEE	日本公益财团法人日本高等教育评价机构
JUAA	日本公益财团法人大学基准协会
MCEECDYA	澳大利亚教育、儿童发展和青年事务部部长理事会
MTEL	教师许可考试
NCTL	国家教学与领导学院
NCTQ	国家教师质量委员会
NIAD-QEHE	日本独立行政法人大学改革支援与学位授予机构
NPST	国家教师专业标准
NZCTE	新西兰资格管理局
NZQA	新西兰资格管理局
NZQF	新西兰资格框架
NZTC	新西兰教师委员会
NZVCC	新西兰大学校长委员会
OFSTED	教育、儿童服务和技能标准局
TALIS	教师教学国际调查项目
TCANZ	新西兰教学委员会
TEMAG	教师教育部长咨询小组
TIMSS	第三次数学和科学研究
TPA	教学绩效评估
TRA	教学管理机构
UCAS	英国大学和学院招生服务中心
UNZ	新西兰大学委员会
ZEvA	汉诺威中央评估与认证代理机构

后　　记

　　师范类专业认证是高等教育专业认证机构对院校师范类专业职前教师培养质量状况实施的一种评价，目的在于认定专业能否达到教师培养质量标准，从而推动师范类专业的内涵发展。师范类专业认证是教师教育质量保障体系中的重要组成部分，也是全面提升师范类专业人才培养质量的关键措施。2017年，教育部印发了《普通高等学校师范类专业认证实施办法（暂行）》，标志着中国师范类专业认证工作正式启动。中国师范类专业认证是从国家层面进行部署的战略规划，旨在通过全面分析和掌握国际师范类专业认证的运行机制和特征，形成后发优势，加快提高师范类专业培养质量和水平。

　　《师范类专业认证国际比较研究》立足于新时代中国特色社会主义教育发展的需求，紧紧围绕当前中国师范类专业认证的运行态势和迫切需要解决的问题，择取部分专业认证开始较早、实施较为成熟的国家作为研究对象，探索与分析国际师范类专业认证的成效和困惑，比较总结中国的做法和经验，展望国际师范类专业认证的未来发展趋势。本书撰写主要遵循三项原则：第一，运用专业认证第一手资料。主要依据各国公布的正式官方文件以及相关机构的报告与文献内容，确保研究结果的可靠性与真实性，力争使研究具有前沿性与创新性。第二，立足本土。重点择取与中国师范类专业认证理论与实践相近的内容作为考察对象，既分析国际师范类专业认证的异同和特征，又关照对中国师范类专业认证发展的现实与需要。第三，实践导向。侧重对国际师范类专业认证实施程序、标准、主体以及具有可操作性的案例的研究，厘清如何运用认证工具、认证标准、认证手段，为中国师范类专业认证进一步的发展提供具有实践性和可行性的策略。

本书是河南省2020年度教师教育课程改革研究重点项目"师范类专业认证国际比较研究"的研究成果，由课题负责人、国家"万人计划"领军人才教学名师、河南省普通高等学校师范类专业认证专家委员会委员、河南大学杨捷教授课题组合作完成。全书由杨捷担任主编并通稿，邢孟莹博士、王永波博士担任副主编，具体各章执笔人为：绪论——杨捷；第一章——王永波、王亭文；第二章——赵娜；第三章——杨捷、王笑艳；第四章——邢孟莹；第五章——杨捷、闫羽；第六章——杨捷、李敏；第七章——杨捷、欧吉祥。在本书撰写过程中，课题组成员参考了大量相关资料和最新研究成果，并在文中引用予以注释，在此向有关作者或译者一并致谢。

感谢河南省教育厅为该研究立项；感谢中国社会科学出版社倾心出版和责任编辑赵丽的辛勤工作与专业精神；感谢参加课题组并撰写部分章节内容、协助收集资料的团队成员；感谢河南大学、教育科学学院与教师教育学院的大力支持。

2020年正值中国师范类专业认证的关键期，期望该研究成果对中国师范类专业认证的发展有所裨益，为促进国家级或省级一流师范类本科专业和课程建设提供国际视野和比较借鉴。

编　者
2020年11月于河南大学金明校区田家炳书院